성공,
꿈꾸지 말고
훔쳐라!!!

성공, 꿈꾸지 말고 훔쳐라!!!
_ 내 인생을 바꾸는 1인치 경영 혁명

초판 1쇄 발행 | 2025년 3월 28일

지은이 | 임재택
펴낸이 | 박영욱
펴낸곳 | 북오션

주　소 | 서울시 마포구 월드컵로 14길 62 북오션빌딩
이메일 | bookocean@naver.com
네이버포스트 | post.naver.com/bookocean
페이스북 | facebook.com/bookocean.book
X | x.com/b00k_0cean
틱톡 | www.tiktok.com/@book_ocean17
인스타그램1 | instagram.com/bookocean777
인스타그램2 | www.instagram.com/supr_lady_2008/
유튜브 | 쏠쏠TV・쏠쏠라이프TV
전　화 | 편집문의: 02-325-9172　영업문의: 02-322-6709
팩　스 | 02-3143-3964

출판신고번호 | 제 2007-000197호

ISBN 978-89-6799-873-8 (03320)

*이 책은 (주)북오션이 저작권자와의 계약에 따라 발행한 것이므로 내용의 일부 또는 전부를 이용하려면 반드시 북오션의 서면 동의를 받아야 합니다.
*책값은 뒤표지에 있습니다.
*잘못 만들어진 책은 구입하신 서점에서 교환해 드립니다.

成功, 꿈꾸지 말고 훔쳐라!!!

임재택 지음

1

내 인생을 바꾸는 1인치 경영 혁명

북오션

1인치의
경쟁력을
만드는 힘

"삶과 경영은 1인치 게임의 승부다. 경기 중에 생기는 기회는 아주 짧다. 인생도 풋볼도 1인치 빠른 삶이 지배한다. 우리가 1인치를 위해 싸워야 하는 이유다." 미국의 전설적인 풋볼 감독 롬바르디의 말처럼, 승부는 1인치에서 갈리는 경우가 많다. 따라서 우리가 삶과 경영에서 남다른 경쟁력을 갖는 유일한 길은 1인치 경영 혁명을 이루는 것이다.

Appreciation

이름 앞에 수많은 수식어를 붙일 수 있는 삶!

　이름 앞에 수많은 수식어를 붙일 수 있는 삶! 적어도 내 기준에선 최고의 삶을 살아온 사람이라고 말할 수 있다. 임재택! 그가 그렇다.
　단순한 직업을 갖고 살아온 그에게서 느껴지는 에너지는 '열정' 그리고 '진심'과 동의어다.
　그의 눈빛은 아직 청년의 호기가 있으며 가슴은 누구보다 뜨거운 보기 드문 인물이다. 게다가 너무도 철저하게 완벽함까지 갖춘 그가 절대 근무시간이 아닌 시간에 컴퓨터도 아닌 핸드폰으로 그 많은 글을 썼다는 건 임재택다운 발상이다.
　글을 쓴 시간까지 기록하여 자신의 관리를 철저히 하는 프로다운 그가 좋다. 그래서 어떤 일을 하던 그를 믿는다. 그렇기에 최선을 다하는 그의 삶이 옳다고 마지막까지 외칠 수 있는 용기도 내겐 있다.
　남의 이야기를 듣는 중에도 좋은 말들을 메모로 남겨 가슴에 새기고 행동으로 옮기는 섬세함도 내가 그를 좋아하는 이유 중 하나이다. 그런 그의 글들이 어떤 내용일지라도 난 최선이었다는 걸 믿기에 최고가 될 것임에는 의심이 없다.
　임재택다운 일들을 임재택이 해내는 모든 건 임재택 역사로 남을 것이고 단 한 사람이 좋아하는 일도 해낼 수 있는 사람이기에 모든 행보에 박수를 보낸다.

남궁옥분, 가수

그대로 살 것인가, 아니면 바꿔볼 것인가?

이 책의 가장 큰 매력은 솔직하고 담백한 서술 방식이다. 기교 하나 없는 솔직한 문장 안에는 진실된 메시지가 담겨있다. 이 책은 단순히 교훈을 주입하지 않는다. 독자와 함께 고민하고 공감하려 노력한다. 그리고 성공 법칙을 강요하기보다는 읽는 이들이 직접 사고하고 적용할 수 있도록 돕는다.

세상에 자기계발서는 많다. 대개 거창한 목표를 강조하거나 이상적인 성공담을 나열한다. 하지만 우리가 변화하기 위해 필요한 건 새로운 지식이 아닌 과감한 실천이다. 이 책은 단순한 동기부여에 그치지 않고, 현실에 적용할 수 있게끔 설명해준다는 점에서 차별화된다.

가장 인상적인 부분은 '춘하추동春夏秋冬'이라는 사계절의 흐름에 따라 책이 구성된다는 점이다. 이는 단순한 시간의 흐름이 아닌, 저자가 강조하는 성장과 변화의 과정을 효과적으로 담아내는 방식이다. 아마도 스스로의 방식으로 삶을 경영하는 방법을 찾고자 하는 사람들에게 쉽고 유용한 지침서가 될 것이다.

맨 끝 장에 담긴 〈Appendix : 내 책 설계도〉는 꼭 일독하기를 권한다. 저자는 글쓰기를 건축에 비유하며, 설계도의 중요성을 강조한다. 그리고 이러한 접근 방식은 경영과 인생에서도 동일하게 적용될 수 있음을 보여준다. 치밀한 얼개와 체계적 설계를 따라가다 보면 인생을 구조적 관점에서 사고할 수 있게 된다.

삶의 변곡점에 정해진 나이는 없다. 사회생활을 시작하는 20대부터 변화를 앞둔 50대까지 모두가 그 대상이다. 답은 이 책에 모두 나와 있다. 그렇다면 저자는 당신에게 묻는다. 그대로 살 것인가, 아니면 바꿔볼 것인가?

김형주, 커뮤니케이터

당신의 나침반은 어디를 향해 있는가?

삶은 때로 긴 여정처럼 느껴진다. 길을 걷다 우연히 발견한 이정표가 방향을 바꾸어주듯, 어떤 책은 우리의 생각에 불씨를 지핀다. 《성공, 꿈꾸지 말고 훔쳐라!!!: 내 인생을 바꾸는 1인치 경영 혁명》은 바로 그런 책이다. 이 책은 삶과 경영에서 작은 변화가 얼마나 큰 차이를 만들어내는지 이야기한다. 부제인 '내 인생을 바꾸는 1인치 경영 혁명'이 암시하듯, 사소한 실천이 인생을 바꾸는 시작점이 될 수 있음을 강조한다.

이 책은 목표를 이루기 위해 필요한 것은 거대한 계획이 아니라, 일상 속 작은 변화와 행동이라는 메시지를 전한다. 저자는 우리의 삶과 경영을 춘하추동, 네 계절로 비유한다. 봄은 새로운 시작과 관점의 전환을, 여름은 열정과 실천을, 가을은 복기와 조정을, 겨울은 재충전과 도약을 상징한다. 이러한 비유를 통하여 독자들이 자기 삶의 흐름과 책의 구조를 쉽게 연결할 수 있도록 돕는다.

하지만, 이 책은 단순히 정답을 제시하지 않는다. 오히려 독자가 자신만의 방식으로 길을 찾도록 돕는 도구에 가깝다. 우리는 흔히 목표를 세우는 것에 집중하지만, 그 목표에 도달하기 위한 과정은 종종 소홀히 여긴다. 글을 쓰고 있는 지금의 나 또한 그러하다. 항상 부끄러움을 느끼며 살아가기에, 이 책을 읽으며 스스로가 얼마나 약한 존재인지 다시금 되돌아보게 되었다. 어쩌면 이 책은 그런 약점들을 견디며 앞으로 나아가기 위한 작은 버팀목이 될지도 모른다.

책 속에는 삶과 경영에서 작고 미세한 변화가 실제로 어떻게 큰 결과를 만들어내는지 다양한 사례가 담겨 있다. 예를 들어, 저자의 습관 중 하나인 '모임에 20분 일찍 도착하는 것'은 일상 속의 작은 변화와 행동을 실천으로 옮겼을 때의 변화를 보여준다. 하나의 원칙을 세우고 꾸준히 그것을 실천하는 20분은 리프레시의 시간이 되기도 하고,

원하는 자리를 선점하게 해주기도 하며, 성실하고 부지런한 사람으로 만들어주기도 한다. 저자는 특히 "목표를 이루기 위한 첫걸음은 행동으로 시작된다"라고 강조하며, 일상의 작은 실천이 어떻게 성과로 이어질 수 있는지를 여러 장에 걸쳐 설득력 있게 보여준다.

위의 예시와 같이 다양한 사례를 포함하는 이 책의 매력은 읽는 방식의 다양성에도 있다. 특정 계절의 챕터부터 시작하거나, 필요한 부분만 골라 읽어도 좋다. 새로운 도약이 필요한 사람은 봄에서 출발할 수 있고, 지나온 시간을 되돌아보고 싶은 사람은 가을로 건너뛸 수도 있다. 모든 문장을 완벽히 이해하려 애쓸 필요는 없다. 때로는 한 문장만으로도 삶의 방향을 바꿀 통찰을 얻을 수 있다.

이 책은 완벽한 해결책을 약속하지 않는다. 그러나 이 책을 가벼운 마음으로 시작한다면, 더 많은 것을 얻을지도 모른다. 모든 고민을 해결해주지는 않겠지만, 오래된 물음에 새로운 물꼬를 틀 작은 계기를 제공할 것이다.

삶을 조금 더 선명하게 보고 싶을 때, 이 책과 함께 여정을 떠나보라 권하고 싶다. 《성공, 꿈꾸지 말고 훔쳐라!!!》는 당신만의 나침반이 어디로 향할지에 대한 고민의 믿음직한 동반자가 되어줄 것이다. 책장을 넘기다 당신의 시선을 사로잡는 문장을 발견한다면, 그 순간이 바로 새로운 시작점이 될 것이다. 이 책과 함께 새로운 가능성을 발견하는 순간을 기대하며, 당신의 여정을 응원하겠다.

이현정, 리더스살롱 북큐레이터

Contents

Prologue

Chapter 1

春 그리고 봄

관점의 전환 : 인생을 새롭게 본다 18
인생 독법 25
목표가 나를 이끈다 32
나만의 인생 성공 전략 38
성공, 꿈꾸지 말고 훔쳐라 43
일단 시작한다 hit the road 52
세류성해 58
십계 : 삶의 무기 10가지 65

Chapter 2

夏 그리고 여름

선택과 집중 100
갖고 있는 것에 주목한다 103
불광불급 : 미친 듯이 한다 108
고난이 곧 유익이다 112
우보천리 117
한 우물을 파라 122
변증법적 발전을 추구하라 132
운을 부르는 사람이 되자 138

Chapter 3

秋 그리고 가을^秋

인생 복기 148

미세의 매직 157

수성^{守城} 167

가치경영 178

공유의 가치 그리고 함께함^{with}의 힘 184

호기심과 열정을 유지한다 194

학이시습지^{學而時習之} 200

화려한 동^冬을 준비한다 210

Chapter 4

冬 그리고 겨울^留

희망 재충전 220

또 다른 인생 사계를 꿈꾼다 231

이순 238

집착을 버린다 247

존경받는 사람으로 남자 253

경장^{更張} 260

목계지덕^{木鷄之德} 270

달리기를 멈추지 않는다 279

Epilogue

Prologue

어떤 일을 할 때는 동기가 있는 법이다. 단 한 번도 책을 써본 적이 없는 내가 책을 쓰고자 한 이유는 내용 곳곳에 언급되어 있다. 따라서 여기서는 생략하고자 한다. 나는 프롤로그를 집필 마지막 단계에서 썼다. 특별한 이유가 있던 건 아니다. 늘 어려운 일을 먼저 하는 습성이 책 쓰기에도 작동했을 뿐이다. 글쓰기는 늘 도전이다. 특히 나같이 문재文才가 떨어지는 범인들에게 글쓰기는 그 자체가 고통일 수도 있다. 그러나 신기하게도 이번 책은 나에게 글을 쓰는 고통보다는 행복감을 더 안겨줬다. 예상치 못한 선물이었다. 본문에도 언급했지만 선의善意를 갖고 시작한 옳은 일은 언제나 생각지도 못한 선물을 가져다준다. 살아보니 선의가 중요하다. CEO들의 CEO라 불리는 일본의 세계적 경영자 이나모리 가즈오 회장도 선의를 강조했다. 그의 철학의 밑바탕을 한번 검색해보라. 그러면 선의가 도도히 흐르고 있음을 알게된다.

이 책은 내 입으로 말하기 쑥스럽지만 선의를 갖고 쓰여졌다. 내가 무슨 인생의 고수나 된 양 비전祕傳을 전수하겠다는 오만한 마음으로 쓴 건 결코 아니다. 누군가를 가르치겠다는 마음도 없다. 단지 내 삶과 생각의 단면cross-section을 엿보게 함으로써 작은 깨달음을 주고, 반세기를 넘게 살며 경험하고 터득한 체험지體驗知와 알량한 철학적 인식을 전하려는 게 이 책의 집필 의도다. 내가 아직도 많이 부족하다. 그런 내가 전하는 얘기니 흠결이 많은 책이다. 책을 쓰면서도 회의가 밀려왔다. 과연 내가 인생을 논할 자격이 충분한가? 아직도 답을 못 하겠다.

 그러나 나는 이렇게 나를 위로했다. 정직하게 쓰자. 어떤 것도 미화하려거나 간지나게 쓰려하지 말고 있는 그대로를 보여주자. 즉, 문필력으로 승부하지 않고 진정성으로 승부하자고 생각했다. 내게 주어진 선택지는 그것밖에 없었다. 따라서 이 책의 가치가 있다면 이것이다. 평범한 자의 담담한 삶의 고백이자 인생에 대한 성찰의 진실된 기록이라는 것이다. 아름답지 않은 자가 자신을 세상에 드러낸다는 게 얼마나 많은 용기가 필요한지 다시금 절감한다. 더군다나 하나님에 대한 고해성사라는 거창한 명분을 내세워 미욱한 필력으로 삶을 조명하고 삶의 이치를 공유하는 인생 경영서를 쓴다는 게 정말 쉽지 않다. 민망함도 이겨내야 하고 읽을 가치가 있는 글을 써야 한다는 부담감도 적지 않기 때문이다.

 이 책은 설계도대로 시공된 책은 아니다. 준공 검사 필증이 나오기 어려운 상태일 수도 있다. 그러나 그런 미숙함이 있더라도 충분히 일독의 가치는 있다고 나는 믿고 있다. 그런 믿음조차 없으면 책을 완성할 힘이 안 생긴다. 나는 이 책을 읽는 분들을 위해 몇 가지 사항을 일러두려 한다.

책 내용과 성격을 염두에 둘 필요가 있다.

책 내용은 『내 인생을 바꾸는 1인치 경영 혁명』이라는 부제목 속에 함축되어 있다. 즉 집필 의도와 말하고자 하는 내용(미세微細의 매직과 성공 전략, 승자의 사고법, 남다른 관점 및 접근법, 핵심 인생 기술 등)이 1인치와 경영이라는 두 단어에 내포되어 있다고 할 수 있다. 이 책은 책 제목과는 달리 책방에서 흔히 보는 CEO가 되고자 하는 분들을 위한 성공학 개론이나 부의 비밀을 알려주는 부자학 책(로버트 기요사키의 『부자 아빠 가난한 아빠』, 나폴레온 힐의 『부를 이끄는 생각의 그릇』 등)은 아니다. 또한 경영 관련 도서나 처세술 책(데일 카네기의 『인간 관계론』)도, 잠언으로 가득 찬 고리타분한 교훈집도 아니다. 굳이 책 성격을 규정한다면 인생 경영서다. 따라서 독자 층은 다양할 수 있다. 내 욕심이지만 이 책을 30~40대가 많이 읽어줬으면 좋겠다.

책의 구성이 독특하다.

인생 4계에 맞춰 춘하추동 4개의 챕터로 구분했다. 각 챕터에 들어가기 앞서 해당되는 계季의 의미를 설명했다. 그 챕터에 담길 내용들을 암시하기 위해서다. 각 챕터에서 다루는 32개 주제들이 결코 가볍지 않다. [변증법적 발전을 추구하라], [구조적 사고법], [목계지덕] 등 제목들도 때론 어마무시하다. 따라서 읽기도 전에 생각만으로도 머리가 지끈거릴 수 있다. 그러나 걱정은 말라! 간판만 보고 판단하면 안 된다. 내 나름대로 쉽게 풀어놓았다. 대부분 내 사유의 결과물들로 충분히 공감이 갈 거라 믿는다. 수학 문제도 쉬운 문제만 풀어서는 실력이 안 늘듯이, 특별히 이해 못 할 내용은 없다. 혹시 있다 하더라도 몇 회독 하면 이해가 된다. 나는 분명 그런 노력이 보상받을 수 있다고 생각한다.

나는 글을 쉽게 쓰려고 노력한다.

JYP가 말하는 대로 공기 반 소리 반을 글쓰기 원칙으로 생각한다. 최대한 어깨 힘 빼고 쓰려 했다. 예쁘게 쓴다는 마음도 없었다. 담백하고 드라이하게 쓰고자 했다. 수사retoric나 장식어裝飾語도 줄였다. 그리고 불가피하게 동원된 철학 용어나 전문 용어들 역시 현학의 의도는 전혀 없다. 그 말이 가장 적확한 용어라 판단해서 쓴 것일 뿐이다. 그러나 그 용어들도 이해하기 쉽게 기술적으로 정의하거나 해설을 덧붙여놓았기에 거부감은 들지 않을 것이다. 내가 쓰는 용어들은 일상적인 대화에서 활용해도 좋다. 잘난 체한다는 느낌을 주기보다는 고급지고 신선하다는 평을 받을 수 있다.

책을 통해 나와 내 인생을 미화할 생각은 추호도 없다.

그건 내 책을 읽는 분들에 대한 예의도 아닐뿐더러 이 책의 가치를 스스로 떨어뜨리는 일이기 때문이다. 따라서 나는 글을 쓸 때 엄격한 자가 검증을 거친다. 글의 순도를 최대한 높이기 위해서다.

경영 실전서가 아닌, 난이도와 위험도가 공히 높은 인생 경영서에 도전한 명확한 이유가 있다. 나처럼 시행착오를 덜 겪고 정상에 오르라는 것이다.

정상에 오르라는 말은 자신만의 목표점에 도달하라는 뜻이다. 거창하게 말하면 후회하지 않는 나만의 삶을 실현하라는 것이다. 그렇다고 내 책이 대단한 내용을 담거나 지금까지 듣도 보도 못 한 새로운 금언과 인생팁으로 채워졌을 거라는 기대는 금물이다. 오히려 전혀 새로운 것이 없어서 싱거울 수도 있다. '이 정도는 나도 다 알지' '특별할 것이 없네'라는 반응이 나올 수도 있다. 인생을 살아보니 몰라서 못하는 건 없다. 문제는 실천이다. 따라서 내 책은 실전서를 지향한다. 똑같은 내용이라도 설說로 그치지 않고 실천이 가능하도록 최대한 실행 파일을 제시하려 한다.

CHAPTER 1

그리고 봄見

춘春은 우리말로 봄이다. 내 책에서 춘은 계절상(시간상) 개념보다는 인생의 단계 개념으로 본 것이다. 봄이란 말의 유래에 대해서는 여러 가지 설이 있다. 그중 나는 내 책의 취지에 부합되는 하나를 선택했다. 봄은 양주동 박사의 주장에 따르면 만물이 소생하는 것을 보는 계절이라 해서 '보다見'에서 유래된 말이다. 즉, 모든 것을 새로운 시선에서 보는 계절을 뜻한다. 따라서 춘 챕터에서는 새로운 시각에서 모든 것을 다시 정의하는 역발상을 강조하려 한다. 그리고 춘은 대지 아래의 생명들이 움트는 때로 기승전결의 논리 구조상 기에 속한다. 기起는 일어난다는 뜻을 가진 한자어다. 따라서 기 단계에서는 어떤 변화의 단초가 만들어져야 한다, 즉 발단을 해야 한다. 결론적으로 말해 나는 이 장에서 상투적 시각을 바꾸어 새로운 변화의 시작점을 만들 것을 권한다.

Chapter 1

1-1 관점의 전환 轉換 : 인생을 새롭게 본다

관점은 말 그대로 사물이나 현상을 바라보는 지점 viewpoint 이라는 뜻이다. 사전에는 지점이란 표현 대신 (관찰의) 태도나 방향, 처지라는 용어를 선택했다. 우리는 똑같은 사물이라도 관점에 따라 전혀 다르게 보임을 알고 있으면서도 관점에 대해 그리 중요치 않게 생각하는 경향이 있다.

맹인촉상 盲人觸象 은 관점의 중요성을 보여주는 좋은 사자성어 예다. 또 우리가 많이 접하는 예가 있다. 분명 똑같은 한 장의 여인상 그림인데, 바라보는 각도에 따라 고약한 노파의 모습으로 보이기도 하고, 달리 보면 아리따운 젊은 여성의 모습으로도 보이는 것이다. 우리가 저지를 수 있는 오류를 보여준다는 점에서 두 사례는 매우 의미가 크다.

나는 언제나 이런 오류를 피하기 위해 여러 관점에서 현상을 분석하거나 문제의 해답을 구하려 해왔다. 하지만 이런 노력에도 불구하고 개인 삶에서는 물론, CEO로 일하면서도 크고 작은 관점의 오류를 범해왔다. 내가 범한 오류는 대부분 세상 사람들이 범하는 오류와 크게 다르지 않다. 즉, 편견이나 고정관념에 사로잡혀 상투적 시각에서 문제나 현상, 사물을 바라볼 때다.

고정관념

고정관념은 누대에 걸쳐 형성된 일반화된 신념이다. 말하자면 이런 것이다. '외향적인 사람이 출세할 가능성이 높다'든가 '달변이 눌변보다 항상 좋다'라는 식의 명제가 참^{true}처럼 받아들여지는 것이다. 우리가 고정관념이란 표현을 쓸 때는 고정관념이란 단어에 부정적 뉘앙스가 내포되어 있다. 즉, 과잉 일반화나 부정확하게 일반화된 신념이란 인식이 깔려 있다. 이런 까닭에 나 역시 고정관념을 탈피해야 한다는 강박이 있다. 하지만 이런 강박에도 불구하고 고정관념에서 쉽게 헤어나오지 못한다. 왜 그럴까?

하나는 대세를 따르면서 큰 성공을 거두진 못하더라도 하방 리스크가 적다는 것이다. 즉, 대과^{大過}가 없기 때문이다.

다른 하나는 고정관념은 세상이 이미 만들어놓은 기성품 안경과 같은 것이기 때문에 익숙하고 편하다는 것이다. 편하다는 건 고정관념에 대한 검증이나 대안을 찾기 위한 특별한 노력이나 고민 없이 기계적으로 선택할 수 있다는 뜻이다. 이 같은 이유 때문에 나 같은 신중한 사람도 고정관념의 덫에 빠져 인생을 살며 적지 않은 실수를 저질렀다.

겉모습에 현혹되지 말라

인생 경기에서 내가 흔히 범하는 실수는 겉모습에 현혹된다는 것이다. 우리 후배가 이런 말을 했다.

"우리가 인생을 살며 크게 당할 때는 동네 건달한테 당하지 않는다. 양복 입은 신사한테 당한다."

그 후배는 대단한 성공을 거둔 친구가 아니다. 만날 때마다 내가 현대판 봉이 김선달이라 부르는 자칭 사업가다. 나는 그에게

너는 자칫하면 사기꾼으로 오인받을 수 있으니 늘 언행을 조심하라고 한다. 학벌도 변변찮은 친구지만 내가 20년 가까이 인연을 유지하는 건 험한 바닥에서 뒹굴다 보니 나름의 내공이 느껴져서다. 앞서의 이 말도 내가 지금까지 내 주변의 먹물 인생을 사시는 분들에게서는 들을 수 없는 엣지가 느껴지는 말이었다. 실제 나는 똑똑한 체하면서도 후배가 한 말을 잊어 실수나 실패를 하는 일이 종종 있다.

겉모습은 많은 내용을 포함하는 복합적 개념이다. 꼭 외모나 꾸민 모습만을 말하는 게 아니다. 돈이 엄청나게 많거나 사회적 성공을 거두거나 좋은 학벌을 갖고 있는 분들에게 우리가 프리미엄을 제공하는 경우가 많다는 점에서 돈, 권력, 사회적 지위, 스펙, 네임 밸류 등이 포함된 표현이다.

젊은 날의 실수

CEO로 있다 보니 정말 많은 분들이 나를 찾아오게 된다. 그분들은 대단한 명함들을 가진 경우가 많다. 하지만 그분들 모두가 명함에 상응하는 정도의 내실과 실력 혹은 재력을 갖추고 있는 건 아니다. 많이 부풀려져 있는 경우가 많다. 젊은 시절에는 그런 명함에 혹했다. 그러나 CEO가 된 이후로는 겉모습에 현혹되지 않으려고 늘 스스로를 경계했다. 그런 덕에 CEO 시절에는 큰 실수는 없었다.

물론 자잘한 실수가 없었던 건 아니다. 젊은 시절에 한 실수들 중 아직도 아픔이 생생히 전해지는 실수 하나를 소개한다. 그는 대한민국에서 최고의 미인으로 꼽히던 연예인의 남편이었다. 편의상 그를 데이비드라 하자. 그는 부모 때부터 큰 사업을 해온 사업가 집안의 아들로 포장되어 있었다. 대학도 명문대를 나오고 인물도 귀티가 났다. 근사한 명함과 강남 한복판에 돈을 많이 들인 듯한 호화판 사무실도 가지고 있었다.

나는 그를 안다는 사실만으로도 내 격^{class}이 올라갔다는 착각을 했다. 그러나 그는 앞서 후배가 말한 양복을 입은 신사에 가까웠다. 나쁜 친구라고는 생각하지 않으나 나와는 서로 다른 통념과 상식, 가치관을 갖고 있었다. 나는 그를 식별할 수 없는 상태였다. 겉모습과 후광에 눈이 멀어 있었기 때문이다. 눈이 먼 내가 볼 수 있는 건 없었다. 그가 벌인 포커판의 액면(오픈된 카드)만 볼 수 있을 뿐이었다.

사리 분별력이 떨어진 나에게 주어진 건 돌이킬 수 없는 오해와 불명예였다. 나의 인생 항로를 바꾸어놓을 만큼 큰 실수였다는 걸 한참 후에야 깨달았다. 한번 먼 눈의 시력은 쉽게 회복되지 않기 때문이다. 정말 많은 걸 가르쳐준 인생 최대의 실수다. 내가 만약 바른 눈(관점)을 갖는 훈련을 해왔다면 하지 않아도 되는 실수를 한 것이다. 관점이 정말 중요하다는 걸 다시 한 번 느끼게 해준 실책이다.

바른 관점의 중요성

하지만 잃은 것만 있는 건 아니다. 내가 사람 보는 눈이 좋아졌다는 걸 말하려는 게 아니다. 관점이 중요하다는 걸 뼈저리게 깨달았다는 걸 말하고 싶을 뿐이다. 내게 큰 아픔을 선사한 가칭 데이비드라는 친구는 잘못이 크지 않다. 내가 문제였다. 나는 데이비드를 잘못된 관점에서 바라봤다. 그의 재력과 영향력, 후광이 내 인생에 도움이 될 거라 본 것이다. 그가 덫을 놓은 건 맞으나 그가 유인해서라기보다는 내 스스로가 덫을 향해 발을 내딛은 것이다. 따라서 나는 그를 원망하지 않는다. 내 사심에 의해 왜곡된 나의 관점이 잘못된 것이다.

당시 한 후배가 나에게 이런 충고를 했다.

"형은 스스로 빛나는 존재인데 왜 남의 후광을 빌려 빛나려 하십니까? 앞으로는 남의 얘기보다 형 얘기를 하세요."

뼈아픈 지적이었다. 그것은 내 삶의 관점이 얼마나 남루했는가를 지적한 듯해 부끄러움이 한꺼번에 밀려들었다.

인생을 살아가는 데 바른 관점을 갖는 건 정말 중요하다. 나는 관점이 자신의 삶을 송두리째 바꿔놓을 수 있을 만큼 우리 삶에서 차지하는 비중이 크다고 믿는다. 이 책의 최초 키워드가 관점인 것도 이와 무관치 않다. 이 책은 모두에서 밝힌 대로 인생 경영서다. 즉, 참된 인생 혹은 가치 있는 삶, 성공적인 인생 지침서를 지향하고 있다.

어려운 수학 문제

나는 반세기 이상 인생을 살아오며 비교적 성공적 삶을 살았다는 평을 듣는다. 하지만 많이 아쉽다. 너무 인생을 모르고 살았다는 생각이다. 그러다 보니 시행착오도 많았다. 야구 타자로 말하자면 3할대의 타율을 기록했을 뿐이다. 7할은 헛스윙을 했거나 좋은 기회들을 놓치고 산 것이다.

왜 그럴까? 인생이 매우 어려운 수학 문제처럼 풀기가 힘들기 때문이다. 대한민국의 가왕 나훈아의 말대로 인생이란 게 그렇게 녹록치 않다. "아 테스형 세상이 왜 이래, 왜 이렇게 힘들어." 나는 이 대중가요의 한 소절 속에 인생의 모든 게 녹아 있다고 생각한다. 우리는 내가 걷는 인생길이 어떤 길인지도 모르고 걷는다. 나 역시 그랬다. 똑똑한 분들은 나름의 공부를 통해 인생길을 알고 걸어왔겠지만 내 경우는 나이가 한참 들고서야 어렴풋이 인생의 이치를 터득하기 시작했다.

안타깝게도 나는 인생 시험 시간의 절반을 훌쩍 넘겼고, 이제 남은 시간이 길지 않다. 답안지를 수정할 시간도 없다. 안타깝다. 내가 인생의 이치를 좀 더 일찍 알았더라면 하지 않아도 되는 실수를 막을 수 있었을 텐데 하는 아쉬움이 남는다.

우리는 대부분 헛똑똑이다. 인생이라는 문제지를 집어들고도 문제지를 훑어볼 새도 없이 허둥지둥 살다가 인생의 막바지에 다다라서야 문제의 뜻을 파악하려고 한다. 나도 반성한다. 내가 수학 문제를 풀 듯 인생 출발 시점부터 인생이란 문제를 열심히 읽고 출제자(하나님, 절대자)의 의도를 파악하려 했다면 한층 정답에 가까운 답안지를 써낼 수 있지 않았을까? 뒤늦은 후회를 해본다. 이는 내가 책을 쓰기로 결심하고 주제를 잡을 때 주변의 조언을 물리치고 인생 경영서를 쓰기로 한 이유다.

Know the Ropes

주변에서는 당연히 CEO로서의 경험담, 성공 노하우를 담은 책을 쓰기를 권했다. 내가 그런 대로 이름값이 있으니 잘 팔릴 수도 있다는 판단을 하고 있었던 듯하다. 하지만 나는 그들이 생각하는 길이 아닌 다른 길을 선택했다. 출판계에서 레드오션이라 여기는 섹터의 책을 내기로 한 것이다.

내가 반세기 이상 인생이란 고난이도의 문제를 풀며 힘들게 터득한 바를 정리해 공유하면 모두에게 분명 유익할 거라 판단했다. 나이로는 충분히 이런 글을 쓸 정도 나이가 된다. 문제는 내가 얼마나 치열하게 인생을 살아왔냐는 것이다. 이 점에서는 이견이 있을 수도 있다. 하지만 나는 이에 대해서도 스스로에게 후한 점수를 줬다. 최소한 합격점은 된다고 봤다.

얘기를 정리하자면 인생을 잘 살려면 인생 공부, 즉 인생에 대한 연구가 필요하다는 것이다. 그러나 이것만으로는 부족하다. 인생을 사는 법, 즉 삶의 이치를 알아야 한다.

나는 모든 일에는 로얄로드와 지름길, 다른 말로 '요령'이 있다는 생각을 갖고 있다. 요령要領은 일에 대한 중요한 이치를 말하는 것이지, 편법을 말하는 것이 아니다. 정법이다. 수학에서 말하는 공식이나 정리theorem와 같은 것이기 때문이다.

우리가 만약 구구단을 모르고 근의 공식을 몰랐다고 생각해보라. 얼마나 끔찍한 일이 일어날까? 따라서 요령은 반드시 알아야 한다. 요령을 아는 것을 영어로 know the ropes라고 표현하는데, 문자 그대로 해석하면 어떤 줄에 정답이 있는지 안다는 뜻이다.

고득점의 비결

대학 시절 나는 학비와 생활비를 벌기 위해 대학원생이 될 때까지 수학 과외를 오래 해왔다. 나는 당시 그 세계에서는 꽤 명망이 높은 임 선생으로 통했다. 내가 꼭 실력이 좋았기 때문일까? 그건 아니다. 나는 학부모님들의 기대를 너무 잘 알고 있었다. 일단 나에게 아이를 맡기고 나니, 확실히 달라졌다는 걸 단기간에 보여주자는 생각이었다.

아무리 용빼는 재주가 있다 해도 학생의 실력을 갑자기 눈에 띄게 올릴 수는 없는 것이니 초반에는 문제 푸는 요령, 즉 고득점 비결을 전수하는 데 주력했다. 그리고 몇 가지 마법Magic에 가까운 비법도 알고 있었던 터라 그걸 얘기하면 학생들은 경이로운 눈으로 나를 바라봤다.

나는 공부가 아닌 다른 인생 문제를 풀 때도 요령을 아는 게 중요하다는 걸 뼈저리게 느껴왔다. CEO로서 내가 이만한 성공을 거둘 수 있었던 것도 젊은 시절의 많은 수련과 경험으로 요령을 터득한 덕분이다. 대인관계나 조직 생활, 심지어는 일상생활을 할 때도(나무를 키울 때조차) 마찬가지다. 인생도 똑같지 않을까?

인생의 원리, 진수, 이치를 다 깨달을 필요는 없다. 군대 시절 복무 수칙이나 군인의 길처럼 인생을 잘 사는 요령을 달달 외우고, 숙지만 해도 인생의 결과값^{score}은 달라질 것이다. 이 또한 내가 이 책을 펴내기로 한 이유다.

이제 이 주제에 대한 얘기를 마무리해보자. 인생을 잘 살려면 아무렇게나 닥치는 대로 그냥 살기보다는 인생 공부를 통해 인생의 참된 의미와 이치를 깨달아야 한다. 그럼 인생이 한결 살 만해질 거라 믿는다. 그리고 그런 깨달음과 인생에 대한 인식 전환이 삶을 더욱 빛나고 성공적으로 만들 수 있다고 확신한다.

1-2 인생 독법

독법讀法이란 말이 생소할 수 있다. 말 그대로 해석하면 읽는 법이다. 따라서 인생 독법은 인생을 읽는 법을 말한다. 앞서 나는 인생을 잘 살려면 인생을 공부하고 연구해야 한다고 했다.

인생과 삶은 철학에서도 중요한 주제 중 하나다. 실존 사상은 삶에 대한 철학적 통찰의 결과다. 철학자들이 말하는 실존 사상이 인생 독법에 도움이 안 된다고 말할 수는 없지만, 다기한 우리 삶의 과제를 푸는 데는 제한된 효능밖에 없다. 군대에서 독도법을 익히는 데 지리학이 도움은 될지언정 모른다고 해서 큰 장애가 안 되듯이, 인생 독법을 익히는 데 실존 철학이 반드시 필요하지는 않다고 본다.

러시아의 대문호 톨스토이는 소설가이면서 사상가다. 그는 말년에 『살아가기 위한 날들을 위한 공부』라는 책을 저술했다. 『톨스토이의 인생 수업』이라는 이름으로 국내에도 알려져 있다. 100% 추정이지만 톨스토이도 자신의 죽음을 앞두고 80년 인생을 회고하며 인생 수업 책을 집필하고 싶은 욕구를 억누르기 어려웠을 것이다.

톨스토이의 이 책은 일종의 잠언서다. 읽은 이들은 이런 평을 한다. "문장이 간결하여 술술 읽히지만 실천하기에는 결코 만만치 않다." 나도 이 책을 몇 년 전에 다시 구입해 읽었다. 나에게는 많은 시사점을 안겨줬다. 많은 깨달음도 얻었다.

그러나 나처럼 인생 경험이 많지 않은 사람에게는 별반 도움이 안 될 수 있다. 톨스토이가 80세에 이르러 얻은 깨달음은 (삶의 이력과 철학 공부가 덜 된 이들에게는 잠언서가 될 수 있으므로) 이해하기 쉽지 않을 수 있기 때문이다. 그러나 반드시 읽기에 도전해보라. 다소 따분하게 느껴지고 추상적이며 지나친 이상론처럼 비춰질지라도, 분명 인생 독법을 익히는 데 도움을 주는 훌륭한 교재다. 내가 아는 한 인생에 대한 표현 중 최고의 압권이 있다고 생각되는 게 있다. "인간의 삶은 난해한 미완성 시에 붙인 주석이다."

인생이 난해한 이유

그렇다. 인생을 시에 비유하든, 바다에 비유하든, 여행에 비유하든 변함없는 사실은 '난해하다'는 것이다. 난해하다는 건 고단하고 팍팍하다는 뜻과는 다르다. 어른들에게 귀에 딱지가 앉도록 들어온 '알 수 없는 것이 인생'이라는 말이 뜻하는 바에 오히려 가깝다.

난해하다고 느낀다는 건 우리 삶에 영향을 미치는 변수$^{decision\ variable}$가 무수히 많다는 것을 의미한다. 이 변수는 꼭 외생 변수 $^{extraneous\ variable}$만을 뜻하는 게 아니다. 내생 변수까지를 포함한다. 이 책은 두 변수 중 외생 변수보다는 내생 변수에 초점을 맞추고 있다. 즉 내생 변수를 상수화하려는 노력을 통해 인생의 결과값을 좋게 하려는 목적을 가지고 쓰여졌다.

인생이 또 난해한 까닭은 운運과 우연이 작용하기 때문이다. 통상 운과 우연은 통제가 안 되는 랜덤 배리어블random variable로 간주된다. 하지만 이 또한 아주 통제가 불가능한 것은 아니다. 계획된 우연 이론planned happenstance theory이라는 것이 있다. 나는 이 이론 창시자의 생각과는 다소 결을 달리해, 계획된 우연을 이렇게 해석한다.

'우연처럼 보일 뿐, 내가 그 우연을 불러왔다는 점에서 계획된 것'이다.

물론 운과 우연의 결과를 기대한 적이 없었던 것은 아니다. 나도 살아오며 이런 경험을 적지 않게 했다. H증권의 CEO로 오게 된 것이라든가, 지금 이 책을 쓸 수 있는 것도 계획된 우연의 예다.

대학 시절의 도전

전자는 다른 기회가 있으면 언급하기로 하고 후자에 대해 더 이야기할까 한다. 나는 본래 글솜씨가 없는 사람이다. 소위 문재文才가 없는 축에 속한다. 따라서 글을 잘 쓰는 사람들이 부러웠다. 고교 시절 문학반 친구들은 내게 선망의 대상이었다. 그런 열망은 대학에 가서도 식지 않았다.

나는 도전하기로 했다. 아무런 준비도 없이 대학 신문사에 떡하니 지원서를 냈다. 당시 대학 신문사의 문턱은 높았다. 대학 신문은 그 무렵 좌편향을 보였던 걸로 기억한다. 따라서 대학 신문 기자가 되려면 글 실력은 기본이고 소위 의식이 있어야 했다. 그런 까닭에 70년대 후반 대학 신문에는 사회대나 인문대 선배들이 대부분이었고, 경영대생은 없었다. 그런데도 나는 겁 없이 문을 두드렸다.

우여곡절 끝에, 면접 당시 나를 예쁘게 봐주신 영문과 황동규 교수님 덕택에 꿈꾸던 기자가 됐다. 나는 대학 신문 기자가 됨으로써 내 인생이 달라졌다고 자평한다. 두 가지 면에서다. 하나는 생존 가능한 수준의 글쓰기 능력을 갖췄다는 것이다. 글쓰기 능력은 인생의 성공을 거두기 위해 필요한 삶의 무기다. 이걸 나는 대학 신문 기자가 됨으로써 손에 넣을 수 있었다.

다른 하나는 소위 운동권의 세계를 경험해 봤다는 것이다. 이건 내가 말하면서도 가장 조심스러운 대목이다. 나는 사실 대학 신문 기자로서도, 운동권 서클에서도 얼치기 경계인이었다. 늘 주변부를 맴돌았다. 이유는 단순하다. 기자라고 하더라도 필력이 부족했고, 역량이 선배들의 기대치에 미치지 못했다.

가장 큰 문제는 의식 수준도 따라가지 못했다는 것이다. 하지만 내 인생에서 가장 성장을 많이 한 시절을 꼽으라면 나는 대학 신문에 속해 있으면서 서클 활동을 했던 2년을 꼽을 듯하다. 존재감도 없고 미욱하기 그지없던 주변인인 나를 이끌어 준 교수님들과 선배들에게 이 자리를 빌려 뒤늦게나마 감사를 표한다. 나는 운 좋게도 이때 획득한 삶의 무기들(글쓰기와 토론 능력, 균형 잡힌 사고, 정의감 등등) 덕분에 이만큼이나마 이루고 성장할 수 있었다. 그리고 마침내는 내 이름으로 책을 내겠다는 용기까지 내게 되었다.

내가 글쓰기에 진심이었던 건, 유용성이 클 거란 계산에 따른 것이 아니다. 그냥 글 쓰는 것이 좋았고, 하고 싶었을 뿐이다. 아직도 부끄러운 실력이지만, 나는 내 생각을 막힘없이 글로 옮길 수 있는 것에 감사하고 또 감사한다. 글쓰기에 대한 욕망과 대학 신문 기자 도전, 오랜 습작은 나에게 큰 성장의 기회와 행복한 기쁨을 안겨줬다. 난 이것이야말로 준비된 우연이라고 생각한다.

완생을 향한 여정

얘기가 길었지만, 포인트는 놓치지 말아야 한다. 결론적으로 말해 운과 우연도 나의 노력으로 유리하게 작동하게 할 수 있다는 것이 내 얘기의 포인트이다. 또 한편으로, 인간의 삶은 유한하다. 백세 시대라고는 하나, 삶의 유한성은 변함이 없다. 이는 두 가지 과제를 우리에게 던져준다.

하나는 시간을 소중하게 다뤄야 한다는 것이고, 다른 하나는 완벽하려고 욕심 부리지 말라는 것이다. 인생은 각자에게 주어진 시간 안에 최선의 답을 도출해내는 수학 문제와도 같다. 그러나 인생을 오래 살아본 이들이 이야기하듯, 인생은 엄밀히 말해 답이 없는 시에 가깝기도 하다.

시인의 입장에서 시는 늘 미완성이다. 뭔가 부족하다. 흡족치 않다. 일생을 풍미하고 성공적인 삶을 산 사람도 죽음을 앞두고는 회한이 남는 법이다. 바둑을 두는 분들은 인생을 이렇게 표현한다. "인생은 미생에서 완생으로 향해 가는 여정이다."

우리는 이렇게 유한하고 미완성 시와 같은 인생을 어떻게 살아야 할까? 이 질문에 대한 답은 여러 가지다. 내 답은 완벽한 삶을 살기보다는 삶의 과정에 충실하는 것이다.

정상은 또 하나의 디딤돌

내 얘기를 해보자. 나는 타인의 눈에는 성공한 인생을 살고 있는 듯이 보인다. 그럴 수도 있다. CEO를 두 번이나 하는 삶을 살고, 책까지 쓸 정도의 위치에 올랐으니 틀리게 본 건 아니다. 하지만 놀랍게도 내 삶은 여전히 진행형이다. 지금도 부족한 게 느껴지고, 가야 할 길이 있다. 나조차도 아직 덜 수련이 된 탓일 것이다.

이 대목에서 하나 고백할 게 있다. 나는 운좋게 조직 생활 20여

년 만에 CEO 자리에 올랐다. 그 때 나는 내가 그토록 그리던 조직의 최정상에 올랐다는 생각에 영원히 행복할 줄 알았다. 그러나 그건 나 자신과 인생을 너무 몰라서 한 생각이었다.

복에 겨워 하는 말이라고 오해는 말아라. 돌이켜 생각해보면 정말 CEO가 되었을 때의 환희와 감동, 행복감은 오래가지 않았다. 내가 욕심이 많아서만은 아니다. 인생이란 게 본래 그런 것이다. 내가 H증권 시절에 썼던 CEO 스피치에서 말한 게 있다.

"정상은 어디에도 없다. 있다 해도 내가 밟고 있는 정상은 또 다른 정상으로 올라갈 수 있는 디딤돌일 뿐이다."

결론적으로 말하자면 모든 게 과정이니, 매 순간 최선을 다하고 매 순간 감동을 추구하자는 것이다.

얼마 전 신앙이 두터운 분에게 이런 말을 들었다.

"인생은 자신의 마음속에 있는 영혼의 산을 오르는 도전 과정이다."

최근에 접한 인생에 대한 표현들 중 내 마음에 가장 와닿는 표현이었다. 그럴지도 모른다. 나를 포함한 대부분의 사람들은 세인들이 설정한 정상을 오르려만 하다 보니 영혼의 산은 잊고 있는 듯하다. 나 역시 뒤늦게 알았다. 영혼의 산을 정복하는 것이 더 중요할 수 있다. 그리고 그것을 통해 얻은 만족감과 행복감이 더 오래갈 수 있다는 것을 말이다.

테레사 수녀의 위대한 삶

인생이 왜 난해한 미완성 시가 아니고 그에 붙인 주석이라고 했을까? 주석footnote은 낱말이나 문장의 뜻을 풀어 쓴 글을 말한다. 인생은 주관식 문제다. 각기 다른 생각을 갖고 풀이에 임할 수밖에 없다. 어떤 이는 수학 문제처럼 논리적으로 풀어보려 할 것이고, 어떤 이는 인생이란 시를 자신만의 관점과 스탠스를 통해 바라보고 해석을 달리할 것이다. 나는 꼭 어떤 접근법이 맞다고 말하고 싶지 않다. 엄밀히 말하면, 나도 모른다. 내가 아는 건 각자 자기만의 방식으로 인생이란 주관식 문제를 풀되, 출제자의 의도를 너무 벗어난 답을 쓰거나 인생 전범 Field Manual을 위반해서는 안 된다는 것이다.

내 책은 이 두 가지 오류를 약화하는 데 도움이 될 거라는 기대를 가지고 쓰여진 것이다. 내가 아는 한 테레사 수녀는 인생이라는 문제에 훌륭한 주석을 보여주신 분이다. 테레사 수녀는 모두다 알다시피 순교자에 가까운 삶을 살았다.

"하느님의 연필, 그것이 바로 나다. 하느님은 작은 몽당연필로 좋아하는 것을 그리신다. 하느님은 우리가 아무리 불완전한 도구일지라도, 그것으로 너무나 아름다운 그림을 그리신다."

테레사 수녀의 이 말은 너무나 진실함이 느껴져 나도 모르게 경건해진다. 물론 반드시 테레사 수녀처럼 살아야 한다는 것은 아니다. 그러나 그분과는 다른 길을 선택했다고 해도 테레사 수녀의 위대한 삶의 주석은 영혼의 산을 올라야 하는 우리들에게 큰 울림을 전해준다. 내가 이 책 4장에서 말하는 존경받는 삶의 전형을 테레사 수녀는 보여줬다고 생각한다.

1-3 목표가 나를 이끈다

우리 모두는 성공을 꿈꾼다. 그러나 성공을 꿈꿀 뿐, 모든 게 구체적이지 못하다. 성공의 기준도 모호하고, 목표도 불분명하다. 성공 전략과 전술도 미비하다. 더 큰 문제는 성공을 하기 위해 필요한 합당한 노력과 투자도 부족하다. 나 역시도 마찬가지였다. CEO가 된 이후에도 여전히 이런 문제점을 안고 있다. 그렇다 보니 내 인생의 최종 지향점을 나조차 모르고 있다. 나 스스로에게 물어본다.

"나는 성공한 것인가?"

이 질문에 답하려면 성공의 의미를 먼저 정확히 해야 한다. 성공success의 사전적 의미는 '바라는 바를 이루는 것'이다. 따라서 성공은 개인 차가 클 수밖에 없다. 각자가 바라는 바가 다르니 십인십색이 될 수밖에 없다. 나의 오랜 목표는 CEO였다. 그런 면에서 나는 바라는 바를 이뤘다고 할 수 있다. 즉, 성공한 인생이라 평할 수도 있을 것이다. 나는 어떻게 이런 세인이 말하는 성공을 이룰 수 있었을까?

벤치마킹 Benchmarking

나는 흔히 말하는 흙수저는 아니다. 그러나 지방 출신이다 보니 서울에서 동생들과 함께 올라와 많은 방황과 고생을 했다. 고향에서 초등학교를 다닐 때는 공부를 곧잘 했다. 기억의 왜곡이 없다면 졸업 시에는 S대 법대에 간 친구 C 다음으로 잘했다. C는 넘사벽이었다. 인생을 살다 보면 높은 벽처럼 느껴지는 사람들이 있다. 어렵게 입학한 대학에 갔을 때, 나는 또 한 번 놀랐다. 똘똘한 친구들이 너무 많았다. 전국의 수재들이 다 몰렸으니 그럴 만도 하다. 하지만 나는 주눅 들기보다는 오히려 내가 성장할 수 있는 좋은 기회라고 생각했다. 하나님은 내게 좋은 머리를 주지는 않았어도 특별히 주신 게 있었다. 나는 그런 나만의 장점을 무기 삼아 <내 방식>으로 그런 친구들과의 경쟁에서도 양호한 성적을 거두었다. CEO가 된 것이 바로 그 증거다.

<내 방식>은 단순하다. 잘하는 친구들을 시샘하기보다는 부지런히 그들에게 묻고 따라 하는 것^{benchmarking}이다. 나는 모르는 걸 묻길 좋아한다. 상대를 따지지도 않는다. 나는 불치하문^{不恥下問}이라는 사자성어를 좋아한다. 나의 MBTI가 극 I임에도 묻고 싶어 하는 것은 신기한 일이다. 이러한 물음은 CEO가 돼서도 계속 이어졌다.

나는 지금도 호기심이 왕성하여 묻고 듣기를 좋아한다. H증권 CEO로 있을 때 조선일보의 한 팀장이 티타임을 갖고 훌륭한 기사를 써줬다. 사실과 다른 부분은 없었으나 나를 퍽이나 대단한 사람으로 포장해주어 민망했던 기억이 난다. 당시 그 기사의 제목은 이랬다. <450명 전 직원 면담 多問聞 경영, 영업이익 20배 이끌어>. 지금 생각해도 너무 팬시^{fancy}한 제목으로 CEO로서의 나의 가치를 한결 높여주신 그 팀장께 다시 한 번 감사드린다.

내가 이처럼 스포트라이트를 받는 CEO에 오른 것은 운칠기삼이란 말대로 운이 크게 작용했지만 기도 3할이 된다. 기가 3할이 됐다는 건 나름 끝없는 노력을 했다는 걸 뜻한다. 중학교 시절부터 나는 '사장'^{CEO}이라는 목표를 향해 매진해왔다. 들으면 픽 하고 고소를 짓는 분들도 있겠으나, 어리다면 어린 나이에 나는 내 인생 목표를 분명히 정했다. 당시 나는 공부를 뛰어나게 하진 못했던 데다 특별히 잘하는 것도 없어 존재감이 없다시피 했다. 하지만 나는 나를 믿었다. 비록 중학교 시절 긴 방황으로 최고의 명문고교에 진학할 수 없는 형편이었지만, 꼭 꿈을 이룰 수 있을 것 같았다. 놀랍게도 그 꿈은 현실화되었다. 대단한 노력이 있었지만 특별한 비법은 없었다. 그 점이 중요하다. 앞으로 이 책에서 자세히 언급하겠지만, 한 마디로 말한다면 성공을 이루기 위해서는 거북이의 멘탈과 전략, 끈기만 있어도 된다.

만 배의 비밀

또 다른 예를 들어보자. 종잣돈$^{seed\ money}$ 3천만 원을 만 배 늘린 분이 있다면 그분은 성공했다고 할 수 있을까? 당연히 성공했다고 할 수 있다. 그는 나보다는 몇 살 어린, 증권 업계에 종사하는 분이다. 그는 자신의 스펙을 볼 때 조직에서 최정상에 오르기는 쉽지 않다고 생각했다. 그는 목표를 수정했다. '돈을 벌자!' 하지만 내가 볼 때 그는 많은 돈을 버는 것보다 투자 전 과정에서 느끼는 몰입과 환희를 더 즐기는 것 같았다. 그는 지금부터 흥청망청 써도 죽을 때까지 다 못 쓸 만큼의 재력을 가졌다. 그에게 이제 가질 만큼 가졌으니 은퇴하고 쉬라고 하면 어떤 반응을 보일까? 그는 쉴 생각이 없다. 목표한 바를 이뤘어도 그의 투자는 계속될 것이다. 그를 바라보면서 어떤 면이 그의 성공을 이끌었을까 생각해 본 적이 있다. 그는 평범해 보인다. 그러나 나에게는 없는, 혹은 나를 뛰어넘는 장점들이 있었다.

첫 번째가 놀라운 집중력이다. 그는 상장 회사 책자를 전부 다 외운다. 상장 종목들이 얼마나 많은가? 족히 1,400개가 넘는다. 그리고 기업 분석 내용은 또 얼마나 방대한가? 그 방대함은 육법전서와 성경 못지않다. 그 많은 내용과 데이터 수치들을 그가 다 외웠는지를 확인한 적은 없다. 하지만 나는 그의 말을 믿는다. 그는 허풍 떠는 스타일이 아니다. 늘 진지하다. 그와의 대화는 인내심이 필요하다. 한번 얘기를 시작하면 끝날 줄을 모른다. 미래 구상도 넘쳐나고 아이디어도 무궁무진하다.

두 번째, 실행력이 무서울 정도다. 그는 몽상가에 가까울 만큼 많은 구상을 한다. 그의 장점은 구상이 구상에만 그치지 않는다는 것이다. 생각을 곧바로 실행에 옮긴다. 적중률$^{hit\ ratio}$은 그의 관심사가 아니다. 일단 타석에 들어선다. 때로는 너무 진도를 빨리 나가 지인이나 투자자들도 현기증을 느낄 정도다. 나는 매번 그의 실행력에 감탄한다. 내가 갖지 못한 그의 장기다. 20년 만에 경이적인 투자 수익률을 기록하는 데는 그럴 만한 이유가 있다.

세 번째, 그는 지독히 성실하다. 나 또한 성실성 하면 빠지지 않지만, 그에 비하면 아주 멀었다. 성실하다는 건 일벌레라는 소리다. 그의 유일한 취미는 골프 라운딩이다. 하지만 그는 간혹 골프 라운딩을 즐기지만 연구하고, 투자하고, 구상한 걸 행동으로 옮길 때 더 희열을 느끼는 유형에 속한다. 나는 간혹 묻는다. "도대체 언제 쉬냐? 돈 벌어다 뭐 할 거냐? 이제는 번 돈 좀 써가면서 인생을 즐겨라." 물론 나는 안다. 내 말이 씨도 안 먹힐 걸 알면서도 일부러 실없는 충고를 한다.

돌이켜보면 70년 이상의 역사를 가진 대한민국 자본시장에서 돈을 번 사람들은 많다. 또 고수를 자처하는 사람들도 많다. 별명들도 재미있다. 광화문 곰, 백할머니, 압구정 미꾸라지, 목포 세발낙지, 시골 의사 등 많은 고수들이 일세를 풍미했다. 하지만 그와의 친분 때문인지, 나는 그를 현존하는 최고의 은둔 고수라 평하고 싶다. 내가 알기로는 그보다 몇 배 더 큰 돈을 번 투자 고수들도 주변에 몇 있다. 그들도 모두 비슷한 속성을 지니고 있다. 그중 한 분은 아직도 대중교통수단을 고집한다. 면허도 없는 데다 기사를 두고 차를 운행하는 법도 없다. 구두쇠라서가 아니다. 본래 허례허식을 싫어한다. 나는 관찰을 좋아한다. 내 후배이기도 한 그분을 감히 평해본 바 있다. 평이라지만 혼자 내 메모장에 몇 자 긁적인 것에 불과하다. 말 그대로 '뇌피셜' 이다. 나는 그분의 장점을 이렇게 메모했다.

1) 생각이 다르다.
하수들은 생각이 단선적이며 한 면만을 본다. 그러나 그는 현상의 이면을 볼 줄 안다.

2) 존재를 드러내지 않는다.
조용하게 상대가 적개심이나 경계심을 가지지 않도록 적을 만들지 않는다.

3) 너그럽다.
딜을 할 때 좋은 딜을 가져온 자에게는 응분의 보상을 한다. 수수료를 깎지 않는다.

4) 허허실실.
더듬수의 명인. 경청할 줄 안다. 모르면 묻는다.

5) 거만하지 않다.
소탈한 모습. 전혀 초부자라는 생각이 안 든다. 지금도 열정이 대단하다. 반지하 방에서 출발했을 때의 자세를 유지하며 초심을 잃지 않는다.

위 메모는 몇 년 전에 함께 식사를 하고 돌아가던 차 안에서 작성한 것이지만 지금 다시 읽어봐도 크게 틀린 점이 없어 보인다. 내가 알기로 그분은 대표적인 자수성가형 초부자다. 지금도 그분의 자세는 20년 전과 변함이 없다. 늘 그대로다. 그분에게 물은 적 있다.

"삶이 어떤가? 구름 위를 걷는 것처럼 늘 황홀한 기분을 느낄 것 같은데…"

그의 대답은 이랬다.

"똑같습니다. 달라질 게 없습니다. 살던 아파트만 바뀌었습니다. 겨울에 너무 추워서 난방이 잘되는 아파트로 옮긴 거 빼고는 바뀐 게 없습니다."

얼마나 진솔한 답인가? 물론 몇 년 전 나눈 대화이다 보니 원문과 다를 수 있다. 하지만 사실의 왜곡은 없다. 참 대단하다. 그 정도 위치에 올랐으면 플렉스를 할 법도 한데 그분은 워렌 버핏처럼 극히 검소한 삶을 산다. 내가 아는 한 그와 그분 두 초부자들은 하나같이 목표가 이끄는 삶을 충실히 살아온 분들이다.

1-4 나만의 인생 성공 전략

전략이란 무엇인가? 큰 그림과 비슷한 의미를 지니는 듯하지만, 엄연히 두 개념은 의미가 다르다. 전략은 목표를 달성하기 위한 책략이다. 큰 그림$^{\text{big picture}}$은 일반적 전략보다는 큰 개념이다. 이를테면 제갈량의 융중대는 큰 그림이다. 굳이 전략이란 이름을 붙인다면 대전략이라 할 수 있다. 인생을 사는 데도 과연 전략이 필요한가? 맞다. 필요 없을 수도 있다. 그냥 되는 대로 산다면 인생의 큰 그림은 물론, 전략도 필요 없다.

인생값에 연연하지 않는다면 대충 살면 된다. 그러나 우리는 그렇게 사는 걸 원치 않는다. 누구나 성공적인 삶을 살고 싶어한다. 문제는 삶이 녹록지 않다는 것이다. 앞서 인생 독법에서 살펴봤듯이 인생은 수많은 변수와 운, 우연이 뒤섞인 불확정성 속에 놓여 있다. 나만의 인생 성공 전략이 필요한 이유다. 오프라 윈프리의 예를 들어보자. 그녀는 현재도 미국 사회에서 가장 영향력 있는 인물 중 하나이다. 단순히 〈오프라 윈프리 쇼〉의 진행자로서 얻은 명성 때문만은 아니다. 그녀는 방송인으로서뿐 아니라 사업가와 자선 활동가로서도 성공했다. 흑인 여성으로 화려한 스펙도 없는 오프라 윈프리가 어떻게 그런 큰 성공을 거둘 수 있었을까? 그건 그녀만의 성공 전략이 있었기 때문이다. 오프라 윈프리에 대한 저술들의 내용을 요약하면 그녀의 성공 전략은 이렇다.

- 실패를 두려워하지 않고 끊임없이 새로운 것에 도전한다.
- 타인을 진심으로 대하고 그들이 도움을 필요하면 최선을 다해 돕는다.
- 매사에 긍정적 태도를 유지한다.
- 열정을 잃지 않는다.
- 내 사전에는 포기가 없다.

나의 경우는 어떠한가? 오프라 윈프리만큼 명쾌한 인생 성공 전략은 없었다. 굳이 찾자면 인생이 내공에 의해 결정된다고 판단하여 끝없이 내공을 쌓으려 노력했다. 말하자면 이런 식이다. 중학교 시절부터 가진 CEO라는 목표를 달성하려면 리더로서의 내공이 필요하다고 봤다. 나는 관찰했다. 조직의 정상에 오른 분들은 뭔가 달라도 다르다. 그분들의 화법, 사고 방식, 행동 패턴, 문제 접근법 등을 세밀히 살피고 분석했다. 또 어떤 면이 그분들을 정상에 올려놓았는가도 추론해보았다. 내가 가장 큰 도움을 받은 수련법은 'what if(…라면 어떻게 될까?)' 방법론이다. 즉, '나라면 어떨까?' 혹은 '그렇게 안 보고 이런 관점에서 보면 어떨까?' 하는 식으로 스스로에게 문제를 던지고 푸는 훈련을 지겹도록 했다. 어찌보면 내가 CEO가 된 건 우연이 아닐 수 있다. 나는 몇십 년간 CEO가 되기 위한 수련을 혼자, 때로는 고수들로부터 사숙하며 지속적으로 해왔기 때문이다. CEO가 된 것에 머무르지 않고 이 정도의 명성과 실적track record을 갖게 된 것도 이러한 수련 덕분이다. 지금도 수련은 계속되고 있다. 이 책을 쓰는 것도 나의 내공을 더 단단하게 다지기 위한 도전이자 수련이다. 나는 글쓰기 재주는 없으나 많은 습작으로 글쓰기에 대한 큰 두려움은 없다. 하지만 책을 낼 만큼의 필력과 콘텐츠, 내공과 끈기를 갖추고 있는지에 대해서는 확신이 없었다. 그러나 책 쓰기는 내 필생의 과제였기에 언젠가는 꼭 해야 하는 일이었다. 이것이 나의 내공을 획기적으로 높여줄 거라는 믿음 때문이다.

내가 존경하는 조용헌 박사는 누구나 자기 인생의 고수가 되려면 내공을 쌓아야 한다고 말씀하신다. 나는 그분이 이야기한 고수 목록에는 들지 못한다. 내공이 그리 튼실하지 못해서다. 하지만 나도 인생을 살면서 내공만큼 중요한 게 없다고 봤다. 조 박사의 이론에 따르면 내공을 키우는 최고 최선의 방법은 독서다. 즉, 독만권서가 그것이다. 나는 이 이론에 100% 동의한다. 조 박사가 또 강조하는 게 있다. 행만리로行萬里路다. 만 리를 여행해보라는 것이다. 나는 이 점에서는 낙제 점수를 면하기 어렵다. 여기저기 돌아다니는 것(산책 혹은 원더링wandering)은 좋아하나 여행은 그렇게 좋아하지 않기 때문이다. 그렇다고 나의 시야가 좁은 건 아니다. 여행에서 얻을 수 있는 것들을 다른 방식으로 섭취하고 있어서다. 조 박사는 말한다. 여행을 하다 보면 자기와 다른 사람, 낯선 광경, 상황과 부딪힌다. 이럴 때 '왜 이럴까?' 하는 의문이 드는데 그 의문이 해소되는 과정이 내공을 쌓는 길이라는 것이다. 다름과 차이를 이해하고 받아들이는 게 그리 쉽지는 않다. 때로는 격렬하게 부딪치고 깨지면서 익힌다. 하지만 그런 과정에서 자신의 내공은 커진다.

나는 조 박사의 강의를 현대 경제 연구원의 CEO 과정에서 반년간 들은 적이 있다. 거기서 들은 조용헌 박사의 몇 가지 말씀은 아직도 내 인생의 지침이 되고 있다. 하지만 내공을 쌓는다는 게 무예를 익히는 것만큼 어렵기에, 비록 하수는 면했다고 할지라도 스스로 고수라 칭하기는 민망할 정도다.

1% 전략

또 하나 나만의 성공 전략이 있다면 늘 1%에 속하려 했다는 것이다. 소위 〈1% 전략〉이다. 여기서 오해가 없어야 한다. 내가 말하는 건 상위 1%에 들자는 게 아니다. 그건 모두가 바라는 바이기에 나만의 특별한 전략이 될 수는 없다. 내가 말하는 1%는 대세 혹은 다수majority와 다른 길을 걷는 자를 말한다. 나는 늘 그런 자가 되려 했다. 절대 고립되거나 아웃라이어outlier가 되자는 게 아니었다. 나같이 평범한 자가 남들과 똑같이 보고, 똑같은 생각을 하고, 똑같은 방식으로 문제를 풀고, 똑같은 길을 걸어서는 절대 정상에 설 수 없다고 봤다.

나는 메이저리그에서 아시안 특급으로 명성을 떨친 바 있는 박찬호 투수를 좋아한다. 지금 그는 야구에서 최고의 반열에 올랐던 역대급 고수이자 명상 전문가답게 말에 아주 옛지가 있다. 그가 한 말 중 조직 경영을 하거나 아들 교육을 할 때 아주 자주 인용하는 말이 있다.

'특별한 사람이 되고 싶다면 특별한 일을 특별한 방식으로 해라!'

얼마나 명쾌한가? 나는 이 말보다 인생 성공 전략의 핵심을 예리하게 콕 찝어 압축적으로 표현한 예를 본 적이 없다. 그는 확실히 조 박사가 말하는 고수다. 고수가 아니면 그런 표현을 못 한다.

명장을 통해 배운다

나는 축구를 좋아한다. 사실 나는 직접 운동장에서 뛰어본 경험도 별로 없고 뛸 만한 실력도 없다. 그런데도 나는 축구에 관련된 건 다 좋아한다. 특히 축구 전술을 분석하고 스타플레이어의 경기 스타일이나 명감독들의 특성과 리더십, 어록을 살펴보는 걸 좋아한다. 재미도 있고 배우는 것도 많고 유익해서다. 실제로 나는 EPL 리그 명감독들로부터 배운 걸 내 인생과 조직 경영에 많이 접목해 왔다. 그중 하나가 '과거의 영광은 잊고 내일의 경기에 집중하라'는 것이다. 맨체스터 유나이티드 감독을 지낸 알렉스 퍼거슨 감독의 부인은 그의 남편만큼이나 현명했다. 퍼거슨이 EPL 리그 최고의 감독으로 명성을 떨치고 있을 때 부인이 그에게 말했다.

"거실의 트로피를 다 없애겠다. 그것은 어제의 영광일 뿐이다. 당신은 내일의 경기에 집중해야 한다."

어디에선가 접한 퍼거슨 감독의 일화다. 아주 오래전 읽은 내용이라 출처를 알 길이 없다. 이 일화를 접하고 나서 스스로를 돌아봤다. 다행히 퍼거슨 감독 부인의 말에 부합되는 인생 전략을 갖고 살아왔다는 평을 스스로 할 수 있었다. 나의 최고의 인생 트로피는 대한민국 최고의 국립대에 입학한 것이다. 그러나 사회에 나오는 순간 스스로 그 트로피를 잊으려 했다. 과거의 영광일 뿐이라 생각했기 때문이다.

내가 증권계에 입문했던 1987년 무렵에는 난다 긴다 하는 쟁쟁한 학력과 실력을 가진 대한민국 인재들이 증권사로 몰려들었다. 하지만 그들 중 9할 이상이 중도에 인생 항로를 바꿨거나 안타깝게 탈락하는 불운을 겪었다. 나의 분석에 의하면 그들은 과거의 영광에 매몰되어 있었다. 제로 베이스에서 다시 시작한다는 생각이 부족했다. 내가 운 좋게 CEO에 오른 건 강해서가 아니다. 주변의 인재들이 견디거나 살아남지 못해서다. 끈기를 갖고 잡초처럼 잘 견디다 보니 CEO가 되는 기회를 잡은 것이다. 내 전략이 맞았다면 맞았다. 나는 승객이 탈 때마다 영업용 택시 기사 분이 미터기를 꺾듯 끊임없이 자신을 리셋하려 해왔다. 이런 전략은 지금도 나 자신을 성장시키는 데 큰 역할을 한다. CEO가 되었어도 고3 수험생처럼 정말 미친 듯이 일하고 미친 듯이 공부했다. 나는 단 한 번도 내 상사로부터 인정받기를 원하지 않았다. 시장market에서 인정받기를 원했다. 어제의 승리에 도취하는 건 스스로 무덤을 파는 거란 걸 알기에 안주하려 하지 않았다.

1-5 성공, 꿈꾸지 말고 훔쳐라

아무리 어렵게 출제가 되었다고 해도 모든 문제는 머리가 터질 듯이 파다 보면 답을 찾을 수 있다. 나는 실제로 이런 생각을 갖고 살아왔다. 앞서 인생 독법에서 말했듯이 인생은 고난이도의 문제다. 따라서 지레 겁먹거나 미리 영원히 못 풀 난제처럼 생각할 필요가 없다. 답에 도달할 길이 분명 있기 때문이다. 인생에 정답이 없다고 생각하는 것과 정답이 있다고 생각하는 것의 차이는 엄청나게 크다. 나는 인생 성공에 도달하는 길이 무수히 많다고 생각한다. 그러나 그 길은 지금 내가 걷고 있는 길이 아닐 수도 있다. 지금 와서 보니 나는 다행히 길을 제대로 걸었다. 하지만 힘든 일이 많거나 역경이 닥쳐올 때는 회의도 많이 들었다. 내가 지금 맞는 길을 가고 있나? 아니라고 생각될 때도 많았다. 그럴 때는 좌절하기보다는 끊임없는 복기를 통해 궤도 수정도 하고 전술 튜닝도 하며 살아왔다. 그런 덕에 나는 CEO라는 목표점에 힘겹게나마 도달할 수 있었다.

CEO가 되어보니 좋다. 얻는 게 많다. 가장 큰 이점은 많은 CEO들을 만나면서 다양한 배움의 기회를 가질 수 있다는 것이다. CEO가 된 분들을 보면 모두 한 가닥(훌륭한 재주나 솜씨)씩은 하는 내공 유단자들이다. 소위 필살기나 성공 비법 secret code들을 갖고 있다. 그러나 그건 아주 자세히 관찰해야 보인다. CEO들은 모두 겸손하다. 튀는 행동을 삼간다. 모두 자부심과 내공이 대단하기 때문에 잘났다고 까불다간 큰코다친다. 이런 불문율을 깨고 거들먹거리면 말은 안 하지만 비호감으로 낙인 찍힌다.

CEO들이 겸손하다는 건 꼭 자세를 낮춘다는 것만을 뜻하는 건 아니다. 자기를 잘 노출하지 않는다는 의미도 내포되어 있다. 따라서 그분들의 성공 코드를 아는 건 쉽지 않다. 묻는다 해도 뻔한 답을 하기 일쑤다. 대부분 '운이 좋았죠'라든가 '주변 분들 덕'이라며 자세를 낮추거나 핵심을 비껴간 답을 한다. TV프로에서 대박집 비법을 소개할 때도 진짜 중요한 건 절대 공개를 안 하듯이 CEO도 똑같다. 안 알려주고 싶어서가 아니다. 정말 초간단한 비법일 수 있기 때문이다. '성공, 꿈꾸지 말고 훔쳐라'라고 한 것은 이 같은 이유 때문이다. 성공한 사람들의 성공 코드는 쉽게 알 수 없다. 따라서 예리한 분석을 통해 은밀히 훔쳐 자기 것으로 만들어야 한다.

명장을 통해 배운다

예를 들어보자. 현대차는 지금도 테슬라, BMW, 벤츠 같은 경쟁사에서 신형 모델이 나오면 꼭 구입해 완전 분해^{teardown}를 한다고 한다. 그들이 참고하고 배울 부분이 있는지를 분석하기 위해서다. 똑같다. 롤모델로 삼는 분이 있다면 그분을 샅샅이 파헤쳐라. 그렇게 해야 비로소 그분의 숨겨진 성공 코드가 보인다.

나는 LG생활건강의 차석용 前부회장을 롤모델로 삼는다. 그분에게 배운 게 많다. 차 부회장은 대한민국 최고의 고등학교를 나왔다. 그것만으로도 그분의 머리는 입증됐다. 그러나 명문고 출신이라 해도 그처럼 성공하기는 쉽지 않다. 그분의 CEO로서의 성공 비결은 무엇일까? 도대체 어떤 점이 그분을 위대한 경영자로 만들었을까? 나는 그분을 뵐 기회는 없었다. 따라서 신문 기사와 관련 책, 기타 기록만 갖고 완전 분해를 할 수밖에 없다. 내가 본 그분의 핵심 성공 코드는 디테일 천재라는 것이다. 그는 작은 것도 놓치지 않는다. TV 드라마나 라디오에서 흘러나오는 곡의 노래말도 머리에 담아둔다. 그리고 퇴근을 빨리 한다. 4시면 사무실에서 나온다. 집에 가는 것이 아니다. 공부하러 간다. 도서관? 아니다. 그는 여기저기 돌아다니며 관찰하는 걸 좋아한다. 전시회도 가고 백화점도 간다. 때론 정처 없이 길거리를 걷는다. 세상 공부를 하는 거다. 세상 돌아가는 걸 알아야 좋은 전략도 짤 수 있다. 화장품 등 소비재 사업을 하다 보니 트렌드를 놓치면 한순간에 침몰할 수 있다.

차 부회장의 지론은 리더라면 촉과 감이 좋아야 한다는 것이다. 따라서 부지런히 촉과 감이 둔해지지 않도록 벼리는 작업 sharpening을 해야 한다고 주장한다. 나도 그 주장에 동의한다. 나는 촉과 감을 키우기 위해 관찰과 분석, 추론을 즐긴다. 좋아하다 보니 계속하게 되고, 계속하다 보니 지금은 기량도 많이 늘었다.

다빈치 코드

그리고 또 하나 향상되고 좋아진 게 있다. 통찰력insight이다. 여의도에 있는 삼프로TV 스튜디오에 적힌 말이다. '통찰은 관찰에서 나오고 관찰은 관심에서 나온다!' 맞는 말이다. 나는 이 말에 가장 부합되는 인물을 알고 있다. 그는 다름 아닌 세계 역사상 최고의 천재로 알려진 레오나르도 다빈치다. 사람들이 그에게 물었다.

"당신은 천재인데 태어날 때부터 뛰어나고 머리가 좋았나요?"

그러자 레오나르도 다빈치가 답한다.

"저는 천재가 아닙니다. 그러나 호기심이 많은 사람을 천재라 한다면 저는 천재가 맞습니다."

레오나르도 다빈치는 키도 훤칠한 데다 용모도 출중했다. 패션 감각도 뛰어나 예쁘고 정갈한 옷을 입는 걸 좋아했다고 한다. 하나님이 그에게는 당신이 줄 수 있는 선물은 다 준 듯했다. 위키백과에는 그에 대해 이렇게 적혀 있다.

"1452년, 토스카니 지방의 시골 마을 빈치에서 태어났다. 그는 이탈리아를 대표하는 석학이다. 화가이자 조각가, 발명가, 해부학자, 지리학자, 마법사였다."

이렇듯 팔방미인인 레오나르도 다빈치에게도 약점이 있었다. 사생아였던 것이다. 당시 이탈리아는 다빈치 같은 사생아에게는 정식으로 제대로 된 교육을 받을 기회를 주지 않았다. 따라서 어린 시절 그는 또래 친구들이 수학과 라틴어 교육 등을 받을 때 혼자 여기저기를 돌아다니며 사물을 관찰하고 탐구하기를 즐겼다. 하늘과 풍경은 그의 상상력을 키워준 대리 부모였다는 한 작가의 표현이 딱 들어맞는 어린 시절을 보낸 것이다. 그는 관찰하는 데만 그치지 않았다. 시간 날 때마다 관찰한 것을 열정적으로 드로잉했다. 하루는 범상치 않은 아들의 데생 실력을 본 그의 아버지가 습작 몇 개를 피렌체 최고의 장인인 베네키아에게 보여준다. 베네키아는 아들의 재능을 썩히지 말고 자신에게 보내달라 했다. 다빈치는 십 대 중반을 넘긴 1468년에 베네키아 공방에 들어간다. 베네키아 공방에서 그는 최고의 스승으로부터 차후 범인들은 범접할 수 없는 수준의 예술가이자 석학으로 성장할 수 있는 기초를 익히게 된다.

다빈치에 대해서는 아는 바가 별로 없다가 몇 년 전 책방에서 우연히 집어든 책 『다빈치 인생수업』을 읽고 갑자기 그에 대해 집중적으로 파고들었다. 다빈치에 대해 언급한 많은 내용은 그 책에 자세히 기술되어 있다. 읽으면서 참 잘 쓴 책이라는 생각을 했다. 제목이 흥미로워 선택한 책인데 다빈치에 대한 다른 어떤 책보다 훌륭하다고 평가하고 싶다. 이 책의 저자가 한 다음 말에서 우리는 다빈치의 성공 코드를 발견할 수 있을 듯하다.

"천재는 거대한 콤플렉스를 갖고 있다. 콤플렉스를 극복하려는 욕망과 선천적인 재능이 만나 놀라운 결과물이 만들어진다. 죽을 때까지 배웠다. 배움은 삶에서 가장 훌륭하고 또 가장 재미있는 놀이다. 대부분은 배움은 힘들고 불편한 일이라고 인식한다. 하지만 어떤 이는 배움이야말로 재미있고 계속할 만한 가치가 있는 놀이라는 사실을 평생 동안 잊지 않는다."

배움에 대한 열정과 용기

이 같은 성공 코드는 레오나르도 다빈치 같은 천재들만의 전유물이 아니다. 평범한 우리들도 장착할 수 있다. 나는 배움을 가치 있는 놀이라고 생각한 적이 없다. 그냥 배움이 좋았다. 모르는 것을 깨우치고 성공한 분들의 성공 코드를 풀어가는 것이 흥미로웠을 뿐이다. 그리고 깨우침을 통해 한 발 한 발 앞으로 나아가는 것에서 즐거움을 느꼈다.

학교 다닐 때보다 사회에 나와서 더 열심히 배움을 탐한 듯하다. 한마디로 배움을 즐기는 편이다. 삼인행 필유아사三人行必有我師라는 말이 있다. 세상에 스승은 많다. 스승을 멀리서 찾지 마라. 주변을 둘러보라. 내가 못 가진 것을 가진 분들이 천지다. 내가 자세만 갖춘다면 모두가 스승이다. 약간의 용기를 내어 얼마든지 배움을 청하면 된다. 다행히도 나는 배움에 관한 큰 용기와 대단한 열정이 있다.

H증권 CEO로 있으면서도 우리 임직원들에게 많은 것을 배웠다. 내가 스펙이 더 뛰어나고 CEO로서 연륜도 있다 해서 모든 면에서 더 우월하지는 않다. 한 예를 들어보자. 우리 조직에는 〈리:

더스 살롱〉이란 북 토크 모임이 있다. 그 모임을 이끌어가는 북 큐레이터 A가 있다. 아주 어린 여직원이다. 고등학교를 졸업한 지 몇 년 안 된 초보 사원인 탓에 애송이처럼 보일 수도 있다. 하지만, 그건 편견일 뿐이다.

한번은 소설가 한강의 단편 소설집 『여수의 사랑』이란 책을 선정해 북 토크를 진행했다. 10여 명의 참가자 모두가 돌아가며 짧은 서평과 함께 인상 깊었던 대목을 이야기하는 방식이었다. 나도 예외 없이 책을 읽은 소감을 발표했다. 내가 생각해도 극히 피상적이고 평범한 감상이었다. 한강의 작품들은 하나같이 집중해 읽고 깊이 음미해야 한다. 건성으로 읽어서는 와닿는 게 없다. 하지만 시간이 없다는 핑계로 미루다 북 토크 하루 전날 밤에 책을 급하게 읽다 보니 그런 정도의 면피성 삼류 평밖에 할 수 없었다. 그나마도 내가 젊은 시절부터 문학 작품들을 많이 읽어왔던 터라 가능한 일이었다.

이렇게 스스로 위안을 삼고 있을 때, A가 북 큐레이터로서 책에 대한 서평을 하는 걸 듣고 깜짝 놀랐다. 작품에 대한 이해력과 해석력이 남달랐다. 참가자 중 단연 압권이었다. 감동을 받은 나는 즉시 A에게 책에 대한 서평도 부탁했다. 책 앞머리에 있는 서평 중 하나가 A의 것이다. A는 나와 40년 이상 차이가 난다. 그런 시간 차는 의미가 없다. A를 보면서 나는 어린 직원들로부터도 배울 게 많다는 걸 새삼 느꼈다.

나는 A와 대화를 나누는 게 즐겁다. A는 디자인 실력도 출중하다. 그뿐만 아니다. 동영상 제작에도 일가견이 있다. 하나님이 A에게 많은 재능과 좋은 태도를 주셨다. 나는 A가 갖고 있는 그런 재능들을 보면 부럽기도 하다. 그건 내가 가지려 해도 쉽게 가질 수 없다. 하지만 좋은 태도는 따라 할 수 있다. 나는 CEO지만 A에게서 배울 건 배운다. 만약 내 성공 코드를 묻는다면 바로 이러한 배움에 대한 열정과 용기라 답할 수 있다.

리테일 여전사

이 같은 예는 또 있다. CEO로서 나는 리테일(지점 영업)에 대한 각별한 애정이 있다. 몇 가지 이유가 있다. 그중 하나가 H증권 같은 중소형사의 리테일은 그야말로 고난의 땅이기 때문이다. 이런 척박한 땅에서 삶을 사는 리테일 직원들에게 연민 이상의 정을 느끼는 건 CEO로서 당연한 일이다. 그러나, 꼭 그것만은 아니다. 나도 그들처럼 리테일에서 치열한 전투를 벌이다 생사를 넘나든 경험이 있어서다. 지금도 트라우마가 남아 있다.

아무리 생각해도 나는 운이 좋았다. 그런 험한 전쟁터에서 살아남아 CEO 자리까지 올랐으니 말이다. 이렇듯 척박한 중소형 증권사 리테일에서도 꽃을 피우는 놀라운 전사들이 있다. 내가 지금 말하려는 여직원 B도 스펙만 보면 결코 상위권에 속한다고 할 수 없다. 하지만 B는 내가 감히 평하건대 리테일의 정상에 올랐다. 물론 B보다 좋은 실적을 내는 영업 직원(PB)들은 업계에 허다하다. 그럼에도 내가 B를 높이 평가하는 건 다소 과장해 말하면 바위에 뿌리를 내리고 꽃을 피웠기 때문이다. 한마디로 희귀한 사례다. 나는 B를 경영 회의 특강에 초청한 적이 있다. 당시 강의 제목은 〈B의 매직쇼〉였다. 그 강의의 핵심 키워드는 도전, 원칙, 정직, 학습, 함께함의 힘이다. 어찌 보면 대단치 않은 성공 코드들이다. 오히려 베이직하거나 상투적일 수도 있는 것들이다. 그러나 B는 이 같은 단순한 성공 코드들을 내 것처럼 체화했다. 나도 리테일에서 산전수전을 다 겪어봤지만 B는 CEO인 나의 내공을 뛰어넘은 지 오래다.

B의 간곡한 당부가 있었다. 책에 꼭 자신을 언급해달라는 것이었다. 탈고를 다 끝낸 상황이라 난감했지만 간청을 뿌리칠 수가 없었다. 하지만 끼워놓을 자리가 마땅치 않았다. 고심 끝에 자리를 정했다. 바로 이 자리다. 다 쓰고 나서 보니 B 사례가 없었으면 허전할 뻔했다는 생각이 든다. 각설하고 B 얘기로 다시 돌아가자. B는 내게도 좋은 스승이다. 그는 나에게서 배운 게 많다 하지만 사실은 내가 B에게서 배운 게 더 많다. B는 강의 도중 이런 말을 했다.

"디테일에 강하려 노력했습니다. 누구나 디테일에 신神이 숨어 있다는 말을 합니다. 그러나 말만 할 뿐 행동으로 옮기는 분들은 드뭅니다. 저는 그런 멋진 표현은 몰랐지만 이것만은 확실히 알고 있었습니다. 디테일은 평소에는 표시가 나지 않고 특별한 상황에서 빛을 발합니다."

코드를 훔쳐라

B는 직감적으로 디테일의 힘을 깨우친 듯하다. B의 말대로 정말 디테일이 답이다. 나도 살아보니 승부는 여기서 결정된다는 걸 절감하고 또 절감한다. 그래서 책의 부제목도 『내 인생을 바꾸는 1인치 경영 혁명』이라 붙인 것이다. 승부를 가름하는 1인치는 거저 주어지는 게 아니다. 디테일이 강할 때만 주어지는 결정적 승부수$^{key\ driver}$일 뿐이다. 나도 용케 이걸 알았다. H증권 CEO가 될 때도 마찬가지다. 난 우연히 CEO가 된 거라 말했지만 꼭 그런 것만은 아니다. 후일담을 들어보니 1인치 차이로 내가 낙점을 받은 걸로 안다. 큰 차이가 아니다. CEO 반열에 오른 분들은 능력 면에서는 별 차이가 없다. 작은 평판 차이라든가 미세한 신뢰도 격차에 의해 승패가 좌우된다. 이렇듯 우연처럼 보이는 것들도 깊이 파고들

다 보면 1인치의 매직이 숨어 있는 경우가 많다. 세상에 완전한 우연은 없는지도 모른다. 우리 주변의 성공하신 분들이 '운이 좋았다!!'고 할 때의 운은 하나같이 준비된 우연이다. 따라서, 우리는 운이나 우연으로 포장되거나 겸손 아래 내밀하게 숨겨져 있는 성공 코드들을 찾아내어 자기 것으로 만들어내야 한다.

우리가 서점에 넘쳐나는 자기계발서들과 성공학 개론들을 읽어도 성공과는 거리가 먼 삶을 사는 데는 이유가 있다. 성공 코드는 훔치는 것이기 때문이다. 따라서 이론서 몇 권을 탐독한다고 인생이 크게 달라지지 않는다. 피카소의 다음 말은 의미심장하다.

'유능한 예술가는 모방하고, 위대한 예술가는 훔친다.'

여기서의 '훔친다'는 말을 불법 탈취로 오해하시는 분들은 없을 것이다. 스티브 잡스 역시 최고의 기술을 훔치는 걸 창피하게 생각하지 않았다. 만약 그에게 왜 그러냐고 묻는다면 어떻게 답할까? 아마도 그는 최고의 것을 관찰하여 아이디어를 얻고 그걸 우리가 하는 일에 대입하는 걸 왜 부끄러워해야 하는가라고 반문할 듯하다.

다시 한 번 말한다. 성공은 꿈꾼다고 이루어진 게 아니다. 훔치는 것이다!!! 정확히 말해 겉에 드러난 박제화된 성공 비결이 아닌 진짜 성공 코드$^{the\ secret}$를 찾아내 체득할 때 성공에 한 발 더 가까이 접근할 수 있다.

1-6 일단 시작한다 hit the road

CEO 생활을 하면서 나는 곧잘 실행력이 최고의 전략이라는 말을 해왔다. 세상 이치가 그렇지 않은가? 앎과 생각만으로는 바뀌는 건 없다. 일단 실천에 옮겨야 한다. 『손자병법』에서도 실행의 중요성을 강조하고 있다. 천하의 좋은 전략을 세웠다고 해도 실행하지 않으면 무용지물이다. 성공하는 사람들을 보면 하나같이 실행력이 좋다. 대표적인 분이 故 정주영 회장님이다. 그분의 어록 중 압권은 모두가 아는 단 한 줄의 질문이다. "임자, 해보긴 해봤어?"다. 나는 이 말씀을 종종 인용했다.

괴테도 실행을 강조하는 말을 했다. "성공하려면 자신의 소질을 발견해내고 작은 것부터 지금 바로 시작하라." 지금은 전문 작가로 활동하고 계신 선배(김진혁 대표) 미발표 원고에서 발췌한 내용이다. 나는 주변에서 실행력이 뛰어나다는 평을 듣는다. 책을 쓰기도 전만 해도 선배의 조언을 듣고 곧바로 실행에 옮겼다. CEO로서 조직 경영을 할 때도 마찬가지였다. 결코 우물쭈물하는 법이 없었다. 내가 H증권 CEO로 놀라운 변화를 이끌어낸 것도 이런 실행력 덕분이다.

포스트 코로나 시즌을 맞이하며 증권가는 혹독한 불황기를 맞는다. 특히 중소형사의 상황이 좋지 않았다. 부동산PF 시장이 붕괴되다시피 하면서 실적이 곤두박질치는 일이 많아졌다. 조직 분위기가 엉망이었다. 내가 CEO로 있었던 H증권은 상대적으로 양호하다고는 하나 조직이 침체의 늪으로 점차 빠져드는 게 느껴졌다. 이에 약간의 시차는 있지만 두 개의 프로젝트를 구상하고 진행했다. 둘 다 개인사를 다 포기할 만큼 많은 시간과 에너지, 열정을 쏟아부어야 하는 힘든 프로젝트였다.

진심은 통한다

2023년 초 나는 돌체^{DOLCE}라는 프로그램을 론칭했다. 돌체는 음악 용어로 '부드럽고 우아하게'라는 뜻을 갖고 있다. 오전 6시 반부터 시작하는 팀 단위 토크 프로그램이다. 매일 2~3시간이 걸린다. 모든 팀을 소화하는 데 반년(128일간)이 가까이 걸리는 만큼 CEO의 체력이 관건인 울트라마라톤급 시도였다. 주변에서 말리는 CEO들이 많았다. 불황기에는 조직원들을 힘들게 하지 않는 게 증권가의 불문율처럼 되어 있었기 때문이다. 조직 구성원들, 특히 MZ 세대들의 반발이 클 텐데 왜 쓸데없는 고생을 사서 하냐는 것이 지배적 의견이었지만 나는 자신 있었다. 프로그램 구성을 치밀하게 하고 진행의 묘를 가하면 반드시 소기의 성과를 거둘 수 있을 거라 생각했다. 결과는 기대 이상이었다. CEO의 평가가 아니다. 참가한 조직 구성원들의 평이다. 비단 프로그램의 내용이 훌륭해서만은 아니라고 생각한다. CEO의 진심이 통한 결과다. 진심의 힘은 이렇게 무섭다. 조직 구성원들도 다 안다. 그들 모두는 나라는 CEO를 오래 겪어봐서 안다.

나에 대한 맥락^{context}이 이미 형성되어 있기에 척하면 삼천리다. 즉 돌체의 취지를 길게 설명 안 해도 왜 이 대목에서 이런 프로젝트를 진행하는지 이해하고 있다. 물론 나의 착각일 수도 있다. 그러나 결과는 내가 착각한 게 아니라는 걸 말해준다. 일단 시작해야 한다. 안 그러면 앞으로 나아가지도 못하고 아무 일도 일어나지 않는다. CEO인 내가 만약 선입견과 고정관념에 사로잡혀 기존의 공식을 똑같이 따랐다면 H증권은 지금도 바람 빠진 타이어처럼 회복 탄력성을 되찾지 못했을 수도 있다. 물론 과한 추론일 수 있다. 하지만 분명한 사실은 시도하지 않으면 실패는 없을지 몰라도 1퍼센트의 성과도 없다는 것이다. 괴테의 말대로 큰 것부터 시작하려 하지 마라. 하찮은 일이라도 좋다. 대충 준비 없이 아무 일이라도 시작하면 된다.

CEO의 편지

나는 비즈니스 관련된 일을 할 때는 더할 나위 없이 치밀하다. 즉 사전 계획을 빈틈없이 세우는 걸 강조하지만, 케이스에 따라서는 일단 저지르고 보는 접근법을 쓰는 걸 좋아한다. 물론 실패해도 큰 손실이 없는 프로젝트를 진행할 때로 국한한다. 이런 프로젝트는 방향만 잡히면 곧바로 실행에 들어간다. 그 대표적인 예가 〈CEO POST〉란 프로그램이다. 앞서 말한 대로 〈돌체〉를 론칭할 때 함께 생각해둔 프로그램이지만 500여 통의 편지를 쓴다고 생각하니 엄두가 나질 않았다. 스스로에게 또 한 번 십자가를 메게 하는 사역을 시킬 것인지 두 번 세 번 자문자답을 했다. 돌체보다는 몇 배 어려운 프로젝트다. 체력보다 필력과 열정, 끈기가 더 요구되는 프로그램을 과연 내가 감당할 수 있을까?

프로젝트 초창기 2년 계획을 잡았다. 일단 저지르기로 했다. 100% 나의 노동력만 투입되는 프로젝트다 보니 실패한다고 한들 조직 입장에선 잃을 게 없었다. 평일 퇴근 후에 시간이 날 때마다 편지를 썼다. 결코 짧은 편지가 아니다. 평균 두 장 정도의 분량이다. 많은 지적 수고가 필요했다. 편지 글은 쉬울 듯하지만 생각보다 어렵다. 최종적으로 194통까지 썼다. 실제 소인을 찍어 발송된 건 114통이다. 혹시 궁금할 수도 있어 실제 CEO POST에서 주고받은 편지 두 편을 예시하고자 한다.

첫 번째 예는 내가 전격적으로 부서장으로 발탁한 한 여직원에게 보낸 18호 편지 요약분이다.

'장 부장 봐라!! 내가 장 부장의 팬이 된 게 언젠지 모르겠다. 모범생 과에 속한다고는 생각했지만 스펙이 뛰어난 것도 아닌 데다가 말수도 많지 않아 특별히 눈여겨보지 않으면 장 부장의 장점을 알기 힘들다. 헌데, 낭중지추라 했던가? 주변에서 장 부장을 침이 마르도록 칭찬했다. 어떤 장점이 있길래 이토록 장 부장에게 찬사를 보낼까? 궁금했다. 알고 보니 굉장한 노력파였다. 장 부장의 해박한 지식에 내가 간혹 놀란 것도 다 이유가 있었다. 장 부장!!! 너는 어깨가 무겁다. 장 부장을 롤모델로 꿈을 키우는 후배들이 많기에 그런 말을 한 거다. 장 부장의 팬으로 부탁한다. 꿈을 아주 크게 가져라!! 꿈을 크게 가져야 크게 이룰 수 있다. 장 부장의 성공을 기원한다.'

두 번째 예는 지점 영업을 하는 고참 여직원이 CEO 편지를 받고 내게 답장한 편지 요약분이다.

'저는 사장님을 가장 잘 표현하는 단어는 건강한 청년이라고 생각합니다. 모든 일에 열정이 넘치시고 또 모든 일을 누구보다 잘하십니다. 한마디로 나이는 숫자에 불과하다는 걸 몸소 보여주신 분이십니다. 나이에 게으름을 숨기려 했던 제 자신이 부끄럽습니다. 사장님께서 영업점 생활을 돌아보니 행복한 날보다 고민과 좌절감을 안고 지낸 날이 많았다고 하신 말씀 덕분에 힘을 내게 됩니다. 사장님!!! 지금처럼 열정이 넘치는 청년의 모습으로 오래 계셔주세요. 건강하세요!!'

역시 편지 글은 힘이 있었다. 편지를 쓰는 나도 사실 설렜지만, CEO의 편지를 받아보는 임직원 또한 편지가 도착했을 때부터 전문을 읽을 때까지 설렘이 이어졌다. 하지만 안타깝게도 H증권 M&A가 진행되어 CEO POST의 문을 닫았다. CEO POST는 일본의 유명한 야구 선수 스즈키 이치로와 일본의 세계적인 SPA 브랜드 유니클로의 회장(야나이 다다시)이 힘과 뜻을 모아 시작했던 이치로 포스트에서 아이디어와 명칭을 따왔다.

시작이 가장 어렵다

나는 본래 남이 감히 시도하지 못하는 걸 하기 좋아한다. 튀고 싶어서가 아니다. 조직 구성원들이 자부심을 느끼게 하기 위해서다. "우리(H)가 하면 다르다"라는 의식이 생기면 정말 조직에 놀라운 변화가 생긴다. 고맙게도 우리 조직 구성원들은 나를 믿고 따라와줬다. 〈뛸락〉이라는 프로그램만 해도 그렇다. 나이 70을 바라보는 CEO가 30대 초반의 젊은 친구들과 어깨를 나란히 하며 선두권을 유지하며 뛴다는 건 말처럼 쉽지 않다. 나는 모든 조직문화 프로그램에 반드시 참석해왔다. 그러다 보니 사생활은 없다. 정말 혼신을 다해 일하고 조직 구성원들과 함께 뒹굴며 하나$^{one\ team}$가 되고자 했다.

뛸락이 성공을 거두자 우리는 또 하나의 프로젝트를 구상했다. 가을의 전설이라 불리는 조선일보 춘천마라톤에 도전하기로 한 것이다. 서포터즈를 포함한 100여 명이 참여하는 프로젝트다. 나의 다리 부상과 M&A로 열기는 식긴 했어도 여전히 춘마는 도전자들의 가슴을 뜨겁게 달군다. 달리기란 게 묘하다. 나는 〈뛸락〉을 시작하며 이렇게 말했다.

"달리면 모든 게 변한다. 나에게 달리기는 종교였다. 인생의 가장 어려운 시기를 견디게 한 건 달리기와 독서였다. 나는 아직도 두 가지를 여전히 사랑한다."

또 한 번 강조한다. 일단 시작하라. '시작하는 게 가장 어려운 일이다.' 참으로 정곡을 찌르는 말이다. 일하면서도 시작하는 게 어렵다. 레오나르도 다빈치도 이렇게 알렸다.

"아는 것만으로는 충분하지 않다. 활용할 수 있어야 한다. 하려는 마음만으로는 충분치 않다. 해야만 한다."

꼭 도전해라. 인생의 답은 널려 있다. 인생의 승자가 된다는 게 간단하다면 정말 간단하다.

예를 들어보자. 나는 모든 모임, 특히 CEO들과의 모임에 늘 20분 전에 도착한다. 학교 다닐 때부터 세운 원칙이다. 그렇게 하는 데는 이유가 있다. 분명한 이점이 있어서다. 이는 나에게 두 가지 유익을 선사한다. 하나는 내가 원하는 자리를 선점할 수 있다는 것이고, 다른 하나는 급하게 허둥지둥 가는 것보다는 여유 있게 도착해 이것저것 할 수 있다는 것이다. 정말 그럴까? 진짜 그렇다. 20분 빨리 모임에 가는 건 손해가 아니다. 그 20분 동안 나는 많은 일을 할 수 있다. 글도 쓰고 생각도 정리한다. 매우 생산적인 시간이다. 얼마나 간단한 일인가. 대단한 결심과 의지, 노력이 필요하지도 않다. 하지만 실천하는 사람들은 많지 않다.

위대함은 작은 것으로부터

글쓰기도 마찬가지다. 하버드대를 비롯한 미국의 명문대에서 글쓰기를 강조하는 이유는 무엇일까? 집필력은 리더의 필수 덕목이라는 것이 아마 그 이유 중 하나일 것이다. 글쓰기는 우리가 생각하는 것 이상의 의미와 효능을 지닌다. 나는 글쓰기의 이로운 점을 말하라면 A4 용지 한 장으로도 모자랄 만큼 많은 걸 이야기할 수 있다. 하지만 이 또한 잘 실천하지 않는다. 막연한 두려움을 갖는 데다 귀찮기 때문이다. 글쓰기는 필연적으로 수고로움이 따른다.

물론 힘들고 귀찮을 수도 있다. 우리 시대 최고의 딴따라, JYP 엔터테인먼트의 박진영 대표는 말한다. "지겹고 지루하고 힘든 것을 꾸준히 반복해야 성공한다." 인생은 어렵다. 하지만 어찌 보면 아주 풀기 쉬운 기출 문제일 수도 있다. 나는 살아오며 실천이 답이라는 굳은 믿음을 가져왔다. 아무런 가치나 효능이 없어 보이는 작은 일이더라도 일단 시작해보라. 반드시 유익이 있을 것이다. 모든 위대함은 작은 것에서 시작된다는 걸 잊지 말라.

1-7 세류성해

세류성해細流成海는 말 그대로 작은 물이 모여 바다를 이룬다는 뜻의 사자성어다. 이는 사소한 일이라도 끊임없이 해나가면서 목표한 바를 이룰 때 주로 쓰이는 말이다. 제프 헤이든이 말하는 스몰 빅Small Big과도 일맥상통한다.

나는 조직 경영을 하며 스몰 빅 접근법을 즐겨 썼다. 하나의 프로젝트를 진행할 때 크게 벌리지 않는다. 작게 시작해야 프로젝트 실패 시에도 매몰비용을 최소화할 수 있기 때문이다. H증권 CEO로 7년간 있으면서 직접 론칭했던 조직문화 프로젝트들을 한 번 정리할 기회가 있었다. 책 한 권 분량이나 되었다. 다행히 그 많은 프로젝트들 중 실패한 프로젝트는 없었다. 성공과 실패의 기준은 진행을 하다가 인기가 없어 중단했는지 여부다. 단 한 건도 중도에 좌초된 적이 없다는 건 나름 진기한 기록이다. 대부분의 조직문화 프로젝트들은 여러 가지 이유로 중도에 좌초되거나 취지를 살리지 못하고 실패로 끝나기 일쑤기 때문이다.

테슬라 웨이Tesla Way

어떻게 H증권은 이런 진기록을 쓸 수 있었던 걸까? 분석해보면 많은 요인이 있다. 가장 결정적 요인은 접근법이 좋았다는 것이다. 상세 계획도 구성하지 않은 상태에서 미흡하게라도 일단 시작하는 걸 중시했다. 부족하고 미비한 것은 프로젝트를 진행하면서 바꾸면 된다고 생각했다. 그리고 목표치도 크게 잡지 않았다. 프로젝트의 취지와 의미가 명쾌히 좋다면 완벽한 조건을 갖춘 뒤에 하려 할 필요가 없다는 게 내 지론이다.

나는 이걸 다소 거창하게 이름을 붙여 〈테슬라 방식〉이라고 했다. 테슬라가 전기차 시장에서 독보적 위치에 올라선 건 완벽한 전기차 기술을 갖춘 유일한 자동차 제조사여서가 아니다. 모두가 주춤할 때 테슬라는 미래 흐름을 꿰뚫어보고 빠르게 치고 나갔다. 단순한 퍼스트 무버First Mover가 아니다. 테슬라는 아이폰과 마찬가지로 우리 시대의 아이콘이 되었다.

아이콘은 우상이라는 뜻의, 마성의 매력을 가진 단어다. 지금은 테슬라가 BMW, BYD, 현대차 등의 거센 도전에 부딪히며 전기차 시장에서의 시장 지배력이 예전 같지 않지만, 여전히 테슬라만이 모빌리티 업계에서는 유일무이한 아이콘의 위치에 올라 있다. 테슬라 전기차는 애플의 아이폰과 마찬가지로 일론 머스크가 구축한 팬덤 공화국에 입장하기 위한 비자 내지는 티켓 같은 의미를 지니고 있다.

테슬라가 처음 전기 자동차를 내놨을 때 '깡통차' '아직 검증도 안 된 기술을 적용했다' '시장을 너무 앞서간다'는 식의 조롱과 비난, 우려와 걱정들이 벤츠, 토요타 등 탑 플레이어들로부터 쏟아졌다. 하지만 지금은 다르다. 모두가 테슬라를 따라잡기 위해 탑 메이커의 자존심을 버리고 합종연횡을 하고 있다.

테슬라의 뛰어난 점은 다른 게 아니다. 세계 유수의 완성차 업체들이 모두가 회의론에 사로잡혀 있을 때 테슬라만이 깡통차라도 만들어 거대한 전기차 시장의 시대를 연 것이다. 내가 테슬라에게 배운 건 다른 게 아니다. 완벽한 조건이 갖추어졌을 때 시작하려 하지 말라는 것이다. 방향이 맞다면 주저하지 말고 시작하는 게 좋다.

범하기 쉬운 오류들에 관하여

실제로 나는 H증권 CEO로서 싼타, 뙬락, 콤마타임, 타운홀 미팅, 파워링크, CEO POST, 비둘기 편지, 위너스데이, 마실, 치유공정 등 셀 수 없을 만큼 많은 조직문화 프로젝트들을 추진할 때 테슬라 방식을 따랐다. 테슬라 방식은 조직 경영에서뿐만 아니라 개인의 삶에서도 매우 유익할 수 있다.

우리는 매번 똑같은 오류를 범한다. 모든 게 다 갖춘 상태에서 시작하려 한다. 글쓰기, 달리기, 독서, 명상, 웨이트 트레이닝, 미라클 모닝 등 정말 하기만 하면 좋은 것들이 너무 많다. 그러나 실천하는 사람들은 왜 그리 적을까? 두 가지 정도가 벽으로 작용하는 듯하다.

■ 목표치를 지나치게 높게 잡는다는 것이다. 오래 전에 올림픽 메달리스트의 마라톤 교실에 간 적이 있다. 그분에게 들은 말이다. '우리나라 분들은 욕심이 많다. 달리기는 건강을 위해 하는 거다. 선수라면 기록에 연연해야 하지만 아마추어들은 자기 체력에 맞게 걷는 것보다 빨리 뛰면 된다. 그리고 신발이나 복장도 그렇게 중요치 않다. 장비발 세우려 하지 마라. 목표를 너무 크게 잡지 말고 일단 가벼운 마음으로 시작하셔라.' 책도 나오기 전인데 그 마라톤 고수는 스몰 빅의 개념을 다 꿰뚫고 있었다. 이 몇 문장 속에 제프 헤이든의 이론이 고스란히 녹아 있다는 생각이 든다.

■ 효능과 재미를 느끼기 전에 포기한다. 글쓰기를 예로 들어보자. 글쓰기 실력은 다 알다시피 하루아침에 늘지 않는다. 유명인들의 유튜

브 강의나 글쓰기 특강을 듣고 그분들의 책을 독파한다고 되는 게 아니다. 이 역시 임계점critical mass이라는 게 있다. 양적 축적이 있어야 한다는 것이다.

운동과 마찬가지로 글쓰기도 임계점을 넘어서야 재미도 있고 효능감도 느낀다. 하지만 대부분 임계점에 채 도달하기도 전에 포기한다. 글쓰기는 힘들다는 편견을 지우고, 지루하고 힘든 습작의 과정을 견뎌야 하는데 자신에게 면죄부를 주거나 스스로 문제를 탓하며 글쓰기 수련을 중단하기 마련이다.

우리 앞을 가로막는 이러한 두 개의 벽을 깨는 방법은 의외로 간단할 수 있다.

■ 배트를 짧게 잡는 것이다. 목표를 낮게 잡고 편한 마음으로 타석에 들어서는 것이다. 목표에 대한 부담이 줄면 나를 옭아매던 강박도 줄어든다. 강박이 있으면 빨리 지친다.

■ 안 할 수 없는 시스템에 나를 가두는 것이다. 나는 늘 그런 방법을 통해 게을러지려 하고 핑계를 대며 오늘 해야 하는 일을 미루려 하는 스스로를 다뤄왔다. 만약 내가 달리기를 시작하고 싶다고 하자. 달리기를 하면 건강해지고 머리도 맑아진다. 하지만 사실 귀찮기도 하고 힘든 일이다.

달리기를 오래 해온 내 경험상 혼자 하려면 힘들다. 일단 러닝의 재미도 덜하고 지루할 수 있다. 그리고, 자기 동기부여도 계속 필요하다. 실력 향상 속도 또한 느리다. 따라서 달리기는 함께 하는 게 좋다. 러닝 크루들과 호흡을 맞추면서 같이 뛰면 정말 많은 게 달라진다. 뛰는 재미도 더 있고 자동적으로 동기부여도 된다.

그 밖의 장점들도 매우 많다. 좋은 파트너를 만들거나 달리기 모임 혹은 클래스에 들어가면 달리기를 안 할 수 없는 시스템에 자신을 가두는 효과가 있다.

사실 이 방법은 조직을 경영할 때도 유익한 처방전으로 활용했다. 간혹 내게 H증권 CEO로 성공할 수 있었던 비결을 주변에서 묻는 사람들이 있다. 하지만 그분들에게 제대로 된 답을 드리지는 못했다. 비결이랄 게 없기도 했고, 테슬라 방식과 스몰 빅 접근법, 그리고 배트를 짧게 잡고 타석에 들어서라든가, 시스템에 자신을 가두라는 식의 말들이 얼마나 그분들에게 큰 감동과 도움을 주겠는가?

하지만 CEO인 내게는 하나같이 유익한 전략 툴tool들로, 나의 연장통에서 빼놓을 수 없는 것들이다. 예를 들어 배트를 짧게 잡고 시스템에 자신을 가두는 게 왜 조직 경영에서도 의미 있는 전략 툴이 되는지 살펴보자.

성공할 수 밖에 없는 시스템

나는 2018년 초 H증권에 CEO로 갔다. 당시 H증권은 무늬만 증권사, 자본시장의 갈라파고스라는 불명예스러운 호칭을 감수해야 할 만큼 대한민국 자본시장에서 존재감이 없었다. 실적도 추락하고 있었고, 증권 업계에서의 위상도 갈수록 약화되고 있었다. 한마디로 변화가 절실했다. 그대로 가도 그럭저럭 생존은 하겠으나 미래는 기대할 수 없었다. 난감했다. H증권은 그룹이나 대기업 혹은 금융지주 계열도 아니다 보니 온전히 혼자 힘으로 성장해야만 했다. 조직을 리빌딩하라는 특명Mission은 받았지만, 도대체 어디서부터 손을 대야 할지 감이 안 잡혔다. 다음은 내가 H증권 CEO로 부임할 때 쓴 CEO 스피치(취임사) 중에서 발췌한 것이다.

"나는 어깨에 힘을 뺐다. 거대한 홈런 한 방을 기대하는 심리는 전혀 없었다. 배트를 짧게 잡았다. 타석에는 들어섰으나 H증권의 상황이 너무 나빠 주변 분들은 모두 걱정했다. 하지만 나는 소위 근자감이 있었다. 왠지는 모르지만 증권 업계의 주변부에 머물고 있는 H증권을 최중심부로 끌어올릴 수 있을 것 같았다. 내가 쓴 처방전은 H증권을 성공할 수밖에 없는 시스템에 가두는 것이었다. 성공할 수밖에 없는 시스템 구축은 말처럼 쉽지 않다. 우선 H증권에는 좋은 인력이 없었다. 핵심 부서의 인력들조차 자질은 훌륭한데 조직이 오랜 기간 성장을 못 하고 깊은 침체의 늪에 빠져있다 보니 제대로 된 교육을 받지 못했다. 조직이 발전하려면 A급 인재들을 많이 길러내야 한다. A급 인재는 대부분 만들어진다. 응분의 수련 과정을 거치면서 잠재능력이 현실화되는 것이다. 하나의 조직이 성공하려면 3M이 훌륭해야 한다. 3M은 Man과 Money, 그리고 Mechanism이다. 이 중 내가 쓸 수 있는 카드는 많아야 두 가지였다. H증권은 증자를 할 수 없는 상황이었기에 Man과 Mechanism으로만 승부를 걸어야 했다. 나는 사람을 보는 안목도 뛰어나고 훌륭한 조련사의 자질을 갖고 있다고 스스로 자부한다. 똑같은 사람이라도 어떻게 조련하느냐에 따라 180도 달라진다. 성공할 수밖에 없는 시스템을 만드는 데는 Man 못지않게 Mechanism이 중요하다. 나는 다행히 Mechanism 설계에 익숙하다. 실무자 시절 세계 유수의 컨설팅 펌들과 작업을 많이 해본 경력이 풍부하기 때문이다."

대목장

내가 H증권 CEO로서 자부심을 느끼는 건 H증권의 실적을 단기간 내에 급성장시켜서가 아니다. 내가 한 일 중 가장 잘한 일 두 가지는 감히 말하건대 대형사들도 부러워할 정도의 시스템을 구축한 것과 업계 최강의 강한 조직문화를 구축했다는 것이다.

둘 다 쉽지 않다. 일단 오랜 시간이 걸린다. 그리고 CEO가 혼신의 힘을 다해 추진하지 않으면 실패할 확률이 높다. 하지만 H증권은 해냈다. 성공할 수밖에 없는 시스템에 우리를 가두니 경쟁사들이 고전을 면치 못하는 시기에서도 H증권은 두각을 나타내고 있다.

나는 나 스스로를 대목장大木匠이라고 말하는 걸 좋아한다. 대목장은 궁궐이나 사찰, 사대문 등의 큰 건축물을 짓는 대목 일에 능한 사람을 일컫는다. 대목장은 단순한 기능인이 아니다. 기획, 설계, 감리, 현장 지휘 감독까지 건축의 전 과정을 책임지는 사람이다. CEO는 그런 사람이다. 대목장의 역할 중 중요한 게 좋은 나무를 골라 마름질을 하는 것이다. 당연히 최고의 기술과 지식, 경험, 안목이 있어야 한다.

국보 1호인 숭례문을 보수할 때도 신응수 대목장이 춘양목 중에서도 최고의 재목을 골라 마름질을 했다. 마름질은 조직 경영에서 인재를 조련하는 것과 같다. 나는 대목장으로서 H증권이라는 건축물의 개보수를 넘어 새롭게 다시 건축하다시피 했다.

하지만 이제 H증권은 안타깝게도 시장의 M&A 매물로 나와 곧 새 주인을 맞이한다. 나는 H증권을 100년 가는 건축물로 만들고자 했다. 임직원들과 정말 많은 공을 들였다. 그렇다 보니 H증권은 대목장으로서 너무 애착이 많이 가는 필생의 작품이다. 만감이 교차할 수밖에 없다.

1-8 십계^{+戒} : 삶의 무기 10가지

서점에 가면 이루 헤아릴 수 없을 만큼 많은 부자학과 주식 투자 성공법 관련 책부터 자기계발서와 성공학 개론, CEO 자서전들이 온통 좌대와 서가를 뒤덮고 있는 걸 본다. 그들의 책을 보면 성공한 사람들의 공통점을 찾아 열거하고 있다. 그러나, 각인각색이다. 도대체 이 많은 걸 언제 다 내 것으로 만든단 말인가? 그리고 간혹 고수를 자처하는 사람들의 책들을 보면 위험천만한 주장과 이론, 매운맛이 묻어나는 자극적인 사설들이 난무하기도 한다. 따라서 아직 내공이 부족한 사회 초년생들이 읽고 따라 하면 큰 독이 될 수 있는 내용들도 군데군데 섞여 있다.

나는 굳이 분류하자면 소위 범생이 과에 속한다. 배짱이 두둑한 편도 아닌 데다 특정 세력 혹은 기성 흐름에 대립각을 세울 만한 용기와 에너지도 부족하다. 그리고, 자기만의 기준을 세우기 전에 세상의 기준을 정확히 알고 숙지하는 게 더 중요하다고 생각하는 비둘기파이기도 하다. 나는 아주 특출한 재능과 에너지를 가진 분이 아니라면 기성세대와의 불화^{不和}를 선택하기보다는 화이부동^{和而不同}의 삶을 사는 게 좋다고 생각한다. 화이부동은 네이버 사전에 이렇게 적혀있다 : 화합하되 붙어 다니진 않는다는 뜻으로, 붙어 다니되 화합하지 못하는 동이불화^{同而不和}의 반대말이다.

공자는 『논어』의 「자로」 편에서 "군자는 화이부동하고 소인은 동이불화한다"고 했다. 공자가 살던 시대와는 많이 다른 사회를 우리는 살고 있지만 나는 여전히 이 말이 유효하다고 생각해왔다. 나는 자녀 교육을 할 때도 화이부동을 강조해왔다. 내 아들도 나를 닮아 매운맛이 없다. 대표적인 순둥이 과에 속한다. 그래서 나는 그에게 생존력을 키워주기 위해 해병대를 갈 것을 권했다. 해병대를 갔다 와서도 기대와는 달리 크게 달라진 건 없었다. 독하지 못하고 여리고 무르다. 그러나 해병대가 아들을 변화시킨 게 있다. 군대 가기 전에는 없던 각(角)이 생겼다. 우리 사회는 각이 잡힌 사람을 선호하는 경향이 있다. 각이 잡혔다는 말은 거부감이 들 수도 있는 표현일 수 있다. 각이란 단어를 기성세대가 만들어놓은 틀이나 규율로 받아들여, 각이 잡혔다는 말 속에는 기성세대의 통치 이데올로기가 내포되어 있다고 해석할 여지가 있기 때문이다. 그러나 나는 이런 뜻으로 한 말이 아니다. 각이 잡혔다는 건 다음 두 가지 기준을 충족하고 있다는 말이다.

● 생각이나 말, 행동에서 난잡(亂雜)함과 흐트러짐이 없다. 즉 사고방식이나 제반 언행이 균형 잡혀 있고 정배열되어 있다.

● 자기통제의 바탕이 되는 삶의 규율이 있다.

물론 내 아들이 각이 잡혔다곤 하나, 전에 비해 잡힌 것일 뿐 아직도 부족한 게 맞다. 사실 나는 이렇게 말하면서도 각이 잡힌 사람은 못 된다. 나는 모범생인 듯하면서도 끊임없이 일탈을 꿈꾼다. 간혹 엉뚱한 생각으로 의도된 규율 위반을 하기도 한다. 그러나 범생이다 보니 차선을 크게 이탈하진 못한다. 왜 나는 작은 일탈, 즉 일회성 불화를 의도적으로 시도할까? 굳이 변명을 하자면 팍팍한 삶에서 잠시 벗어나 삶의 긴장감을 해소하고 숨 쉴 틈을 스스로 만들고 싶어서다. 극히 짧은 시간이지만 나는 일탈을 할 때 많은 아이디어와 인사이트는 물론, 삶의 에너지도 생성된다. 신기한 일이다. 이 또한 내가 의도적으로라도 일탈을 시도하는 이유 중 하나일 것이다.

이제 나라는 사람의 윤곽이 대충 잡혔을 거라 생각한다. 나는 나를 미화할 의도가 없다. 그리고 내 삶을 예쁘게 포장하려는 시도도 할 생각이 없다. 있는 그대로 내가 생각하는 바 그대로를 전달하는 게 독자들에 대한 예의일 뿐 아니라 그나마 내 얘기가 작은 힘과 영향력을 갖는다고 생각한다.

1장 마지막에 내가 소위 십계라는 이름하에 제시하는 삶의 무기 10가지도 내 기준에 따라 엄선한 것일 뿐 결코 대단한 신무기들이 아니다. 그러나 내가 인생이라는 전장에서 검증을 통해 효능이 인정된 것들이니 신뢰도는 매우 높을 것이다. 십계의 계는 '경계할 계'다. 갑골문을 보면 창 같은 무기나 쟁기 같은 연장을 두 손으로 움켜잡고 있는 형상의 상형자이다. 앞서 언급한 '계'는 갑골문의 어원에 더 가까운 의미를 지닌다. 즉, 십계는 삶의 전장에서의 성공을 위해 우리가 꽉 움켜쥐어야 하는 10가지 무기들이다.

십계의 무기 목록은 이렇다.

- 경청
- 인테그리티
- 끈기
- 실천력
- 독서력 (책을 읽어서 이해하고 즐기는 능력)
- 운동 습관
- 호기심
- 열정
- 말하기 × 글쓰기
- 구조적 사고

1. 경청 ACTIVE LISTENING

잘 듣는 것만큼 어려운 게 없는 듯하다. 말하기보다 훨씬 어려운 게 잘 듣기다. 경청은 남의 말을 귀를 기울여 주의 깊게 듣는다는 뜻을 갖고 있다. 영어 표현은 '액티브 리스닝'이다. 리스닝이란 단어 자체가 적극적으로 듣는 걸 뜻하는데, 액티브란 형용사가 붙음으로써 의미가 더 강화된다. 나는 말하기보다 듣기가 약한 편이다. 노력은 하는데 잘 안된다. 듣고 있으면 지루하면 얼굴에 표가 확 난다. 말은 안 하지만 '그래서 결론이 뭐야?'라는 표정을 짓고 있다.

내가 존경하는 회장님 한 분이 계시다. 그룹 오너는 아니다. 자수성가형 CEO로서 금융지주 최고 자리에 오른 입지전적인 금융계 전설이다. 그분은 많은 일화를 남겼다. 불수도북은 그분의 트레이드마크다. 금융지주에 계시면서도 매일 20층에 있는 사무실까지 틈이 날 때마다 계단으로 걸어서 올랐다. 적지 않은 연세에도 불구하고 젊은이 못지않은 체력을 지녔다. 체력도 체력이지만 자기 관리를 그분만큼 철저하신 분을 찾기가 쉽지 않을 듯하다.

나는 그분을 몇 번 뵐 기회가 있었다. 그럴 때면 예외 없이 반갑게 맞아주신다. 간혹 내가 언론인들과 식사 자리를 하다 보면 그분이 화제에 오를 때가 있다. 그 경우에도 그분에 대한 평은 한결같다. 내가 아는 한 그분은 겸손이 몸에 밴 분이다. 그리고 겸손한 만큼 도량과 품도 넓어 그분을 따르는 후배들도 많다. 나도 그중 한 명이다. 근래에 나는 그분을 가까이서 모신 내 대학 친구로부터 그분의 또 다른 일면을 접하게 되었다. 그것은 CEO로서 내가 닮고 싶은 것 중 하나다.

바로 '경청의 달인'이라는 것이다. 그분은 마음에 안 드는 보고를 받을 때도 절대 중도에 말을 끊는 법이 없다. 특유의 엷은 미소를 지으면서 몸을 기울여 들으신다. 그리고 중간중간에 상대를 격려하는 차원에서 일부러 '그래 그래' 하는 추임새도 넣으시고 고개를 천천히 주억이며 공감도 표하신다. 내가 뵌 선배 CEO 분들은 듣기보다 말하는 게 더 능한 편이다. 그러나 그분은 다르다. 나도 친구의 말을 듣고 실천을 해보지만, 지루하고 핵심이 없는 보고를 받다 보면 금세 인내심이 바닥이 난다. 그래도 경청의 유익이 너무 큰 걸 알기에 지금도 계속 도전하고 있다.

경청과는 다른 의미를 가진 듣기가 있다. 이 역시 모 신문사 대표를 지낸 대학 친구로부터 점심 식사 자리에서 들어서 알게 된 내용이다. 나는 당시 S증권의 임원으로 있었다. 당시 나는 모시던 상사 분의 모진 말들에 상처를 크게 입어 자존감이 땅에 떨어져 있을 때다. 그러다 보니 나도 모르게 식사 중에 내 고충을 토로했던 듯하다. 너무 답답해 하소연하는 기분으로 말했을 것이다. 내 말을 조용히 듣고 있던 친구가 말했다. "친구야, 내 말을 고깝게 듣지 마라. 네가 지금 놓치는 게 있는 듯하다. 너는 네 상사 분의 말을 머리로만 듣고 있다. 물론 머리로 들을 것이 더 많다. 하지만 때로는 가슴으로 들어야만 이해할 수 있는 말들도 있다. 아마 네 상사 분의 말을 가슴으로 들으려 하면 네가 상처를 덜 받고 덜 괴로워할 수도 있을 것이다."

친구도 대인 관계를 할 때 매우 유익한 처방전이 되었다며 내게도 분명 도움이 될 거라고 했다. 친구는 언론사 대표로 있다 보니 무수히 많은 지도인사들을 만나게 된다. 친구가 말한 내용은 모 그룹 부회장을 역임하신 고교 선배 분에게 전해 들은 것으로 쉽게 접할 수 없는 실전 팁이 될 것이라 했다.

머리로 듣는 것과 가슴으로 듣는 것의 차이는 대체 뭘까? 어렴풋이는 그 차이를 알 듯하지만 아직도 명쾌히는 모르겠다. 가슴으로 듣는다는 건 이런 게 아닐까? '단면을 보지 말고 전체를 보라.' 즉 상대가 던지는 말 한 마디 한 마디에 집착하고 분석하기보다는 그런 말을 투척하는 상대방의 입장, 상황, 감성, 맥락을 먼저 이해하라는 게 아닐까 싶다. 하지만 그게 말처럼 쉽다면 우리 모두는 성인까지는 몰라도 달인의 경지에 올라서 있을 것이다. 단순한 듣기도 사실 어려운 일인데 경청과 가슴으로 듣기는 거저 주어지는 무기가 아니다. 고도의 수련과 내공 단련이 필요하다. 절대 순간의 결심과 의지만으로는 안 된다.

경청의 이점은 너무 많아 일일이 열거할 수 없다. 상대의 호감을 살 수 있는 가장 값싼 방법이자 비용, 리스크 없이 기타의 큰 이득을 올릴 수 있는, 가장 수익률이 좋은 무위험 고수익 투자상품이다. 나는 경청 하나만 잘해도 성공할 수 있다고 생각한다. 나는 여러가지를 다 잘하려다 하나도 뛰어나게 잘하는 게 없는 것보다 하나만 확실히 잘하는 전략을 더 추천한다. 내가 말하는 십계도 그렇다. 다 잘하면 좋겠으나 그건 불가능할 수도 있다. 따라서 일단 하나부터 확실히 내 편을 만드는 것이다. 나는 실제 이런 전략을 써왔다. 나는 경청 과목은 C라면 인테그리티(성실) 점수는 S급이다. 하지만 다행히도 나는 경청에는 약하지 않다. 듣는 건 무척 좋아한다. 경청과라기보다는 다문문多聞問을 하는 편이다. 다문문과 인테그리티는 내게는 최고의 삶의 무기였던 셈이다. 실제 시도해보라. 하나만 잘하는 전략은 의외로 파워풀하다. 경청을 십계 제일 상단에 올린 건 우연일까? 아니다. 터득하기 쉬워서일까? 역시 아니다. 내가 살아보니 삶의 가장 기본이 되는 기술이면서 가장 리턴return이 크고 빠른 덕목이기 때문이다. 나는 경청을 가장 중요시한다.

지금은 고인이 되신 미국 역사상 최고의 토크쇼 사회자이자 앵커로 일컬어지는 인물이 있다. 래리 킹이다. 그의 책을 오래전에 읽은 적 있다. 한국에는 『대화의 신』이라는 이름으로 출간되었다. 래리 킹은 어떻게 대화의 신이라는 위치에 올랐을까? 그는 특유의 폼이 있다. 나는 아직도 그의 트레이드마크인 멜빵을 기억한다. 그리고 팔짱을 낀 채 정면을 응시하는 모습이 생생히 기억난다. 래리 킹의 학력은 보잘것없다. 그러나 그는 세계 토크계의 전설이 되었다. 그는 말한다. 대화의 90%는 경청이다. 잘 들어주면 상대는 마음을 연다. 이 마음의 문이 열려야 솔직하고 진실된 대화가 오고 간다. 어찌 보면 래리 킹은 말 기술보다는 독보적인 경청 기술로 〈래리 킹 쇼〉를 가장 성공한 토크쇼로 만들었는지 모른다. 경청의 힘이란 이렇게 무섭다. 정말 삶의 최고의 무기가 될 수 있다.

2. 인테그리티 INTEGRITY

내가 만약 성공한 인생을 살았다고 세인들이 평하면 나는 이렇게 말할 수 있다 : "나를 키운 건 8할이 인테그리티다." 사실 나는 인테그리티를 빼놓고는 아무것도 아니다. 내게 인테그리티는 나 자신과 같다. 그만큼 나는 이 한 놈만 팠다. 나는 H증권 CEO로 있으면서 2,000페이지에 가까운 CEO 스피치를 내보냈다. 그것도 누굴 시키거나 아무 도움도 받지 않고 직접 집필을 했다. 내가 글솜씨가 좋아서가 아니다. CEO 스피치는 말 그대로 CEO가 전하는 메시지다. 따라서 CEO의 생생한 육성이 담겨야 의미가 있다. 그래서 졸필임에도 직접 그 많은 글을 쓴 것이다. 나는 이것만으로도 나의 인테그리티는 입증되었다고 본다.

인테그리티는 우리말로 옮기면 성실성이 가장 가까운 단어지만, 엄밀히는 그 의미와 내포가 약간 다르다. 하지만 혼용해도 무방하다. 실제 나도 같은 말로 생각하고 양자를 섞어 쓰고 있다. 인테그리티라는 단어가 생소할 수도 있다. 인테그리티를 사전에서 찾아보면 진실성, 온전성이라 풀이되어 있다. 그러나 인테그리티는 사용하는 사람이나 분야에 따라 조금씩 다른 의미를 갖는다. 내가 정의하는 인테그리티는 지극한 정성과 최선의 최선을 다하려는 자세 또는 태도를 말한다. 즉, 일을 하거나 사람을 대할 때 극진한 노력을 기울이는 마음이나 성질 혹은 그런 힘을 말한다.

국내에 소개된 외국 저서들에서도 인테그리티 정의는 제각각이다. 헨리 클라우드는 그의 책에서 인테그리티를 '일관된 진실성'으로 정의한다. 일관되다는 건 앞과 뒤, 말과 행동, 겉과 속이 일치한다는 뜻이다. 하지만 나는 월가에서 말하는 인테그리티가 내 정의에 그래도 근접한다고 생각한다. 골드만삭스 등도 조직 구성원의 인테그리티를 강조한다. 그들이 말하는 인테그리티는 단순히 조직의 규칙 regulation을 따르는 걸 넘어 자기 진실성, 청렴, 조직에 대한 헌신과 열정적 노력을 포함하는 개념이다. 따라서 골드만삭스에서 소위 농땡이 치거나 열심히 하는 척만 하는 것은 상상할 수도 없다. 정말 죽어라 미친 듯이 일해야 살아남을 수 있다. 이것이 골드만삭스가 강한 이유이며, 골드만삭스의 구성원들이 월등한 경쟁력과 업무 능력을 갖는 핵심 요인이기도 하다.

NBA, 즉 미국 프로 농구계에서도 변화의 바람이 불고 있다. 과거에는 실력만 있으면 규율을 위반하고 구단의 명예를 실추시키거나 팀워크를 깨치는 일탈 행위를 해도 용서가 되었다. 하지만 지금은 다르다. 워크 에식 Work Ethic이 중요하다. 워크 에식은 표현이 다르긴 해도 인테그리티와 일맥상통하는 용어라 할 수 있다. 박지성, 황희찬 같은 선수들이 주전 경쟁이 치열한 EPL 리그에서 성공할 수 있었던 것도 워크 에식 면에서 높은 평가를 받았기 때문일 것이다.

이지영은 일타강사다. 그녀는 말에 상당한 힘과 엣지가 있다. 열심히 문제지를 풀고 밤늦게까지 공부를 죽어라 해도 성적이 안 오른다고 푸념을 늘어놓는 학생에게 일침을 가한다 : "너 공부 열심히 안 한 거야!" 맞다. 이지영 일타강사의 지적대로 성적이 오를 만큼 공부량이 많지 않았으니 열심히 공부하지 않은 게 맞다.

인테그리티를 판단하는 기준을 가장 잘 설명하는 분이 있다. 소설 『아리랑』과 『태백산맥』을 저술한 조정래 선생님이다. 그분이 하신 어록에 이런 말이 있다 : "최선을 다했다 함부로 말하지 마라. 네 스스로 감동받을 때까지 했을 때만이 최선을 다했다고 말할 수 있다." 역시 대한민국 최고의 작가답다. 고수만이 할 수 있는 표현이다. 필력만 있다고 할 수 있는 말이 아니다. 나는 조정래 선생님의 이 말을 CEO 스피치에 몇 차례 인용한 바 있다. 내 주변의 CEO들은 하나같이 부지런할 뿐 아니라 모두가 인테그리티 그 자체다. 나 또한 그렇다. 무엇이 먼저인가? 인테그리티가 있는 분들이 성공하는 건가, 아니면 CEO가 되니 그렇게 된 건가? 양자 다 맞는 말이다. 즉 정의 명제와 역의 명제가 동시에 성립한다.

3. 끈기 | SUSTAINING STRENGTH

나는 아주 끈기 있는 사람은 아니다. 그러나 보통 이상은 된다. 끈기가 있으려면 많은 요건을 갖추어야 한다. 우선 참을성이 있어야 한다. 나는 참을성은 좀 있는 편이다. 유혹에는 약한 편이지만 그래도 잘 이겨낸다.

다음은 목표의식이 분명해야 한다. 목표의식이 분명하지 않으면 계속 마음이 흔들린다. 작은 바람에도 이리저리 왔다 갔다 한다. 또 필요한 게 의지다. 학교 다닐 때 생활기록부에 '의지 박약'

이라고 적힌 친구들은 예외 없이 성적이 시원치 않다. 끈기가 없기 때문이다. 이것은 일반화할 수 있다. 분명한 건 의지가 박약해서는 지루하고 힘든 걸 계속 반복하고 지속할 수 없다. 내가 말하는 끈기는 지속하는 힘이다. 계속력^{continuity}에 가까운 개념이다. 단순히 참고 견디는 힘이 아니라 의식적인 변화, 노력을 계속해나가는 힘을 말한다. 즉 중도에 쉽게 단념하거나 포기하지 않고 견디어 나가는 힘이 끈기다.

내가 살아오며 본 사람 중 끈기가 있는 사람을 꼽으라면 단연 우리 어머니를 꼽는다. 어머니이기에 최고점을 준 면도 당연히 있을 것이다. 나는 어머니의 DNA를 많이 물려받았다. 끈기도 마찬가지다. 그분께 받은 게 많다. 우리 어머니는 한번 시작한 일은 밤잠을 안 주무시고서라도 꼭 끝내신다. 한국의 어머니들은 다 우리 어머니와 같을 것이다. 살아 있는 교육이다. 아이들은 부모의 등을 보고 자란다. 어머니의 끈기를 보며 자란 아이는 커서도 끈기 있는 자로 성장한다. 나도 그렇다. 나는 어머니로부터 배운 끈기로 이만큼의 성공을 이루어냈다.

어떤 작가 분이 하신 말씀이 기억난다. '글은 손으로 쓰는 게 아니다. 엉덩이로 쓰는 것이다.' 글쓰기는 고단한 작업이다. 창작 행위이기 때문이다. 다른 예술 분야나 스포츠 세계에서 성공하기 위해서도 끈기는 최고의 필수 덕목이다. 포기하지 않으면 언제나 기회는 있다. 그러나 포기하는 순간 기회는 사라진다. 이걸 모르는 사람은 없지만 우리는 어떤 일을 하다 빠른 피드백이 없거나 역경을 만나면 쉽게 포기하는 경향이 있다. 얼마나 안타까운 일인가?

사실 끈기는 특별한 훈련이나 투자 없이도 분명한 목표의식과 의지를 갖고 있다면 장착할 수 있는 삶의 무기다. 용기 같은 덕목과는 다르다. 이렇듯 그 효능과 장착 용이성이 보장된 삶의 무기 없이 인생을 사는 건 쉽게 퍼지는 자동차를 타고 먼 길을 가는 것만큼이나 위태롭고 불안하다. 당연히 원하는 목적지에도 도달할 수 없다.

끈기를 상징하는 두 장의 사진을 나는 잊을 수 없다. 한 장은 너무 유명한 사진이다. 세계적인 발레리나 강수진의 일그러진 발이다. 다른 한 장은 익숙하지 않은 사진이다. 로알 아문센의 신발이다. 나는 두 장 사진 모두를 좋아하지만 나를 더 전율시킨 건 아문센의 신발이다. 아문센은 알다시피 노르웨이의 극지 탐험가로 1911년 12월 14일 인류 최초로 남극점에 도달한 사람이다. 아문센의 신발은 나에게는 타임머신과도 같았다. 그의 신발을 마주하는 순간 나는 아문센이 남극을 향해 탐험하던 시간대로 슬립되는 걸 느꼈다. 살을 에는 강풍이 몰아치는 극지의 살인적 추위가 느껴졌다. 대원들은 모두 지쳐 있고 아문센조차 남극점 도달을 확신치 못했다. 하지만 아문센은 포기하지 않았다. 마침내 그들은 남극점에 도달한다. 기적 같은 일이다.

하지만 영국의 스콧^{Robert Falcon Scott}이 이끄는 원정대는 한 달 뒤에나 도착한다. 영국과 노르웨이의 자존심을 건 세기의 대결에서 아문센의 성공으로 노르웨이의 완승으로 끝이 났다. 아문센은 모든 면에서 영국의 탐험대에 비해 열위를 면치 못했다. 하지만 아문센에 대한 극과 영화, 드라마들을 보면 끈기만이 그의 성공을 도운 것이 아니다. 많은 성공요인이 있다. 사전 준비가 철저하고, 전문가들로 구성된 탐험대와 함께한다 해도 끈기가 없었다면 아문센은 남극점 도달에 실패했을 것이다. 그의 예에서 볼 수 있듯 끈기는 단순히 힘든 걸 참고 이겨내는 힘만이 아니다. 앞서 말한 바와 같이 끈기는 목표의식과 의지가 결합된 것이다. 따라서 끈기는 이렇게 산수식으로 풀어 표현할 수 있다.

끈기 = 목표를 향한 끝없는 도전 × 열정적이고 치열한 의식적 노력

4. 실천력 POWER OF EXECUTION

내가 이 책에서 줄기차게 강조하는 게 있다. 실천력이다. 세상에 정답은 깔려 있다. 한때 유행한 말대로 우리가 알아야 할 것은 초등학생 때 이미 다 배웠다. 그러나 실천하는 사람은 드물다. 난 우리 아이들에게 늘 이렇게 말했다.

"승자가 되는 게 생각보다 어렵지 않다. 남들이 안 하거나 하기 싫어하는 걸 열심히 실천하면 된다. 그러나 대부분은 그렇지 않다. 고로 생각하기에 따라서는 승자의 고지는 무주공산일 수도 있다. 당연히 열심히 실천하고 끈기 있게 도전하는 자가 주인이 된다."

참으로 아이러니하다. 성공에 이르는 길은 다 나와 있는데 왜 성공하는 이는 적은가? 두 가지다. 하나는 실천력 부족, 다른 하나는 전략과 요령 부족이다. 이 중 가장 중요한 게 실천력이다. 전략과 요령을 안다 한들 실천력이 없으면 말짱 도루묵이다.

예를 들면 이렇다. 수포자(수학을 포기한 사람을 일컫는 말)가 있다고 하자. 그가 일타 강사에게 수학을 잘하는 비결을 물었을 때 어떤 답을 할까? 내 강의를 들으면 된다는 식의 농담조의 답을 할 수도 있지만, 그런 답은 안 할 것이다. 아주 많이 하는 답은 이게 아닐까? "기본을 튼튼히 하라. 포기하지 말고."

그러나 여기엔 맹점이 있다. 가장 중요한 방법론HOW이 빠져 있다. 그리고 수포자에게 포기하지 말라니 그게 말인가 말밥인가? 나는 이렇게 답할 듯하다. "네가 수포자라는 낙인을 지우고 싶다면 가장 쉬운 문제부터 풀기 시작해라. 그리고 매일 목표(나의 경우는 매일 50문제)를 정해놓고 풀어라. 그러다 보면 기초도 쌓이고 수학에 재미도 느낀다."

실제 나는 이런 식으로 공부해 수학과 계량 퀀트Quant에 자신감을 갖게 되었다. 그 앞서의 사례에서 알 수 있듯 실천력을 키우는 가장 좋은 방법은 실천을 막는 허들을 제거하고 최적의 방법론을 찾는 것이다. 무턱대고 실천력을 높이려 한다 한들 절대 높아지지 않는다.

나의 경우를 예를 들어보자. 나는 뜬금없이 책 쓰기 목표를 정했다. 내가 먼저 한 일은 허들을 확인하는 것이었다. 시간, 에너지 같은 물리적 허들보다는 심리적 허들이 문제였다. 글쓰기에 대한 거부감은 없으나 책 쓰기는 차원이 다른 도전이었다. 겁도 나고 걱정이 앞섰다. 구체적인 의문도 생겼다. 내가 과연 2~300페이지에 달하는 방대한 분량의 원고를 감당해낼 수 있을까?

내가 선택한 확인 방법은 단순했다. 말 그대로 소위 파일럿 테스트pilot test였다. 내가 생각해둔 제목과 관련되는 몇 가지 주제에 대해서 습작을 해봤다. 다행히 가능해 보였다. 심리적 허들을 넘자 다음 작업은 수월했다. 나는 곧바로 책 구성과 얼개, 그리고 목차 잡기에 착수했다. 생각보다는 빨리 진행됐다. 남은 작업은 목차에 따라 글을 써내려가기만 하면 되는 것이었다. 나는 곧바로 본격적인 책 쓰기 작업에 들어갔다. 그리고 백기어Back Gear를 넣을 수 없도록 여기저기 소문을 냈다. "내가 책을 쓰기로 했다. 제목과 목차도 잡고 글쓰기에 착수했다."

이렇게 스스로를 구속하고 나니 나에게는 출구가 딱 하나밖에 없게 되었다. 글쓰기를 완수하고 출간까지 끝내야 하는 것이다. 안 그러면 나는 실없는 사람이 될 수밖에 없는 상황이다. 따라서, 나는 죽이 되든 밥이 되든 책을 써야 한다.

또 하나 실천력을 키울 수 있는 방법은 다소 역설적이다. 엄청나게 높은 목표moonshot goal를 정하고 단계적으로 달성해나가는 것stepwise approach이다. 내가 살아오며 많이 애용해 큰 효과를 본 방법이다. 이를테면 풀코스 마라톤에 도전하기로 했다고 하자. 전문 선수도 아닌 아마추어, 특히 달리기 경험이 없던 분들에게는 감히 상상도 못 하는 불가능에 가까운 목표다. 그래도 그런 목표를 세워야 한다.

시작은 가볍게 한다. 별 준비 없이 편한 복장으로 근처 학교 운동장 한 바퀴 뛰는 정도로 시작한다. 그리고 점차 달리는 거리를 늘려간다. 뛰다 보면 달리기의 즐거움과 성취감도 느낄 수 있다. 이게 중요하다. 특히 실천력을 유지하고 증강시키는 데 즐거움은 큰 힘이 된다. 모 그룹 광고 카피가 기억난다. 대단히 인상적인 카피였다. "즐거움이 힘이다." 나는 이 말을 수도 없이 인용했다. 지금도 나는 이 카피를 가슴에 담아두고 있다.

달리기뿐만이 아니다. 모든 일이 다 그렇다. 공부와 스포츠도 재미가 없으면 실천력이 떨어진다. 「천재를 이기는 재미의 힘」이라는 제목의 글을 읽은 기억이 난다. 즐거움 혹은 재미는 끊임없이 게을러지려는 나 자신을 움직이게 하는 굉장한 동력이 된다. 즐기는 자를 이길 사람은 없다. 그게 누구든 그렇다. 달리기에서 작은 재미와 성취감을 느꼈다면 훈련량과 시간의 문제일 뿐, 목표 달성은 따놓은 당상이다. 달리기를 해본 사람은 알겠지만 뛰다 보면 욕심이 생긴다. 기록 욕심도 생기고 뛰는 거리에도 욕심이 생긴다. 욕심은 무리만 안 한다면 재미와 결합해 엄청난 파워를 내는 로켓 엔진의 연료처럼 실천력을 결정적으로 높여준다.

실천력이 없는 분들은 대체로 욕심이 없다. 욕심 말고도 없는 게 많다. 자기 동기부여 체계^{mechanism}도 고장 나 있고 의욕도 없다. 활기도 없고 삶의 목표도 불분명하다. 사는 재미도 딱히 못 느끼고 무색무취하다. 물론 내 말은 틀릴 수 있다. 지나친 단순화의 오류가 있을 수 있다. 내 말의 포인트는 다른 게 아니다. 역설처럼 들릴지 몰라도 분명 욕심이 없는 사람도 단계적으로 실천력을 높여가다 보면 욕심이 생긴다. 나는 살아오며 이걸 무수하게 경험해왔다. 한번 욕심이 생기면 개인차는 있지만 더 이상 실천력은 문제가 안 된다.

자녀 교육도 똑같다. 내가 아무리 걱정이 돼서 '공부를 하지 않으면 네 인생이 힘들어지니 공부에 대한 욕심을 가지라'고 백날 아들에게 말해도 소용이 없다. 욕심이 없는 아들에게 그런 충고는 그를 움직이게 못한다. 사실은 욕심보다도 자신감이 더 문제일 수도 있고, 욕심은 공부를 하다 보면 생기는 것이기 때문에 갑자기 공부 욕심이 생길 리가 없기 때문이다. 그런 걸 알기에 나는 기다려줬다. 고2가 되자 자리에 엉덩이를 붙이는 시간이 길어졌다. 공부를 하면서 아들이 점차 공부에 대한 욕심이 생겼다.

그러자 나도 생각을 바꿨다. 사교육비를 늘려서라도 후방 지원사격을 해야겠다는 생각을 했다. 그전까지 나는 공부는 스스로 하는 거라는 지론을 가지고 있었다. 하지만 시대 흐름이 바뀐 걸 인정하지 않을 수 없었다. 하지만 내가 이렇게 도와주니 너도 죽어라 공부하라고 닦달하지 않았다. 그 대신 아들에게 이런 말을 했다.

"최선을 다하려무나. 결과에 연연치 말고. 길게 보고 네가 최선을 두를 수 있는 토대를 닦는다고만 생각해라. 지금 필요한 건 스파트를 해야 할 때 전력투구하는 습관을 키우는 것이다."

단순히 아들의 심적 부담을 줄여주려고 한 말이 아니다. 실제 나는 그게 더 중요하다고 생각했다. 공부는 죽어라 한다 해서 꼭 좋은 결과가 나오는 것만은 아니다. 운을 비롯해 따라줘야 할 게 많다. 따라서 결과에 너무 연연하면 안 잃어도 되는 걸 잃게 된다. 나의 이런 교육 지침은 조금은 먹힌 듯하다. 훗날 아들은 이런 후일담을 들려주었다.

"유학 생활을 할 때는 물론 해병대 장교 생활을 할 때도 수험생 시절에 익힌 스퍼트가 필요할 때 전력투구하는 습관이 큰 도움이 되었다."

정말 감사할 뿐이다. 부모 말을 귓등으로 듣는 게 일반적 세태인데, 용케도 아들은 내 말의 뜻을 잘 새겨 자기 인생 훈으로 삼은 듯하다. 그러나 오해는 말라. 내가 아들을 잘 교육시키고 내 아들이 착하고 훌륭하게 자랐다는 걸 내세우려는 게 아니다. 나는 단지 실천력을 높이는 과정에서 안 바뀔 것 같은 모든 게 바뀐다는 걸 예시하고 싶었을 뿐이다. 실천력을 높이면 인생이 달라진다. 실천은 앞서 말한 바 있지만 그 자체로 최고의 전략이다. 그리고 훌륭한 삶의 무기이기도 하다.

5. 독서력

독서력은 책을 읽고 이해하고 즐기는 능력이다. 독서습관과 함께 독서력은 매우 중요하다. 독해력이나 문해력과는 또 다르다. 독서력은 책을 읽다 보면 늘어나는 것이 일반적이지만, 이 또한 자기만의 요령을 터득하는 것이 중요하다. 왜 독서가 필요한지에 대해서는 내가 중언부언하지 않아도 모두 알 것이다. 내가 아는 한, 인생에서 성공을 거둔 분들은 지독한 활자 중독자들이다. 이는 독서력이 매우 중요한 삶의 무기라는 예증이다. 독서와 관련된 표현 중 단연 최고는 프란츠 카프카의 말이다.

"책은 우리 안의 얼어붙은 내면의 바다를 깨는 도끼여야 한다."

독서가 우리에게 주는 효익은 무수히 많다. 가장 큰 효익은 우리의 시야를 넓혀준다는 것이다. 한 권의 책을 읽는다는 것은 세계 석학이나 현자들, 그리고 놀라운 문학적 상상력과 통찰력을 갖고 있는 작가들이 베푸는 지적 향연에 초대된 것이라 할 수 있다.

나는 다행히 그런 향연에 초대되는 것을 좋아한다. 좋은 책 한 권을 읽고 나면 내가 지적으로 성장했다는 느낌 때문인지 힐링도 된다. 그리고 내 시야각$^{viewing\ angle}$도 넓어진 것을 함께 느낀다. 시야각이 넓어졌다는 것은 곧 그만큼 나의 내공이 커졌다는 것을 뜻한다. 이 좋은 걸 왜 안 한다는 말인가? 독서는 해도 되고 안 해도 그만인 게 아니다. 필수 아이템, 즉 반드시 해야 하는 머스트해브$^{must-have}$ 아이템이다. 인생을 통해 당장 불편한 게 아니니 모를 뿐이다. 하지만 그걸 지속적으로 한 사람과 아닌 사람의 격차는 계속 벌어지게 되어 있다. 책은 성공한 분들에게는 가장 좋은 친구이자 가장 뛰어난 참모다.

나 역시 책으로부터 얻은 것이 너무나 많다. 살다 보면 힘든 순간을 맞이한다. 남들의 오해를 받기도 하고, 가까운 분의 죽음에 단장의 아픔과 슬픔을 느끼기도 한다. 그리고 잘나가다가도 뜻하지 않게 인생길에 큰 암초를 만나기도 한다. 내게도 그런 어려운 순간이 많았다. 그럴 때마다 내게 큰 힘을 준 게 두 가지다. 하나는 달리기요, 다른 하나는 책이다. 책은 내 인생을 말할 때 절대 빼놓을 수 없는 아이템이다. 나이가 들수록 책이 좋아진다. 지금 나에게 있어 책은 내가 가장 믿고 의지하는 최고의 친구이자 변함없는 현명한 교사다. 내가 존경하는 업계의 어떤 분은 돈이 아름다운 꽃이라고 했다. 그분 역시 독서광으로 잘 알려져 있다. 나는 그분의 말을 패러디해 이렇게 전하고 싶다. "책이야말로 세상에서 가장 아름다운 꽃이다. 이리 말하는 데는 이유가 있다. 꽃을 보면 우리는 환희와 기쁨, 희망, 위안을 느낀다. 책의 경우도 똑같다. 우리는 책을 읽으면서 우울했던 기분이 전환되고 감정의 먹구름이 사라지는 경험을 한다. 그리고 간혹은 우리의 삶을 극적으로 변화시키는 아이디어를 얻기도 한다."

책은 카프카의 말대로 기성관념과 편견의 벽을 뛰어넘게 하는 장대(통찰)를 제공하기도 한다. 이쯤 되면 한 권의 책을 아름다운 꽃이라 할 만하지 않은가? 내가 책을 가까이 하는 건 책이 주는 꽃 같은 효능 때문만은 아니다. 독서는 나를 성장시켜주는 훌륭한 스승이었기에 나는 독서에 매진해왔다. 독서를 통해 나는 사고력과 마음의 근력을 키워왔다. 공자가 말하기를 생각만 하고 배우지 않으면 위태롭다고 했다思而不學則殆. 독서는 내 생각의 날을 예리하게 벼리고 다듬는 도구와 같았다. 특히 대학 시절에 읽은 책들은 나를 의식화하고 비판적 사고력을 키우는 결정적 역할을 했다.

의식화라는 말을 하지만, 이 책에서도 고백했듯이 내 의식화 수준은 피아노 연주에 비유하자면 바이엘 1권을 뗀 정도로 미약한 수준이다. 그러나 이만한 정도의 정의감과 균형 잡힌 사고력을 갖게 하는 데 부족함은 없었다. 나는 지금도 스스로 의식화 교육을 한다. 항상 기성관념과의 적당한 긴장관계를 유지하며 올바른 시각을 가지려 하는 걸 그렇게 표현한 것이다.

나는 H증권의 CEO로 있으면서도 조직 구성원들에게 깨어 있으라고 주문하고, 왜 조직에 저항하지 않는지를 물었다. 내가 CEO로 가서 본 H증권은 꿈이 없는 조직이었다. 조직 구성원들도 미래에 대한 비전을 갖고 있지 않았다. 나는 얼핏 들으면 위험한 발언을 했다. "H증권은 지금 혁명이 필요하다."

내가 말하는 혁명은 사회학에서 말하는 혁명도, 우리가 아는 혁명도 아니다. 내가 말한 혁명은 모 시인이 말한 개념에 충실한 혁명이다. 즉, 극한까지 자신을 몰고 가 그것을 뛰어넘는 것을 말한 것이다. 나는 조직 구성원들이 대자적對自的 존재가 될 때 조직도 발전하고 성장할 수 있다고 생각한다. 그러기에 나는 H증권의 조직 구성원들이 올바른 의식과 비판적 의식을 갖도록 정말 많은 노력을 했다. 조직은 조직 구성원들의 의식수준만큼 성장하는 법이다. 만약 내가 단기간 내에 실적을 올릴 궁리만 했다면 장담컨대 H증권은 평범한 증권사로 머물러 있었을 것이다. 전부 나의 독서력이 낳은 결과다.

6. 운동습관

독서가 정신에 미치는 효과만큼이나 운동이 신체를 넘어 정신에 미치는 효과는 상상 외로 크다. 그런 걸 알기에 나는 운동을 생활의 아주 중요한 부분으로 생각하고, 틈 날 때마다 운동을 한다. 그리고 헬스클럽에서 운동하기보다는 일상생활 중에 운동하는 걸 즐긴다. 나는 본래 몸이 약한 편은 아니다. 그러나 근육질도 아니고 마른 체형인 까닭에 남이 보기에는 허약하게 보일 수도 있다. 난 이런 약점을 보완하려고 학창 시절부터 달리기와 철봉, 평행봉 운동을 즐겼다. 지금도 마찬가지다. 종목만 조금 바뀌었을 뿐, 운동이 생활화되어 있다. 그런 덕인지 지금도 매우 건강하다. 얼마 전까지 젊은 친구들과 달리기 산행을 하면 선두 그룹에 속할 정도의 체력은 되었다. 이런 나를 보고 주변에서는 체력 면에서는 견줄 자가 많지 않을 것이라고 한다. 사실과 다르다. 다만 나이에 비해 건강하다는 평은 받아들일 만하다. 지금도 내가 CEO로서의 열정을 유지할 수 있었던 건 체력이 뒷받침되었기 때문이다.

건강한 육체에 건강한 정신이 깃드는 법이다. 몸이 약해지면 정신력도 약화된다. 정신력이 약화되면 아무 일도 할 수 없다. 체력을 열심히 단련해야 하는 이유다. 내 주변에 CEO들은 하나같이 건강하다. 정신 건강은 당연하고 체력들도 좋다. 나와 동년배인 모 금융그룹 부회장은 지금도 몸을 보면 젊은 사람 못지않다. 하루에 무조건 두 시간 정도는 운동에 투자한다. 명문대를 나온 데다가 커리어도 좋다. 인품도 더할 나위 없이 좋다. 그러고 보면 그는 CEO로 갖추어야 하는 조건을 다 갖춘 셈이다. 그는 직업이 CEO다. 내가 아는 한 70여 성상의 역사를 가진 금융투자 업계에서 그만큼 성공하고 장수한 CEO는 극소수에 불과하다. 지금은 부회장직에 있음에도 현역 CEO 못지않은 활동을 한다. 원체 CEO로서의 식견과 미래를 내다보는 안목이 뛰어나다 보니 그를 아끼는 사람들이 많다. 오너도 그걸 모를 리 없다. 아직도 그는 앞으로 족히 10년은 너끈히 현역으로 뛸 정도의 체력과 내공을 갖고 있다. 나도 잘 아는 그는 내가 부러워하면서도 존경하는 금융권 CEO계의 전설이다. 그리고 신언서판身言書判을 모두 갖춘 대표적인 우리 시대의 리더다.

신언서판은 모두 아는 바와 같이 중국 당나라 때 관리를 뽑을 때의 인문 평가기준이다. 신身은 통상 외모를 말한다고 하지만 외모뿐 아니라 튼튼한 체력과 건강, 체격, 체형 모두를 포함하는 개념으로 보는 게 맞다. 운동습관은 바로 신언서판의 으뜸인 신을 좋게 하는 것이다. 따라서, 얼마나 중요한 삶의 기술인가? 정말이지 운동을 하면 좋은 게 많다. 수십 가지다. 단순히 몸만 좋아지는 게 아니다. 신수(용모 외 풍채, 얼굴색)가 좋아진다. 그리고 신상身相과 함께 심상心相 또한 좋아진다. 그뿐이 아니다. 기분도 좋아지고 긍정적 마인드도 생긴다. 면역력도 키울 수 있고 심신의 안정도 기할 수 있다. CEO들이 독서광이면서

운동중독자들인 것도 이 같은 운동의 엄청난 효능을 익히 알고 있어서다.

무라카미 하루키라는 일본 작가를 알 것이다. 『노르웨이의 숲』과 『1Q84』로 한국에도 많이 알려진 작가로서 노벨 문학상 후보자로도 거론될 만큼 작품성도 인정받고 있다. 나 역시 그를 좋아한다. 그는 계속 쓰기 위해 달린다. 울트라마라톤에도 도전할 만큼 달리기에 푹 빠져 있다. 그는 말한다.

"나는 달린다. 고로, 나는 존재한다."

무라카미 하루키에게 달리기는 생명선과 같다. 하루라도 달리지 않는 것은 상상할 수도 없는 일이다. 달리기는 무라카미 하루키가 소설가에게 필요한 자질로 손꼽은 재능, 지속력, 집중력 중 재능을 제외한 자질을 높이는 역할을 한다. 달리기가 없었다면 무라카미 하루키의 지속적 성공은 기대할 수 없을지도 모른다.

H증권 CEO로 있으며 '뜀락'이라는 달리기 프로그램을 론칭할 당시 CEO 레터에 이렇게 적었다.

"달리면 모든 게 달라진다. 삶의 긍정적 변화와 함께 기적 같은 일이 일어난다."

이 말은 곧 사실임이 입증됐다. 정말 많은 직원들이 기적 같은 변화를 경험했다. 한 여직원의 아들은 100m도 못 달리던 엄마가 오십을 훌쩍 넘은 나이에 분투, 노력 끝에 10km를 완주하는 걸 보면서 깊은 감동을 받고 그간 게을리했던 공부에 매진하여 마침내 가족 모두가 소망하던 해외 대학에 입학했다. 그 여직원은 이걸 기적이라 표현했다. 기적은 바로 그 여직원 자신에게도 일어났다. 수줍음이 너무 많아 앞에 나서지 못했던 그 여직원은 지금 청산유수의 달변가가 됐다. 그녀는 말한다.

"달리기가 저와 제 인생을 바꾸고, 저희 가족을 변화시켰습니다."

이처럼 운동은 우리의 삶을 송두리째 바꾸어 놓는 마법사 같은 역할을 한다.

7. 호기심 CURIOSITY

어린아이들은 호기심이 많다. 그러다 보니 질문도 많다. 그러나 어른이 되면서 호기심은 점차 줄어든다. 자연스럽게 질문도 줄어든다. 왜 이런 현상이 나타나는 걸까? 몇 가지 이유가 있을 것이다.

암기 위주의 주입식 교육이 낳은 폐단인가? 그것만은 아닌 듯하다. 내가 볼 때는 어른이 되면서 많은 지식과 정보들이 유입되다 보니 질문할 게 줄어든 이유도 있을 것이다. 그러나 이보다 더 큰 이유가 있다. 어른이 되면 호기심은 비용 대비 효과가 떨어지는 아이템이다. 호기심은 말 그대로 이상하거나 새로운 것에 대한 관심과 알고 배우고자 하는 욕구다. 하지만 이는 많은 성가심과 귀찮음을 이겨내고 탐사 및 탐구 비용(시간, 에너지, 기회비용 등)을 지불해야만 충족된다. 따라서 보상이 불명확하면 유지되기 어렵다.

어렸을 때는 모르는 것을 아는 것 자체가 큰 보상이다. 즉, 모르는 것을 알았을 때 느끼는 희열만으로도 아이들은 만족한다. 그러나 어른이 되면 다르다. 명시적 보상을 기대한다. 어른의 눈에 호기심은 이게 문제다. 보상이 불확실하다. 그러나 내 생각에는 이러한 견해는 틀렸다. 호기심은 주식 투자 용어로 표현하면 단기간 내 수익을 낼 수 있는 단타 종목이 아니다. 장기 투자 종목이다. 즉 내재 가치를 확신하고 오래 묻어두어야 하는 가치주와 같은 것이다.

그렇다면 호기심이란 종목의 내재 가치는 도대체 무엇일까? 흔히 말하는 게 있다. 학습능력을 획기적으로 향상시킨다는 것이다. 예를 들어보자. 언어학습능력은 어른보다 아이가 더 뛰어나다. 왜 그럴까? 호기심 차이다. 즉 아이들이 호기심이 강해 새로운 언어 지식과 정보를 더 적극적으로 받아들이려 한다는 게 학자들의 연구 결과다.

호기심의 또 다른 가치는 열정을 창출한다는 것이다. 내가 증권업계 최고령 CEO면서도 열정을 잃지 않는 것은 지금도 왕성한 호기심을 갖고 있어서다. 나는 아직도 궁금한 게 많다. '왜 그렇지Why So?'라는 말을 달고 산다. 궁금하면 못 참고 반드시 확인한다. 아주 사소하다 싶은 것도 집요하게 추적해 알거나 내 견해를 정리해둔다. 이런 나의 모습을 지켜본 지인이나 H증권 임직원들은 이구동성으로 말한다.

"아직도 피 끓는 청춘이시다. 정말 열정이 넘친다. 도저히 사장님을 따라가기가 어렵다."

덕담을 한 것일 뿐이라는 걸 안다. 그러나 전혀 없는 말을 하는 건 아닐 것이다. 실제 나는 내가 늙었다고 생각한 적이 없다. 호기심, 특히 지적 호기심은 여전하다. 호기심의 놀라운 가치는 또 있다. 스티브 잡스는 창의력이 뛰어난 세계 최고 융복합 천재다. 그의 창의력은 어디서 온 걸까? 스티브 잡스를 연구한 연구자들은 호기심이 그의 창의력 바탕이라는 것이다. 앞서 말한 대로 레오나르도 다빈치 역시 성인이 되어서도 호기심 덩어리 천재였다. 『종의 기원』을 써 진화론의 기초를 확립한 찰스 다윈도 호기심이 남다른 인물이었다. 그의 아버지는 찰스 다윈이 의대에 진학해 의사가 되기를 바랐으나 그는 의대를 1년만 다니다가 중퇴를 한다. 그의 지적 호기심을 충족시켜 줄 수 없었기 때문이다. 그 후 완고한 아버지의 뜻에 못 이겨 신학대에 진학해 졸업까지 했지만 그의 지적 항해는 멈추지 않았다. 그 원동력은 다름 아닌 강렬한 호기심이었다. 그의 지적 호기심은 마침내 엄청난 결실을 거두게 된다. 『종의 기원』을 탄생시킨 것이다. 그의 이 책은 당시 세상을 지배하고 있던 기성관념을 뿌리째 뒤바꾸어 놓는다. 네이버 지식백과에서 찰스 다윈을 찾아보면 이런 말이 나온다.

"그의 전기를 쓴 어떤 이들의 말대로 찰스 다윈은 우리가 이 행성 위에서 자신을 이해하는 방법을 변혁했다."

호기심은 찰스 다윈만 변화시킨 게 아니다. 내가 아는 한 위대한 과학자들, 이를테면 아인슈타인, 오펜하이머, 갈릴레오 갈릴레이 등은 모두 하나같이 호기심을 주체 못 한 사람들이다. 이처럼 호기심은 동서고금을 막론하고 위대한 업적을 남긴 사람들의 **빼놓을 수 없는** 특성이다. 나는 생각한다. 세상에 이만한 내재 가치를 지니고 기대 수익upside potential이 큰 투자 종목이 있는가? 우리가 호기심에 집중 투자해야 할 이유는 지나칠 정도로 분명하다. 우리 삶의 중요한 무기로 삼아야 한다.

8. 열정 ENTHUSIASM

호기심과 열정은 샴 쌍둥이Shammese twins다. 둘은 뗄 수 없는 관계다. 앞서 호기심이 열정을 낳는다고 말했지만 역의 명제도 성립한다. 열정의 사전 정의는 간단하다. '어떤 일에 열렬한 애정을 가지고 열중하는 마음!' 우리 모두는 다 안다. 열정이 없으면 인생의 성공은 기대할 수 없다는 건 인생의 공리다. 하지만 개인 간 열정 차이는 너무 크다.

가장 큰 이유는 동기부여 정도가 다르기 때문이다. CEO로서 내가 조직 구성원들의 동기부여에 온 힘을 기울인 이유다. 열정은 점화가 필요하다. 한 번 불꽃을 튀겨주는 작업이 있어야 한다. 톨스토이의 말을 패러디하면 이렇다. "잘되는 조직은 다 그만한 이유가 있다. 그러나 불행한 조직은 각기 다른 나름의 불행한 이유가 있다."

내가 2018년에 CEO로 부임했던 H증권은 잘나가는 조직이 아니었다. 핵심 인력들까지도 열정은커녕 맥조차 없었다. 진맥을 해보니 조직의 맥이 안 뛴다는 말이 딱 들어맞는 상황이었다. CEO는 이런 상황에서 어떡해야 할까? 여기서 CEO의 선택이 중요하다. 선택지를 잘못 집으면 조직의 운명이 바뀐다. 내가 선택한 방법은 특별한 게 아니었다. 조직 구성원들의 생각을 바꾸기에 앞서 조직이 먼저 바뀌는 수순을 선택한 것이다. 할 수만 있다면 좋겠지만 한 사람, 한 사람의 생각을 바꾸는 일은 쉽지 않다. 시간도 많이 걸리고 CEO 재직 기간에는 가능하지 않을 수 있다.

물론 조직이 바뀌는 것도 쉽지 않다. 특별한 모멘텀이 있어야 한다. 나는 조직의 실적$^{sales\ score}$부터 바꾸려 했다. 그러려면 어벤져스 팀이 필요했다. 이걸 모르는 사람은 없다. 지금부터 CEO의 개인기가 필요하다. 나는 운 좋게 이 과제를 해결했다. 사실 이건 돈 없는 총각이 미인을 배우자로 얻는 것만큼이나 힘들다. 내가 마법을 쓴 건 아니다. 당시 H증권의 현실은 알 만한 사람은 다 알았다. 내가 CEO로 있긴 했지만 머리가 제대로 박힌 사람은 H증권에는 안 간다는 게 시장의 정설이었다. 여건이 너무 안 좋았다. 조직도 보수적인 데다, 브랜드 이미지도 땅에 떨어져 있었다. 증권 업계는 규모의 경제가 중요한 업^{業}인데 자기자본 규모도 업계 하위권에 머물고 있었다. 사실 조직에서 해줄 수 있는 게 별로 없었다. 따라서 내가 영입하려는 팀들에게 해줄 수 있는 건 하나밖에 없었다. 지금 생각해도 너무 어이없는 말이다. 이 말을 듣고 인생 항로를 바꾼다는 게 내가 보기에도 이상하다.

"나는 꿈이 있다. 그 꿈을 너와 같이 꾸고 싶다."

믿어지는가? 이런 황당무계한 말이 어디 있는가? 그러나 놀라운 일이 일어났다. 절대 H증권에 발을 들여놓을 것 같지 않던 업계 선수들이 몰려들었다. 이 말은 사실 30여 년 전 돈 없는 총각이었던 내가 나의 평생 반려자에게 프로포즈할 때 썼던 말이다. 그게 또 이렇게 큰 힘을 발휘할 줄이야! 신기한 일이다. 부도 가능성이 높은 말을 듣고 인생을 베팅하는 게 가당키나 한 일인가? 그러나 엄연한 팩트다. 지금 채권 시장에서 H증권의 리그 테이블 순위를 몇십 단계를 끌어올린 모 센터장이 이런 말을 했다.

"같이 꿈을 꾸자는 말에 끌렸습니다. 너무도 중요한데 아무도 말하지 않는 꿈을 말씀하셨습니다."

나는 천우신조로 조직 변화의 모멘텀을 만드는 데 성공했다. 내 전략은 맞았다. 내가 말하지 않아도 조직 구성원들이 변했다. 조직 분위기도 바뀌었다. 역반응 전략이 통한 것이다. 하지만 CEO는 다 안다. 조직 구성원들은 한꺼번에 바뀌지 않는다. 우리가 팝콘 튀기는 과정을 살펴보면 처음에는 열판 가까이 있는 옥수수부터 튀겨지다가 시간이 가면서 전체가 튀겨진다. 조직 구성원들의 변화도 이런 과정을 거친다. 6년여가 지난 지금 H증권은 180도 달라졌다. 완전히 다른 조직으로 탈바꿈한 것이다. 조직 구성원들에게 내가 열정을 말하지 않아도 된다. 그들이 나보다 훨씬 열정적이기 때문이다. 그리고 CEO가 동기부여를 고민하지 않아도 된다. 그들 모두가 자기 동기부여의 달인들이기 때문이다. CEO로서의 내 경험담에서 알 수 있듯이 열정은 가연성이긴 하지만 상온 상태에서는 불 붙지 않는다. 반드시 불꽃이 필요하다.

불꽃은 어떻게 만들 것인가? 이 역시 개인차가 있다. 자신이 처한 상황과 성향, 기질, 선호 구조들이 각기 다르기 때문이다. 그러나 분명한 목표의식 혹은 소명감이나 책임감은 호기심 못지않은 훌륭한 불꽃이 된다. 내가 삶을 살아보니 모든 게 각기 따로 존재하는 듯 보이나 실제로는 안 보이는 끈으로 모두 연결되어 있다. 내가 삶의 무기로 말한 십계들도 마찬가지다. 모두 상호연결되어 있다. 그런 이유로 나는 십계 모두를 장착하기 어렵다면 한 놈만 죽어라 패라고 한 것이다. 나의 믿음은 확고하다. 열정을 갖는 게 어렵다면 자신 있는 놈, 한 놈을 집중 공략해라. 그렇게 패다 보면 어느새 열정도 생겨 있을 것이다. 어렵게 생각하지 말자. 막히면 돌아가면 된다. 꼭 한길만 있는 것이 아니다.

9. 말하기 × 글쓰기

말하기와 글쓰기에 대한 오해부터 풀자. 말하기와 글쓰기는 다른가? 내 답은 '같다'는 것이다. 글쓰기에 대한 어록 중 내가 가장 공감하는 표현이 있다. "글과 말은 같다. 글은 단지 말을 문자로 옮긴 것일 뿐이다." 얼마나 명쾌한 글에 대한 정의인가!

말장난 같지만 말과 글을 구분하는 순간 글 쓰는 게 어려워진다. 나는 이 정의를 접하기 전부터 말하는 것처럼 쓴다는 철칙을 갖고 있었다. 글만 쓴다고 실력이 늘까? 분명 글 쓰는 기술만큼은 늘 것이라고 확신한다. 하지만 한계가 있다. 말하는 게 함께 늘어야 한다. 우리는 말을 해봐서 안다. 말을 잘하려면 구조적 사고가 필요하다. 순간순간 우리는 판단하고 결정해야 한다. A라는 단어가 적절한지 B가 맞는지? 이 말은 해도 되는지 아닌지? 내 말이 줄거리가 닿는지 아닌지? 등을 찰나의 순간에 결정해야 한다. 이런 면에서 말하기는 바둑에 비유하면 빠른 속도로 수 읽기를 해야 하는 속기 바둑에 속한다. 글쓰기는 시간이 충분히 주어지지만 말하기는 다르다. 바둑 기사들이 속기 바둑을 두면 기력이 정체된다는 시각도 있으나 말하기는 글쓰기 능력을 강화한다. 속기 바둑과 말하기는 같으면서도 이렇게 다르다.

말하기와 글쓰기의 이 같은 관계를 아는 것은 매우 중요하다. 양자를 획기적으로 향상시킬 수 있기 때문이다. 말하기와 글쓰기는 자고로 인재의 으뜸가는 덕목들이다. 앞서 언급한 바 있는 신언서판身言書判에서만 봐도 알 수 있다. 신언서판에서 '언言'은 말하기요, '서書'는 글쓰기다. 이렇듯 말하기와 글쓰기가 약한 인재는 등용문은 물론 성공의 문을 통과하기 어렵다. 나는 다행히 양자에 큰 문제는 없는 편이다. 달변이거나 필력이 대단하다는 말이 아니다. 그냥 불편하지 않고 겁이 없는 정도일 뿐이다. 양자 중 그래도 내가 조금 더 자신 있는 게 말하기다. 글쓰는 건 여전히 힘들다. 그런 내가 책 쓰기에 도전한 것은 그 자체로 무리다. 하지만 해보고 싶었다. 꼭 자신 있어야 도전하나? 나는 의미 있는 도전이라면 후회하지 않기 위해서라도 하고 싶은 건 해봐야 직성이 풀리는 스타일이다. 글을 쓰는 지금도 나는 성장하고 있는 걸 느낀다. 피니시 라인까지는 아직 멀었지만, 문득문득 찾아오는 고비writer's block를 이겨내며 열심히 집필에 매진하고 있다. 그런 내가 나는 자랑스럽다. 나 스스로를 칭찬하고 싶다. 고교 졸업 시까지 백일장 때를 제외하고는 제대로 된 글을 써본 적이 없던 내가 책 쓰기에 도전할 용기를 가졌다는 사실만으로도 나는 나를 신기한 눈으로 바라보게 된다. 모든 게 그렇다. 해보고 겪어보기 전까지는 모른다.

나는 부족한 필력에도 살아오며 글쓰기 덕을 많이 본 사람이다. 나는 특히 페이퍼워크paperwork에 능숙하다는 평을 들었다. 페이퍼워크는 일반 글쓰기와는 다른 듯 보인다. 그러나, 본질은 같다. 둘 다 메시지를 좋은 말 그릇에 담아 전달하는 것이다. 내가 페이퍼워크를 통해 가장 큰 덕을 본 건 H증권 CEO에 도전했을 때이다. 나는 당시 CEO 면접을 위해 대략 40페이지에 달하는 PPT 자료를 준비했다. 내용은 차치하고 다들 분량에 놀라워했다. 면접위원 중 한 분이 물었다.

"직접 쓴 건가요?"

"맞습니다. 제가 직접 다 작성한 것입니다. 만약 자료 없이 하라면 할 수 있습니다."

면접 시간이 생각보다 길어졌다. 통상 삼십 분 정도 하는데 나의 경우에는 한 시간 이상 소요됐다. 이런 경우 둘 중 하나다. 아주 좋거나 아니면 아주 나쁘거나다.

나는 다행히 CEO로 낙점받았다. 이런 결과가 나오게 된 데는 분명 어떤 결정적 이유가 있었을 것이다. 나는 그걸 내가 몇 주에 걸쳐 구상하고 9시간 반 동안 꼼짝 않고 심혈을 기울여 쓴 사업계획서라고 보고 있다. 그러니 내가 글쓰기 덕을 톡톡히 보았다고 하는 것이다. 만약 내가 글쓰기 덕을 본 경험도 없이 말하기와 글쓰기가 삶의 중요한 기술이라 힘주어 말하면 설득력이 많이 떨어질 것이다.

말하기와 글쓰기를 강조하는 건 나뿐만이 아니다. 조용헌 박사는 한 신문 칼럼에서 모름지기 지도자는 자기 집필력이 있어야 한다고 했다. 내가 아는 한 자기 집필력이 가장 뛰어난 리더 중 으뜸은 故 김대중 대통령이다. 나는 어렸을 때 언제라고 특정할 수는 없으나 장춘단공원에서 젊은 시절 그의 연설을 들은 적이 있다. 유세가 궁금해서 간 건 아니었다. 정확한 이유나 계기는 기억나지 않지만 나는 그분의 쩌렁쩌렁한 음성을 들을 기회를 가졌다. 그분은 대중 연설의 달인으로 알려져 있다. 또한 젊은 시절 준수한 용모를 지녔다. 글 실력 또한 뛰어났다. 김대중 대통령이야말로 신언서판을 다 갖춘 셈이다. 이런 분이 국가를 이끌었기에 우리 대한민국은 IMF 위기를 잘 극복할 수 있었다. 이건 내 의견이 아니다. 일반적 평을 옮긴 것이다.

내가 인용한 또 한 분 역시 말하기와 글쓰기에서는 감히 견줄 자가 없을 정도로 독보적이다. 지금은 고인이 되신 김동길 교수다. 난 모자로 유명한 한 그룹의 창업 기념식에서 그분을 가까이서 뵐 수 있었다. 그의 특유한 말투로 축사를 하셨다. 원고도 없이 하는 축사다. 그러나, 군더더기 하나 없다. 김동길 교수는 가히 말하기의 최고수다. 긴 강의도 원고 없이 진행한다고 한다. 식견과 내공도 뛰어나지만 기억력도 대단하신 것이다. 나는 그분의 강의를 더 이상 들을 수 없는 게 너무 아쉽다. 결론이다. 말하기와 글쓰기 실력을 늘리는데 힘써라. 분명 득이 있을 것이다.

10. 구조적 사고 STRUCTURED THINKING

내가 제시한 십계 중 가장 터득하고 장착하기 어려운 삶의 무기다. 우선 말부터 어렵다. '구조적'이라는 수식어가 잘 해석이 안 될 수 있다. 나는 CEO로 있으면서 구조적 사고를 강조했다. 그러나 한결같이 말뜻을 잘 이해 못 하는 것 같았다. 나도 딱 잘라 한 마디로 이거다라고 말은 못 하나 핵심은 두 가지다. 하나는 논리적, 체계적으로 사고하는 것이고 다른 하나는 넓게, 길게, 깊게 보고 모든 경우의 수를 따져 생각하라는 것이다. 이는 굉장한 수련이 필요하다. 고급 기술에 속한다. 하지만 꼭 익혀야 하는 삶의 기술이다. 반드시 고단자가 될 필요는 없다. 하려고만 시도해도 안 하는 경우와 비교할 때 천지 차이가 난다.

우리가 하는 사고는 대부분 단선적이거나 평면적이다. 그러다 보니 놓치는 게 많다. CEO로 있으면서 리포트를 받아보면 바로 알 수 있다. 내공이 바로 측정된다. 그리고 구조적 사고 능력도 간파할 수 있다. 한 단면만을 보고 쓴 것인지, 아니면 거시적 시야에서 전체 구조를 보고 하나하나를 깊이 있게 따져 쓴 것인지 곧바로 판가름된다. 구조적 사고를 안 하고 쓴 리포트는 두루뭉술하다. 두루뭉술한 리포트는 CEO들이 싫어한다. 미비한 내용이 많거나 결론이 모호하고 불분명하기 때문이다. 내가 구조적 사고에서 가장 강조하는 포인트는 세 가지다.

POINT 1. 전체 구조를 파악하라

POINT 2. MECE

POINT 3. 깊이 파라

전체 구조나 맥락을 모르고 생각할 때 범하는 오류는 의외로 많다. 흔히 말하는 번지수를 잘못 짚거나 헛다리를 짚는 것이 대표적이다. 나도 CEO로 있으면서 전체 상황이나 앞뒤 상황을 모르고 특정 사실만 가지고 혼을 내다 무안해지는 경우가 있다.

MECE는 맥킨지 기법 중 하나다. MECE는 Mutually Exclusive

Collectively Exhaustive의 약자로 상호 배타적이며 모였을 때 전체를 포괄한다는 뜻을 갖는다. 문제는 숙련되지 않은 상태에서는 MECE 기법을 활용하는 게 쉽지 않다. 따라서, 분석 대상에 맞는 분석 프레임워크를 사용하는 것이 좋다. 예를 들어 조직 진단을 한다면 맥킨지의 7S 모델을 쓴다면 중복되거나 누락 없이 조직을 진단할 수 있다. 실제로 나도 7S 모델에 따라 조직 진단을 한 적 있다. 매우 방대한 작업이었다. 전문 컨설팅 펌의 도움도 없이 진행하다 보니 힘들었다. 하지만 혼자의 힘으로 해냈다. 지금도 두 달간의 고생 끝에 100페이지에 달하는 페이퍼가 완성되었을 때의 희열이 전해져 온다. 내가 볼 때 7S는 조직 분석에 특화된 파워풀한 프레임워크다.

MECE 못지않게 구조적 사고에서 중시하는 건 '깊이 파는 것'이다. 나는 그걸 드릴 다운Drill Down이라고 말한다. 드릴 다운은 내 트레이드 마크가 되어 있다. 나는 끝까지 판다. 더 이상 파고 들어갈 수 없을 때까지 집요하게 판다. 나는 더 이상 파고들 수 없는 깊은 곳을 이렇게 표현한다: "Rock Bottom(최저점)"

세계적인 지휘자가 된 정명훈을 모르는 사람은 없을 것이다. 그는 도쿄 필과의 관계가 깊다. 한번은 도쿄 필 단원들에게 커다란 삽을 선물했다. 삽의 의미는 정명훈의 철학이 담긴 상징물이다. 정명훈은 단원들에게 깊이를 더하기 위해 '파라'는 의미로 커다란 삽을 전해주었을 것이다. 우리도 삽을 쥐어야 한다. 내가 늘 말하는 'Rock Bottom'이 나올 때까지 파다 보면 현상에 가려 안 보이던 본질이 보이게 된다. 나는 이렇게 주장하고 싶다. "구조적 사고가 많은 훈련이 필요해 터득하기 어렵다면 드릴 다운만이라도 확실히 자기 것으로 만들면 된다."

사실 나도 구조적 사고는 아직 중급 수준을 넘지 못했다. 태권도에 비유하면 파란 띠 정도로 생각된다. 따라서 아직도 정진이 필요하다. 언제 검은 띠에 도달할 수 있을지는 모른다. 하지만 정진 자체가 즐겁기에 지치지 않고 도전에 도전을 거듭하려 한다.

CHAPTER 2

―――― 그리고 여름開 ――――

하夏는 후대에 가차된 한자로 춘과는 달리 특별한 뜻을 갖지는 않는다. 하에 해당하는 우리말 여름의 어원에 대해서는 두 가지 설이 있다. 하나는 열리다熱에서 왔다는 설이고, 다른 하나는 창문을 열다開에서 유래했다는 설이다. 나는 후자의 설을 따르려 한다. 춘하추동 모두가 중요하지만 인생에서는 특히 **하**의 의미가 크다. **하**는 인생의 많은 도전과 응전이 일어나는 시기이자 단계다. 따라서, 이 장은 인생의 향배가 결정되는 가장 중요한 **하**에서 인생 농부인 우리가 놓쳐서는 안 될 원칙과 룰, 스킬, 투하 요소들을 다룬다.

Chapter 2

2-1 선택과 집중

'선택과 집중.' 이 말은 이제 클리셰에 가깝다. 너무 진부하다. 그러나 너무나 중요하다. 왜 이렇게 중요한데도 우리는 이게 잘 안 될까? 특별한 훈련이 필요한데 우리가 응분의 수련 과정을 거치지 않아서인가? 그럴 수도 있다. 나는 이걸 기법이라 보지 않는다. 전략이다. 주식 투자 용어 중에 몰빵(집중 투자)이라는 게 있다. 한 종목에 돈을 다 투입하는 걸 몰빵이라 한다. 몰빵은 늘 큰 위험이 따른다. 선택과 집중은 이런 몰빵과는 다른 것이다. 내가 말하는 선택과 집중은 전략적 가치가 높은 과제에 집중하는 걸 말한다.

파레토 법칙이란 게 있다. 80:20 법칙 80-20 rule이라고도 한다. 위키백과 한글에는 전체 결과의 80%가 20%에 의해 일어나는 현상을 가르친다고 적혀 있다. 나는 꼭 이 비율이 들어맞는 건 아니지만 파레토 법칙이 우리 주변에서 무수히 적용될 수 있는 케이스들을 많이 경험했다. 스포츠에서도 특정 몇 선수의 득점이 압도적으로 많다. 우리는 그 특정 몇 선수를 스타 플레이어라고 한다. 조직에서도 비슷한 현상이 일어난다.

파레토 법칙

H증권 CEO로 있을 때 ROE$^{\text{Return On Equity}}$가 30%를 상회하는 초유의 실적을 기록한 적이 있다. ROE 2%도 안 되던 조직이 채 3년이 지나기도 전에 30%를 넘으니 언론과 업계에서는 H증권의 놀라운 성장에 주목하기 시작했다. 쑥스럽게도 내 이름을 앞에 붙여 '○○○ 매직'이라고 특필하는 경우도 있었다. 사실 나 혼자 받을 칭찬은 아니었다. 나를 믿고 H증권에 기꺼이 와준 후배들의 덕이었다. 시장 도움도 컸다. 그러나, 바람이 분다고 모든 연^{kite}이 모두 높이 나는 건 아니다. H증권은 바람을 십분 이용했다. CEO로 취임하고 나서 9개월간의 준비와 1년간의 에너지 축적으로 우리는 언제든 날 준비가 되어 있었다. 때 맞춰 제갈량의 동남풍이 불어왔다. 우리는 그 바람을 상승기류로 이용하여 대한민국 자본시장 창공을 가장 높이 나는 연이 된 것이다.

당시에도 파레토 법칙은 어김없이 작용했다. 몇 개 본부가 실적을 주도한 것이다. 80-20은 아니었다. 70-30으로 기억된다. 70의 성적을 낸 30은 놀랍게도 H증권에 오기 전까지는 무명의 선수들이었다. 그런 그들이 이루어낸 성적이니 CEO는 더욱 감격스러울 수밖에 없었다. 그리고 희열도 느꼈다. 내 예측이 적중하고 나의 선택과 집중 전략이 먹혔기 때문이다. CEO인 나는 그해 초 70의 성과를 만들어낸 30을 공격의 최선봉으로 내세워 진격해나가는 전략을 세웠다. 그에 따라 나는 조직 자원을 30에 집중적으로 배분했다. 파레토 최적을 염두에 두지는 않았으나 결과적으로는 파레토 최적이 달성됐다. 파레토 최적은 조직의 효율성이 극치에 달했다는 걸 의미한다. 당시 H증권은 더 이상 올라갈 수 없는 지점(극점)까지 올라갔던 것이다. 나는 그 모든 것이 선택과 집중 전략의 결과라고 생각한다.

미래를 내다보는 안목

이러한 전략의 극한값Limit Value을 보여주는 사례가 있다. TSMC다. 나는 CEO로 있으면서 TSMC의 성공 전략을 늘 염두에 두고 있었다. TSMC는 대만의 파운드리 기업이다. TSMC는 삼성전자와 SK하이닉스와는 다른 길을 걸었다. 창업에서 지금까지 오로지 파운드리(반도체 위탁 생산) 사업에만 집중했다. TSMC의 창업자는 그 유명한 모리스 창이다. 모리스 창은 조국의 부름을 받고 1987년 TSMC를 창업한다. 그는 파운드리 사업이라는 새로운 길을 선택한다. 아무도 가지 않던 길을 간 것이다. TSMC는 잘 나가던 시절에도 사업 다각화의 유혹을 뿌리치고 한길만 걸었다. 선택과 집중 전략을 택한 것이다. 20여 년이 흐른 지금 TSMC는 반도체 불황이 닥쳐도 홀로 건재하다. 독야청청하다. 세계 최고의 삼성전자도 TSMC의 높은 벽을 뛰어넘지 못했다. TSMC의 철옹성을 깨고자 삼성전자는 그룹의 총 역량을 집중했음에도 파운드리 분야에서 영원한 2등 위치를 벗어나지 못하고 있다. 시장 점유율Market Share도 쉽게 오르지 않는다. 천하제일 삼성전자의 자존심이 많이 구겨지는 상황이 계속되고 있다.

선택과 집중 전략이 항상 성공을 보장한다는 건 아니다. 크게 실패할 개연성도 크다. TSMC의 경우에는 모리스 창이라는 걸출한 인물이 있었다. 미래를 내다보는 안목과 조국애, 엔지니어로서의 최고의 경험 등이 어우러져 파운드리라는 길을 선택했다. 그 길은 20여 년이 지난 지금 돌아보면 TSMC에게는 기업 성공을, 조국 대만에는 반도체 최강국이라는 명예와 외교 실리를 안겨주었다. 선택과 집중 전략이 TSMC처럼 성공하려면 최초의 선택이 가장 중요한 것이다. 모리스 창은 직감으로 선택했다. 모든 역량을 동원해 면밀히 반도체 산업을 분석했다. 그리고 조국 대만에 맞는 비즈니스 모델을 선택했다. 당시에는 이름도 생소한 파운드리 사업이다. 나는 선택과 집중 전략에서 '키'^{key}는 선택이라 본다. 선택이 80이고 집중이 20이다. 한국 증권업계에도 선택과 집중으로 성공한 증권사들이 있다. 그들의 전략을 나는 CEO로 있으면서 끊임없이 분석하고 연구했다. 지금도 나는 배운다. 페달 밟기를 멈추면 달리던 자전거는 균형을 잃고 쓰러지는 법이다. 절대 노욕이 있어서가 아니다. 배우는 게 그저 좋을 뿐이다. 그리고 배움을 멈추지 않는 내가 나는 좋다.

2-2 갖고 있는 것에 주목한다

우리는 늘 결핍을 경험한다. 나는 CEO에 오른 이후에도 많은 결핍을 느꼈다. 결코 심리적 공허감을 말하는 게 아니다. 사실 나는 아직도 미비한 게 너무 많다. 그들을 일일이 다 고백할 수는 없다. 나보고 배부른 소리 하고 있다는 비난이 무서워서가 아니다. 내게는 커 보이나 남이 보기에는 사소한 것처럼 보일 수 있는데, 결국 그들 모두는 내가 극복해야 하는 것들이기 때문이다. 이것은 비단 나만의 문제가 아니다. 극소수를 제외하고는 모두가 자신이 처한 상황이나 조건이 만족스럽지 않을 수 있다.

대학에 들어가 보니 쟁쟁한 친구들이 많았다. 그도 그럴 것이 친구들은 하나같이 고교 시절 천재, 수재 소리를 듣던 친구들이기 때문이다. 나는 그들 축에 들 만큼 명석하지 않았다. 실제 나는 지금도 그런 생각에는 변함이 없다. 그건 나의 결핍이다. 나는 굳이 내가 없는 걸 더 가지려 하지 않았다. 사회에 나와서도 마찬가지였다. 나는 늘 주변에 말한다. H증권 CEO로 있을 때 CEO 스피치에도 몇 차례 언급한 적이 있는 말이다. "하나님께서는 나에게 명석한 머리는 주지 않았다. 그러나 뛰어난 성실성 하나는 주셨다."

맞다. 나는 매우 성실하다. 문제는 내가 아는 친구들도 하나같이 매우 성실하다는 것이다. 따라서 나만의 장기가 필요했다. 이 역시 없는 걸 개발하기보다는 내가 갖고 있는 것 중에서 장기화할 수 있는 걸 찾으려 했다. 나는 관찰력과 메모를 내 장기로 키우기로 했다. 나는 두 가지는 자신 있었다. 일견 대단한 듯 보이지 않지만 살아오며 나는 그 덕을 톡톡히 보았다.

메모의 힘

나는 쉬지 않고 메모한다. 포럼에 가서도 귀만 열지 않고 손도 부지런히 움직인다. 길거리를 걸을 때도 나의 메모는 멈추지 않는다. 좋은 글귀를 보거나 아이디어가 떠오르면 즉시 메모한다. 나는 내 머리를 믿기보다 메모를 더 믿는다. 그런 까닭에 나는 CEO로 있으면서 보고를 받을 때도 중요사항들을 끊임없이 메모한다. 메모를 하면 그 내용을 음미할 수 있어 보고 내용을 더 확실히 이해할 수 있다. 나만 좋은 게 아니다. 상대방도 좋다.

내가 메모하면 상대방도 내가 경청하고 있다고 생각하고 더 열심히 보고한다. 일거양득이다. 메모의 이득은 이것뿐이 아니다. 나는 메모도 글쓰기 훈련의 일환으로 생각한다. 메모할 때도 그냥 하지 않는다. 들은 그대로 옮길 때도 있지만, 뜻만 살려내기 식으로 옮겨 적는 경우가 대부분이다. 메모도 훌륭한 습작이 된다. 나는 오랜 메모 습관 덕에 아직도 알량하지만 내 글쓰기 실력이 일취월장했다고 생각하고 있다. 그리고, 메모는 나의 큰 자산이다. 내 메모장에는 수천 개의 파일이 쌓여 있다. 좋게 말하자면 나만의 데이터베이스가 구축된 것이다.

내가 책 쓰기에도 도전하겠다는 용기를 낸 것도 한편으로 믿는 구석이 있었기 때문이다. 그것은 다름 아닌 메모장이다. 그 속에는 나의 독서 편력의 결과가 종합되어 있다. 나는 책을 눈으로만 그냥 읽지 않는다. 오감을 동원해 읽으려 한다. 메모는 오감을 동원하는 데 큰 역할을 한다. 조선 시대 선비들의 초록抄錄 독서법을 따라 한 것은 아니나, 나의 독서법은 그와 같다. 책을 읽으면서 내용을 초록하는 것은 심독心讀의 효과를 가져온다. 그러다 보니 책을 읽고 난 후 내용도 오래 기억되고 여운도 길게 남는다. 메모를 하는 건 정말 얻는 것이 많다.

메모 외에 함께 나를 성장시킨 내 장기는 앞서 말한 대로 관찰력이다. 난 관찰하기를 좋아한다. 어려서부터 지나가는 사람을 뚫어져라 쳐다본다고 야단맞은 적이 많다. 사람만 유심히 살피는 게 아니다. 어딜 가나 새로운 게 있으면 그냥 지나치지 않는다. 반드시 확인하고 모르면 물어본다. 그러다 보니 주의가 산만하다는 말을 평소 부모님이나 선생님들로부터 들었다. 그러나 이 버릇은 잘 고쳐지지 않았다. 사회에 나와서도 똑같았다. 한번은 험상궂게 생긴 분을 습관적으로 빤히 쳐다보다가 봉변을 당할 뻔한 적도 있다. CEO로 있으면서 조심하는데도 아직도 이 버릇은 남아 있다. 하지만 이런 나의 관찰하기 좋아하는 습성은 살아오며 나에게 큰 이득을 안겼다. 사실 나의 디테일은 모두 나의 관찰력 내지는 관찰벽에서 나온 것이다.

낙담할 텐가, 도전할 텐가

나는 H증권 CEO 스피치에 이런 말을 한 적이 있다. "나를 키운 건 8할이 성실성이었다." 미당 서정주 선생의 유명한 말을 빌려 표현한 것이다. 이 말을 갖고 보면 설명되지 않는 2할이 있다. 나는 그걸 나의 관찰력과 메모라고 주변에 말한다. 나는 CEO로서 조직 경영을 할 때도 내 인생 전략을 짤 때와 동일한 관점과 철학을 유지했다. 즉, 없는 것보다 가진 것에 더 주목하려 했다.

H증권은 내가 CEO로 부임 당시 가진 것보다 없는 게 더 많았다. 절대 결핍 상황이었다. 나는 CEO로 가자마자 업무보고 지시를 내렸다. 형식적인 업무보고는 CEO인 나에게나 보고자에게나 도움이 안 되기에 나는 완전히 새로운 포맷format을 주고 그에 맞춰 자료를 준비해줄 것을 주문했다. 내가 파악한 H증권의 상황은 앞서도 말한 바대로 생각 이상으로 심각했다. CEO가 풀 악셀을 밟아도 시속 30km 이상은 달리기 힘들 정도로 상태가 안 좋았다. 엔진이 없다시피 했다. 그나마 있는 엔진도 노후화되다 보니 출력이 제대로 나오지 않았다. 큰일이었다. '이걸 어쩌지' 하는 생각이 절로 들었다. 그러나 낙담하고 있을 수만은 없었다. CEO로서의 내 모든 역량을 동원해 각종 전략들을 강구했다. CEO 인터뷰를 위해 준비한 전략들만으로는 부족했다. 미세조정fine tuning 이 필요했다. CEO 스피치에 나는 이런 글을 올렸다.

"여러분, 우리 조직은 지금 어디에 서 있습니까? 저는 우리 조직이 중독 조직의 덫에 갇혀 있지 않나 하는 의구심을 가질 때가 있습니다. 우리의 시곗바늘은 아직도 과거에 맞추어져 있고 성장은 멈추어버린 것은 아닌지? 인간적인 면과 끈끈한 결속력만을 강조한 채 우리만의 리그에 안주하고 있던 것은 아닌지? 우리 임직원 여러분의 생각은 어떠신지요?"

나는 전략 시행 이전에 임직원들의 명확한 현실 인식이 먼저라 생각했다. 최소한의 지반 강화 공사는 필요하다고 봤다. 그런 덕분인지 대부분의 내 전략들은 성공적으로 먹혔다.

결핍은 혁신을 부른다

　내 전략의 포인트는 두 가지였다. 하나는 우리가 가진 것을 활용해 우리가 잘할 수 있는 분야를 특화하는 것이었고, 다른 하나는 조직문화를 매력적으로 만드는 것이었다. 즉, 젊고 역동적이면서 모던한 조직문화를 만들려 했다. 결코 쉽지는 않지만 그렇게만 된다면 H증권은 모두가 오고 싶어하는 조직이 될 것이라는 확신이 내게는 있었다. 두 전략 포인트는 대단히 기발한 내용을 담고 있지 않다. 과거와 다른 게 있다면 우리의 처지를 탓하기보다는 약진의 발판으로 삼으려 한 것이다. 그리고 우리의 관점을 새롭게 바꾸고 아무도 가지 않는 길을 가려 한 것뿐이다. 그러나, 결과는 엄청나게 차이가 났다. 조직도 급성장을 했을 뿐 아니라 조직 구성원의 의식과 생각, 자신감, 스탠스 등 모든 게 180도 바뀌었다.

　언론도 H증권의 변화와 혁신에 놀라움을 감추지 못했다. H증권이 이름만 빼고 다 바뀌었다는 제하의 기사를 모 유력지가 내보내기도 했다. 업계 시선도 바뀌었다. 더 이상 H증권은 옛날의 조직이 아니었다. 무늬만 증권사가 아니라 괄목상대해야 하는 혁신의 아이콘으로 부상했다. 자랑을 하려는 게 아니다. 긴 정체의 늪에 빠져 있는 조직도 맥과 급소를 정확히 짚어 전략 방향과 관점만을 바꾸는 처방전만으로도 완전히 다른 조직으로 탈바꿈할 수 있다는 걸 말하고 싶을 뿐이다.

　나의 경험으로 볼 때 결핍 자체는 중립적이다. 하나의 주어진 조건giving conditions으로, 호재도 악재도 아니다. 하지만 이에 대응하는 자세에 따라 결핍은 두 가지 모습을 띤다. 비관하는 자에게는 큰 장애obstacle이자 질곡이다. 하지만 현실을 뛰어넘으려는 자에게 결핍은 혁신을 촉진하는 좋은 촉매제이자, 그를 더 강하게 하는 훌륭한 교관이다. H증권이 좋은 사례다. CEO가 내려친 죽비로 자기 스스로가 건 주술에서 풀려난 H증권은 현실을 뛰어넘으려는 자가 되었다. 결핍은 더 이상 그들의 성장을 옥죄는 질곡이 아니었다. 이스라엘이 결핍을 성장의 에너지로 삼았듯이 그들도 그렇게 하였다. 『결핍의 경제학』에서 말하는 터널링tunneling도 없었다. 결핍은 오히려 정신을 더 집중시킴으로써 더 많은 배당금dividend을 그들에게 안겨주었다. 그들은 또한 결핍의 역설이 단순한 레토릭이 아님도 보여주었다. 즉 그들은 결핍이 곧 통증 그 자체가 아니라 은혜라는 걸 간증했다.

2-3 불광불급 不狂不及: 미친 듯이 한다

미치지 않으면 성공하지 못한다. 일타강사들도 불광불급을 외친다. 공부란 게 쉽지 않다. 자기가 하고 싶어하는 공부는 재미있다. 하지만 마지못해 해야 하는 공부는 그 자체로 고역이다. 나는 다시 대입 수험생 시절로 돌아가라면 못 할 것 같다. 대단히 고통스러운 시간이었기 때문이다. 그러나 공부는 꼭 해야 한다. 조용헌 박사의 말대로 자신의 운을 바꿀 수 있기 때문이다. 따라서 기왕 하는 거 미치도록 해야 한다. 안 그러면 승부가 나지 않는다.

나는 CEO로 있으면서 이런 질문을 할 때가 있다.

"주인의식 가지고 죽어라 일하면 주인이 좋니? 네가 좋니?"

대부분 곧바로 답변을 못 한다. 내가 원하는 답은 "제가 좋습니다"다. 실제로도 그렇다. 공부도 같다. 죽어라 공부하면 누가 좋을까? 공부는 남 좋으라고 하는 게 아니다. 나 좋으라고 하는 것이다. 결코 어린 시절의 치기로 부모님 좋아서 하는 것이라 추호도 생각치 말아라. 그렇다. 나 좋으라고 하는 공부라면 죽어라 미치도록 해야 하는 것이다. 인생도 마찬가지다. 열심히 살아야 한다. 나 좋으라고 사는 인생이니 말이다. 이문열 작가는 이렇게 말한다.

"후회할 거면 그렇게 살지 말고, 그렇게 살 거면 후회하지 말라!"

이 짧은 한 문장에 인생의 가르침이 담겨 있다. 인생을 살아봐서 안다. 죽어라 열심히 살 만한 가치가 있다. 세상 원망하지 마라. 세상은 본래 불공평하고 부조리하다.

공부든 일이든 왜 미친 듯이 해야 하고 인생도 미친 듯이 살아야 할까? 다른 이도 다 열심히 하기 때문만은 아니다. 그래야 특이점^{singularity}을 통과할 수 있어서다. 특이점은 비약적 변화가 시작되는 점이다. 공부를 예를 들어보자. 공부도 특이점을 지나야 공부 방법도 알게 되고 공부 근육과 내공도 쌓인다. 그 전에는 큰 진전이 없는 듯 보인다. 그러다 보니 많은 친구들이 "난 안 되나 보다. 공부하고는 안 맞나 보다" 하며 지레짐작하고, 특이점에 도달하기도 전에 포기하거나 RPM(분당 회전 수)을 낮춘다.

재능이 노력을 만나면

특이점에 도달하는 데 걸리는 시간은 개인차가 있다. 능력 차이도 있고 공부 강도 차이도 있기 때문이다. 나는 내 친구들보다 시간이 더 걸렸다. 베이스가 약해서였던 듯하다. 내 경험으로 볼 때 공부의 신까지는 안 가더라도 특이점을 지나 공부한다는 소리를 들으려면 정말 미친 듯이 해야 한다. 노력을 이길 수 있는 천재는 없다는 말이 있다. 맞는 말이다. 그러나, 단서가 필요하다. 그 노력은 미친 듯한 노력이어야 한다. 예술 세계도 마찬가지다. 좋은 소식이 없던 대한민국에 경사가 났다. 노벨 문학상 수상자가 나타났다. 소설가 한강이다. 나는 그 소식을 듣고 온몸에 소름이 돋는 걸 느꼈다. 사실 나는 한강이 부커상을 수상했을 때까지만 해도 이렇게 대단한 작가인 줄 몰랐다. 전 세계가 난리다. 한국 작가에 대한 인색한 평을 내놓기로 유명한 일본의 평단과 언론도 한강의 노벨 문학상 수상에 대해서는 뜨거운 반응을 보였다.

"아시아 여성 작가가 아시아 문학의 위상을 높이는 새 역사를 썼다."

얼마나 대단한 일을 한 것인가? 소설가 한강이 쟁쟁한 작가들을 다 물리치고 노벨 문학상을 수상하기까지는 분명 작가로서 치열한 노력이 있었을 것이다. 설혹 작가로서의 출중한 재능을 부모로부터 물려받았다 해도 말이다.

그녀는 치열하게 삶의 의미를 찾는 많은 작가들의 힘과 노력으로부터 영감을 받았다. 한강은 겸손하다. 그리고 늘 진중하다. 노벨 문학상 수상자가 되면 들떠야 하는데 전혀 그런 기색을 찾을 수 없다. 아마 지금 이 순간에도 한강 작가는 투명하고 치열한 작가혼으로 글쓰기를 계속하고 있을 듯하다. 그녀는 불꽃 그 자체다. 소설가 한강과 그 작품들에 대한 또 다른 시각들이 있다는 것도 모르는 바 아니다. 하지만, 스웨덴의 한림원은 역사적 사실의 진위보다는 한강의 작품들이 갖는 작품성과 보편성에 주목했을 것이다. 문학은 문학으로 봐야 한다는 한 평론가의 말에 귀 기울일 필요가 있다.

폐일언하고 다음 이야기를 하려 한다. 나는 과문한 탓에 글 쓰는 분들은 모두 그들의 천재성에 기대어 펜을 잡고 글 쓰는 일을 업으로 삼고 사는 줄 알았다. 그러나 그들은 죽기 살기로 미친 듯이 글 쓰는 일에 매진한다. 이러한 점을 모르고 나는 한심한 발상을 했다. 글쓰기가 천재들의 숭고한 작업인 줄만 알았던 것이다. 영감이 떠오를 때만 펜을 잡고 몇 자 끄적이면 시가 되고 소설이 되는 줄 알았다. 헌데 그게 아니었다. 작가들은 하나같이 예술혼을 불태운다. 따라서, 나는 그게 누구의 글이든 함부로 대하지 않는다. 내가 접하는 그 글이 작가의 고뇌와 개인적 투혼이 어린 글이라 생각하면 글을 대하는 자세가 달라진다.

미친 듯이 매진하라

불광불급을 논할 때 가장 많이 언급한 음악인이 있다. 장한나다. 그녀는 내가 아는 한 그 분야에서뿐만 아니라 인생의 고수이기도 하다. 삼프로TV 스튜디오 유리창에는 좋은 글귀가 많이 적혀 있다. 또 하나 인용할 글이 있다.

"한 분야에서 터득한 이치는 다른 분야의 이치를 깨닫게 한다."

맞는 말이다. 장한나는 음악에 통달한 고수다. 하지만 그녀의 내공은 음악에 그치지 않는다. 장한나의 이 말은 장한나의 인생 내공을 보여준다.

"연습을 하루 안 하면 내가 알고, 이틀 안 하면 동료가 알고, 사흘 안 하면 관객이 안다."

기억에 의존해 옮긴 거라 원문과 차이가 있을 수 있지만, 원뜻을 해칠 정도의 차이는 없을 것이다. 장한나는 죽어라 미친 듯이 매진하지 않으면 제아무리 뛰어난 천재라도 성장이 멈춘다는 것을 말하고 있다. 이는 비단 음악에만 통하는 말이 아니다. 모든 분야에 적용되는 말이다. 나만 해도 CEO가 된 이후 더 열심히 미친 듯이 산 듯하다. 정말 발분망식(끼니마저 잊을 정도로 열중하여 노력)했다는 표현이 딱 맞다. 고3 수험생처럼 살았다는 말이 사실이다. 정말 잠시도 나를 가만두지 않았다. 스스로에게 끊임없이 과제를 줬다. 늘 내가 놓치고 있는 건 없는지 노심초사했다. 이 역시 내 자랑이 아니다. 정말 그렇게 미친 듯이 노력했다. CEO인 내가 미친 듯이 하니 우리 조직 구성원들도 똑같이 미친 듯이 했다. 이런 시간이 쌓이다 보니 언론의 말대로 H증권의 신화가 만들어진 것이다. H증권의 변화는 신화라는 표현 외에는 다른 합당한 단어가 생각나지 않는다.

2-4 고난이 곧 유익이다

'고난이 곧 유익이다.' 이런 억지가 어디 있는가? 논리적으로 말이 안 된다. 하지만 현실에서는 이 같은 말이 때로는 정설이 된다. '때로는'이란 단서를 붙이는 이유가 있다. 항상 고난이 유익이 될 수는 없기 때문이다. 고난은 그에 담긴 하늘의 뜻을 알고 현명하게 대응할 때만 유익이 될 수 있다. 이게 고난의 역설이다. 본래 역설paradox의 뜻은 모두가 아는 바와 같다. 하나의 진술이 표면상으로는 부조리하거나 자기 모순적인 듯 보이나 진실을 담고 있을 때 우리가 역설이라 부른다.

'고난이 유익이다'라는 말은 내가 한 말이 아니다. 성경에 나오는 말씀이다. 놀라울 정도로 함축적인 표현이다. 고난의 역설에 대해 이보다 더 잘 표현할 수 없다고 본다. 나는 살아오며 이 말thesis이 참임을 많이 실감했다. 나는 1987년 증권업계에 입문했다. 증권시장이 안 좋았으나, 증권업의 미래를 밝게 보고 강호의 인재들이 몰려들던 시기다. 나도 거기에 합류해 지금은 없어진 모 그룹 산하 증권사로 입사했다. 사회생활이 시작된 것이다. 출발은 매우 순탄했다. 당시에는 IB라는 개념이 등장하기 이전이다. 나는 지금의 IB 조직에 해당하는 인수공모부로 배치됐다. 가보니 기라성 같은 선배들이 많았다. 초반에는 위축된 탓인지 실수가 많았다. 대학원까지 졸업했는데도 내가 처음에 맡겨진 일은 매우 루틴한 업무였다. 복사하고 관련 부서 협의 도장을 받으러 다니는 게 나의 주 업무였다. 나중에는 조금 발전해 3개 투신(투자신탁)을 돌며 계약서에 인수 확약 날인을 받는 업무까지 담당했다. 그 업무 역시 중요하긴 해도 아주 단순한 업무였다. 종로 5가에 있던 국민투신을 시작으로 여의도에 있는 나머지 두 개 투신까지 순회하며 담당자를 만나 계약서에 날인만 받으면 끝나는 일이었기 때문이다. 나는 당시 그런 일도 재미있어 했다. 홍길동 같은 류의 영화를 보면 주인공은 스승으로부터 무술을 전수받기 전에 물을 긷고 장작 패는 과정을 묵묵히 견뎌낸다. 나도 겉으로 보기에 멋진 일은 아니었으나 늘 최선을 다해 임하면서 IB 일을 열심히 배워나갔다.

메인스트림에 입성하다

연차가 높아지고 부서 일에 익숙해지자 업무 레벨은 점차 높아졌다. 그러나 나는 메인스트림에 속하지 못했다. 살짝 변방에 속해 있다는 느낌이었다. 지금 생각해봐도 그렇다. 그냥 '씩씩하고 적당히 똘똘하면서 잠재력은 있는 친구' 정도가 그 당시 나에 대한 선배들의 솔직한 평일 듯하다. 하지만 이러한 평과 무관하게 인수공모부 시절은 뛰어난 선배들과 원팀이 되어 재미있게 일하면서 증권계에서의 내 기초가 형성된 소중한 시기다. 별안간 당시 나는 그저 그런 존재에 불과했다.

이랬던 내가 조직에서 두각을 나타낸 시기는 그 이후다. 인사부 요원으로 발탁되면서부터 서서히 조직에 나를 알리기 시작했다. 정말 쌍코피가 터질 만큼 열심히 했다. 금융가에는 '인사부는 조직 엘리트들만이 가는 곳'이라는 속설이 있다. 그런 잘나가는 부서에 나는 운 좋게 입성했다. 인수공모부에서 나의 씩씩함을 지켜본 임원 분이 불러주신 덕이다. 나는 인사부에서 사람을 보는 안목을 키웠다. 밤늦게까지 남아 천 명이 넘는 직원들의 데이터는 물론 학맥, 인맥, 평판까지를 내 머리 속에 입력시켰다. 지금의 내 기억력으로는 어림없는 일이지만 당시에는 신기하게도 그게 가능했다. 핵심 경영진들의 신임을 얻자 조직에서는 차세대 경영자 중 하나라는 과분한 평가도 나돌았다. 한마디로 잘나갔다. 그 이후의 커리어 역시 높은 평점을 받았다.

앞만 보고 달리는 경주마

이렇듯 탄탄대로를 걷던 내게 서서히 암운이 다가왔다. 물론 내게만 다가온 건 아니었다. IMF가 터지면서 조직의 운명이 경각에 달린 상황이 된 것이다. 조직이 M&A의 위기에 몰리면서 내 인생 계획은 엉망진창이 되었다. 또 한 번 인생의 고난이 시작된 것이다. 깊은 늪에 갇힌 것만 같았다. 승승장구하던 인생에 급제동이 걸리니 상실감이 엄청나게 컸다. 그리고 내 인생도 이렇게 끝나는구나 하는 생각도 들면서 절망감이 함께 밀려들었다.

나는 이 시기에 마라톤을 본격적으로 시작했다. 잡념을 없애고 나를 다잡기 위해서다. 뛰면서 많은 생각을 했다. 앞서도 말했지만 그 당시 마라톤은 내게 종교와 같았다. 뛰면 마음이 편안해졌다. 나만의 세계로 들어온 것 같아 평강과 안식을 얻을 수 있었다. 그뿐 아니라 그간의 내 삶에 대해서도 돌아보며 많은 생각도 하게 되었다. 오래된 영화 테이프를 돌려보는 것 같은 재미도 있었고 얻는 것도 컸다. 당시에는 힘든 고난의 시기였지만 나는 이때 많이 정신적으로 성장할 수 있었다.

과거의 나는 앞만 보고 질주한 경주마였다. 빨리만 달리면 되는 줄 알았다. 그러다 보니 놓치는 게 많았다. 옆을 볼 줄 몰랐다.

나는 옆을 못 보도록 눈 가리개가 씌워진 경주마로, 시야각이 제한되어 있었다. 만약 내가 그런 고난을 만나지 않았다면 지금 정도의 넓은 시야각은 만들어지지 않았을 것이다. 그리고 인생 내공과 지혜, 경륜도 쌓이지 않았을 것이다.

나는 겸손하다고 생각했지만 겸손하지 않았다. 그건 내 착각이었다. 나는 주변의 칭찬과 작은 권력에 도취해 있었다. 열심히 내 일만 하는 게 잘 사는 건 줄 알았다. 아니었다. 독주에는 능했지만 함께 뛰는 법을 더 익혀야 했다. 그리고 나는 불감증도 있었다. 어떤 누구에게도 피해를 준 적 없다고 생각했지만 내가 휘두른 주먹에 맞은 피해자가 있었다. 뒤늦게 알았다. 어떤 외국 시인의 표현을 빌리면 "내가 혐오스러운 인간이 되지 않은 것은 오로지 그대의 고난 덕택"이었다.

내 이야기를 간증하듯 길게 말한 목적은 다른 데 있지 않다. 물론 고난의 역설을 말하려 한 게 주된 목적이다. 또 한편으로 내가 말하려는 건 인생도 역사와 마찬가지로 정반합의 과정을 거쳐 발전해나간다는 것이다. 한창 잘나가던 시절의 나我를 정正이라 하면 고난은 반反이다. 반을 이겨내면 합合으로 나아간다. 합은 고난의 유익을 얻어 다시 새롭게 탄생한 자아다.

위장된 축복

고난의 역설을 보여주는 사례는 매우 많다. 이스라엘이 대표적이다. 이스라엘은 역설 모음집이라 할 만큼 많은 역설을 자랑한다. 이스라엘의 역사는 고난의 역사다. 정확히는 고난을 극복하고 기적을 일구어낸 희망과 회복의 역사다. 이스라엘에게는 고난이 곧 유익이었다.

정약용(1762~1836) 역시 좋은 예다. 만약 정약용에게 유배라는 고난이 없었다면 500여 권이 넘는 책을 저술할 수 있었을까? 그에게 유배는 큰 고난이었지만 학문적 성찰을 깊게 하는 기회가 되었다. 왜 위대한 저작들은 고난의 습지에서 태어나는가? 표도르 도스토예프스키(1821~1881)가 만약 시베리아 유배를 당하지 않았더라면 문학에 대한 열정만으로 『죄와 벌』 같은 대작을 남길 수 있었을지 의문이다. 사마천의 『사기』도 궁형(국부를 제거하는 형)의 치욕으로 발분하여 쓴 방대한 기간을 다룬 역사서다. 『사기』는 전 세계 역사서 중 가장 위대한 저작 중 하나로 손꼽힌다. 그리고, 한국 문학계의 전성기를 이끄는 한강을 비롯한 많은 뛰어난 작가들의 문학적 성과 역시 6·25전쟁 그리고 민족 최대의 아픔인 분단, 제주 4·3사건, 5·18 광주민주화운동 같은 고난의 역사가 없었다면 과연 가능했을까?

분명 고난은 사람의 깊이와 폭, 강함을 만든다. 연예인, 특히 배우들만 해도 한 번 큰 아픔을 겪고 난 이후에 연기와 삶, 생각과 멘트 등 모든 것이 성숙해지는 걸 느낀다. 개그맨들도 갑작스러운 코미디의 퇴조로 자신들의 설 무대가 없어지는 고난을 맞이하면서 유튜브로 무대를 옮기거나 아예 길을 바꿔 자신이 몰랐던 개그 외의 재능을 살려 큰 성공을 거두는 경우가 심심찮다. 만약 그들에게 뜻밖의 고난이 없었더라면 어땠을까? 그저 개그가 천직이라 생각하고 개그 무대를 넓히거나 개그의 굴레를 벗어나려는 필사적 노력을 기울이지 않았을 것이다. 그들에게도 고난은 위장된 축복 disguised blessing이었는지도 모른다.

2-5 우보천리

우보천리牛步千里는 소걸음으로 천 리를 간다는 말이다. 사전상 의미는 우직한 소처럼 서두르지 않고 일을 처리한다는 뜻이다. '마보십리'馬步十里라는 말도 있다. 말의 걸음으로 십 리를 간다는 의미다. 말은 소보다 빨리 달리니 더 멀리 갈 것 같은데, 십 리밖에 못 간다니? 아마도 빨리 뛰기는 하나 오래 못 가다 보니 그런 말이 나온 듯하다. 그렇다. 인생을 급하게 살다 보면 지치게 된다. 지치면 제 거리를 못 간다. 우보천리를 사전적으로 해석하면 얻을 게 적다. 나는 우보천리의 참뜻은 '천 리를 가는 마음으로 자신의 모든 것을 다 쏟아내는 것'이라고 생각한다. 사전적 해석과의 차이는 간단하다. 사전적 해석은 우보를 강조한 반면, 나의 해석은 천 리를 강조한다. 나의 해석이 더 맞다는 주장을 하는 건 아니다. 그저 내 해석에 따라, 현실에 적용했을 경우 더 많은 통찰력을 제공받는다고 볼 뿐이다.

우보는 전략이나 방법이다. 반면 천 리는 목표 내지는 목적 함수다. 목표에 집중했을 때, 전략이나 방법에 집중할 때보다 결과가 좋을 수 있다. 거북이와 토끼의 경주 우화에서도 거북이가 목표에만 집중했기에 토끼와의 경주에서 이길 수 있었다고 본다. 천 리를 간다고 생각해보라. 천 리는 엄청난 목표다. 룬샷moonshot에 해당할 만큼 달성하기 어려운 프로젝트 목표다. 이런 목표를 달성하려면 엄청난 마인드, 엄청난 준비, 엄청난 노력이 필요하다. 우보, 즉 우직한 소걸음 속에 그 모든 게 담겨 있다. 우보가 단순히 우직함과 느린 걸음만을 의미한다고 생각지 마라. 현실에서는 우직함보다는 기민함이 요구될 때도 있고, 느린 걸음보다 천천히 서두르는 걸음이 더 효율적인 전략일 수도 있다. 우보를 기계적으로 해석하는 걸 경계하는 이유다.

Case 1 : 한국콜마

세계적인 기업으로 성장한 한국콜마의 사훈은 '우보천리'다. 나는 그 기업을 이끌어온 윤동한 회장의 강의를 직접 들을 기회가 있었다. 일견 신념이 대단한 분처럼 보였다. 인생 내공도 범접할 수 없을 정도로 대단해 보였다. 그분은 2023년에 『우보천리 동행 만리』라는 책도 썼다. 제목만으로도 책 내용이 짐작이 간다. 30여 년 만에 3명으로 시작한 한국콜마를 매출 3조가 넘는 굴지의 기업으로 성장시킨 윤 회장의 집념과 노력, 경영 지혜와 사업 철학, 리더십 등이 녹아 있는 책이다. 아마 모르겠지만 윤 회장은 창업 단계부터 천리를 가려는 마음을 가졌을 것이다. 그런 마음이 있었기에 후발의 불리함과 지방대 출신이라는 약점, 소자본의 핸디캡을 우보의 힘으로 모두 이겨내고 대한민국 기업 역사에 길이 남을 신화를 이룬 것이라 생각한다.

다시 말하지만 우보는 전략이자 방법론이다. 천리를 가려고 할 때 급하게 서두르기만 하면 될까? 우보의 정신과 지혜가 필요한 것이다. 우보는 우리 눈에는 느려 보일 뿐 최선의 최선을 다하는 필사적인 진보다. 한국콜마의 윤 회장님도 똑같았을 것이다. 천리 길을 가다 보면 얼마나 많은 위기의 순간들에 처하게 될까? 한국콜마라고 예외일 리가 없다. 매 위기 때마다 윤 회장은 우보천리의 철학을 되새기며 혼신의 힘을 다해 돌파했을 것이다.

Case 2 : 현대차

최근에 증권사 종목 리포트를 보다가 재미있는 제목의 리포트를 접했다. '우보천리의 시작!'이라는 제목으로, 현대차 매수 의견을 유지하는 리포트였다. 그 리포트를 쓴 애널리스트는 전기차 시장 캐즘을 정공법으로 돌파하려는 현대차의 전략이 성공할 것이라고 베팅하는 듯했다. 과문해서 그런 것인지 모르겠지만 현대차의 그룹 철학이 우보천리라는 말을 들은 적은 없다. 그러나, 현대차의 창업부터 세계 3위의 톱 플레이어가 될 때까지의 행보를 보면 현대차는 우보천리의 힘과 정신을 보여준 대표적인 기업 중 하나라고 생각된다.

    정주영 회장이 현대차를 설립한다고 했을 때, 그 시점에서 현대차의 미래를 밝게 점치는 사람은 없었을 것이다. 일본 미쓰비시와의 기술 제휴로 만든 포니 자동차는 기라성 같은 완성차 업계 TOP 3들의 눈에는 장난감 차처럼 보였을지도 모른다. 그러나, 반세기 만에 시장 판도가 180도 바뀌었다. 테슬라가 미래 차 시장의 게임 체인저로 등장하면서부터다. 지금 현대차는 명실상부한 미래 차 시장의 선두주자다. 미래 차 시장 진입의 타이밍을 놓친 GM이 현대차의 손을 잡았다. 미래 차 시장에서의 현대차 위상을 보여주는 매우 상징적인 사건으로 생각된다. 나는 현대차의 성장을 지켜보면서 참 현대답다는 생각을 했다. 현대를 뺀 대한민국 경제는 생각할 수도 없다. 현대는 모든 걸 무$^{Zero\ Base}$에서 시작한다. 현대차 역시 그랬다. "길이 없으면 찾으면 되고, 찾아도 없으면 길을 만들며 나가면 된다." 故 정주영 회장의 유명한 어록이다. 현대차는 이런 정신으로 독자적인 성장 경로를 개척해왔다. 미국의 CNBC는 현대차의 성공 비결을 도전 정신과 혁신에서 찾았다. 아마 모르겠지만 지금쯤 세계 1위의 도요타도 긴장을 하고 있을 것이다. 현대차는 지금 미래 차 시장에서 세계 최고 수준의 높은 기술력과 제품 완성도를 바탕으로 거침없는 질주를 하고 있다. 기세가 무섭다.

    기세는 기업 세계에서도 중요하다. 기세는 기운차게 뻗치는 모양이나 상태로, 줄여서 세^{勢}라고도 한다. 『손자병법』에서는 세를 이렇게 표현한다. "전쟁을 잘하는 뛰어난 장수는 세에서 승리를 구한다. 세는 마치 높은 천길 산에서 둥근 돌을 굴리는 것과 같다. 따라서, 맹렬하다."

현대차의 이 같은 기세는 어디에서 비롯된 걸까? 나는 우보천리의 철학에서 나온 것이라 생각한다. 정주영 회장의 사전에 "적당히"라는 말은 없다. 늘 최선을 다한다. 우보라 해서 우직함과 신중함, 침착함과 유유자적만을 생각해선 안된다. 최선의 최선을 다하는 게 진정한 우보다.

다음은 정 회장님의 어록 중 있는 말이다. "돌이켜보면 내 인생은 줄곧 더 하려야 해도 더 할 게 없는 마지막까지의 최선의 점철이 아닌가 한다." 더 하려 해도 더 할 게 없는 단계? 상상이 잘 안 될 수도 있다. 대부분 그런 단계까지 가기 전에 스스로 최선을 다했다고 끝내버리기 때문이다. 하지만 천 리를 가려는 자는 그래서는 안 된다. 한국콜마 윤 회장이나 현대 정주영 회장처럼 지극한 정성을 다해야 한다. 지극한 정성은 더할 수 없이 극진한 정성, 즉 필사적 노력을 뜻한다.

영화 〈역린〉의 명대사를 인용할 필요도 없이, 지극히 정성을 다하면 변한다. 반드시 나와 세상을 변하게 할 수 있는 것이다. 작은 일도 무시 않고 매사에 최선을 다하고 정성을 다하는 마음이 곧 우보牛步이고 천 리를 가게 하는 힘이요, 바탕이다. 그런 의미에서 우보천리는 유심천리有心千里와 동의어라고도 할 수 있다. 유심천리는 말 그대로 마음만 있으면 천 리를 간다는 뜻을 지닌다. 여기서 마음은 꾸준함과 인내심이다.

Case 3 : 토지

또 하나의 우보천리의 정수를 보여주는 사례가 있다. 소설가 박경리 선생의 『토지』다. 『토지』는 박경리 선생이 25년에 걸쳐 집필한 대하소설이다. 말이 쉬워 25년이지 소설가에게는 한평생이나 다름없다. 박경리 선생의 필생의 역작이자 대표작이기도 한 『토지』는 나오자마자 문단의 호평을 받았다.

『토지』에는 800여 명의 각기 다른 인물들이 등장한다. 많은 뛰어난 작가들도 술회하듯 소설 속 인물 설정은 결코 쉬운 작업이 아니다. 그런데도 『토지』에는 800명이 넘는 각양각색의 인물들이 등장해 한 편의 장엄한 대서사시를 만들어간다. 보통 작가들은 엄두도 못 낼 일이다. 필경 박경리 선생에게도 『토지』 완결은 천 리 길을 가는 것과 같은 장대한 목표였을 것이다. 따라서, 우보천리의 마음이 필요했을 터다. 만약 몇 년 내에 『토지』 집필을 끝내려고 마보의 마음으로 글을 썼다면 어쩌면 우리는 『토지』 완결판을 보지 못했을 것이다. 25년을 한 작품에 매달리는 것은 작가로서도 대단한 모험이다. 박경리 선생의 결기와 집념, 문학적 내공, 그리고 작가혼(魂)에 깊은 경의를 표할 뿐이다. 1969년에 집필을 시작한 후 우여곡절도 많았을거라 생각된다. 집필 기간이 25년이니 굴곡과 고비가 없을 수가 없다. 『토지』 집필을 시작하고 몇 년이 지나지 않아 유방암 판정을 받는다. 그러나, 박경리 선생은 굴하지 않았다. 유방암 수술 자리를 붕대로 동여맨 채 집필을 계속했다. 박경리 선생의 문학에 대한 열정과 결연한 의지를 보여주는 유명한 일화다. 각설하고, 박경리 선생의 『토지』는 대한민국 문학계의 위대한 성취이자 우보천리 정신의 승리를 보여주는 표상이다.

2-6 한 우물을 깊게 파라

옛말 중에 이런 말이 있다. "목마른 자가 우물을 판다." 이 말은 어떤 일을 해야 할 이유가 있는 사람이 그 일을 한다는 뜻이다. 즉 간절함이 있는 자가 행동을 한다는 걸 의미한다. 우리는 여기서 알 수 있다. 타는 목마름이 없다면 우물을 팔 동기가 약화된다. 우리 주변에 성공한 분들을 보면 하나같이 타는 목마름으로 열심히 한 우물을 판 분들이다. 갈증이 심하지 않으면 물이 안 나와도 그만인지라 적당히 파다 물이 안 나온다 싶으면 파는 걸 포기하거나 다른 우물을 파려 한다. 이래서는 승부가 나지 않는다. 내 경험칙은 이렇다. 시간 제약이 있는 게임에서는 포인트를 잘 선정한 후 한 우물을 깊게 팔 때 물을 얻을 확률이 커지는 법이다.

"한 우물을 깊게 파라!" 오해의 소지가 많은 명제다. 우물을 팔 때 아무데나 판다고 물이 나오지는 않는다. 낚시처럼 포인트 선정이 중요하다. 나는 이게 가장 중요하다고 본다. 포인트가 선정되면 한눈팔지 말고 물이 나올 때까지 깊이 들어가야 원하는 걸 얻게 된다. 한 우물을 깊게 파라는 건 한길을 걸어 한 분야의 전문가가 되라는 말이기도 하다.

나는 증권업계에서만 38년의 경력을 쌓아왔다. 한 분야의 전문가가 된 것이다. 지금 나는 다소 과장된 면이 있긴 하나 IB 전문가, 증권가 기획통이란 평을 넘어 증권계에 또 하나의 이정표를 세운 CEO로 정평이 나 있다. 또 한편으로는 H증권의 퀀텀 점프를 이끈 리더, H증권을 은둔의 증권사에서 강소 증권사로 탈바꿈시킨 경영자라는 과분한 찬사도 받고 있다. 그런 평가를 받다 보니 CEO 세계에서도 장수 CEO 반열에 이름을 올릴 수 있었다. 내가 똑똑하고 잘나서 이런 작은 성공을 거둔 게 아니라는 걸 안다.

그저 묵묵히 한길만을 걸었을 뿐이다. 그 길은 생각보다 험난한 길이었다. 숱한 위기의 순간들이 있었다. 몇 번 길을 바꾸려고도 한 적이 있다. 하지만 이 길이 내가 걸어야 할 길이라는 굳은 믿음을 갖고 그 위기의 순간들을 다 이겨내고 마침내 CEO라는 정상에 두 번이나 오를 수 있었다.

내가 핸디캡을 극복하고 정상에 오르게 된 비결은 이 책에서 내가 말하려는 내용들의 핵심이다. 나는 유명인은 아니다. 그러나, 증권가에서는 알 만한 사람은 나를 안다. 적당한 네임벨류를 갖고 있는 것이다. 이러한 이름값을 빌어 얘기하고 싶었다. 노블리스 오블리제라는 거창한 표현은 필요치 않다. 마치 대단한 인생 비법을 터득한 양 떠벌릴 생각은 추호도 없다. 그저 나는 반세기 이상을 열심히 살다 보니 이제 가까스로 터득한 인생의 이치와 지혜, 성공 코드, 삶의 무기, 전략 등에 대해 담담하게 말하고 싶었을 뿐이다. 그게 이 책을 쓰기로 한 이유의 전부다. 결코 나는 이 책을 내 양명揚名의 수단으로 삼으려는 의도는 없다. 각설하고, 다시 주제로 돌아가 보자.

성공을 가늠하는 키

앞서 말한 대로 우물을 팔 때 성공을 가늠하는 키key는 포인트, 즉 어디를 팔 것이냐를 정하는 것이다. TSMC의 포인트는 파운드리 비즈니스였다. 지금 현대차의 포인트는 스마트 모빌리티다. 노벨 문학상 수상자 한강 작가와 우보천리의 대명사 박경리 선생님의 포인트는 문학이었다. 이번에도 아깝게 노벨 문학상을 수상하지 못한 무라카미 하루키도 마찬가지다. 장한나의 현재 포인트는 마에스트라다. 손흥민의 포인트는 알다시피 축구다. 일본 야구계의 전설 스즈키 이치로의 포인트는 야구였다. 만약 박경리 선생님께서 남편의 부재와 같은 당신의 비운을 탓하며 글쓰기를 포기했다면 한국 문단은 박경리라는 빛나는 별이자 거인을 만나지 못했을 것이다. 『토지』 역시 당연히 세상의 빛을 보지 못했을 것이다.

좋다. 포인트가 중요하다는 걸 알았다고 하자. 문제는 어떻게 물이 나올 자리를 알고 포인트를 선정하는가 하는 점이다. 쉽지 않을 수 있다. 하지만 기준을 명확히 세우면 된다. 자신이 가장 좋아하고 잘할 수 있는 일을 할 수만 있다면 그 일이 최상의 포인트다. 나의 경우는 증권맨이 나의 포인트였다. 공부 쪽이나 잠깐 관심을 가졌던 한의사는 내 포인트가 아니었다. 나는 MBTI의 I(내향형)이면서도 정적인 일이거나 좌업坐業은 맞지 않았다. 증권업의 다이나믹함이 좋았다. 증권업이 요구하는 맥박수와 나의 맥박수가 일치했다. 나는 38년간 정말 미친 듯이 일했다. 불광불급을 염두에 둔 건 아니다. 나는 그렇게 일할 때 더 큰 행복감과 성취감을 느꼈다. 나는 내 모든 것을 쏟아 넣을 때 더 힘이 나고 신이 났다.

설렘이 이끄는대로

정주영 회장께서도 말씀하신 바 있다.

"10배로 일하면 10배 피곤해야 맞는 이치다. 허나 피곤하고 권태로워 하는 이들이 오히려 게으름으로 허송세월하는 이들인 걸 보면 인간은 일을 해야 하고 일이야말로 신이 주신 축복이라 생각한다."

내 생각도 똑같다. 또 하나의 중요한 포인트 선정 기준이 있다. 내 가슴이 설레고 즐길 수 있는 일을 하는 것이다. 그러나 그런 일을 찾는 것 역시 쉽지 않다.

세계적인 축구선수 크리스티아누 호날두를 모르는 사람은 없을 것이다. 호날두를 네이버에 검색해보면 이러한 내용이 나온다. "포르투갈에서도 가장 가난한 작은 섬 마을의 빈민층 가정의 2남 2녀 중 막내로 태어났다. 불행히도 호날두의 아버지는 알콜중독자였고 그의 형은 마약 중독자였다. 호날두가 축구를 시작하게 된 것은 우연이었다. 하루는 동네 친구들이 축구하는 모습을 멀리 지켜보다 우연히 자신 앞에 날아온 축구공을 찼을 때 말 못할 희열을 느꼈기 때문이다. 그 후로 호날두는 어머니를 졸라 축구를 시작했다. (이하 생략)"

물론 축약 편집한 내용이다. 어린 시절의 호날두에게 축구는 그의 가슴을 가장 설레게 하는 일이었고, 또한 가장 신나게 즐길 수 있는 일이었다. 생각해보라! 늘 가슴이 뛰고 즐거운 일을 하는 데다 타고난 재능까지 발휘되니 그의 성공은 따놓은 당상이다. 호날두는 지금 부와 명성을 모두 거머쥐었다. 그는 세계 제일의 축구선수라도 받기 힘든 발롱도르상을 5차례나 수상한 경력을 갖고 있다. 돈도 엄청나게 벌었다. 나는 그의 팬은 아니다. 내가 언급한 이유는 하나다. 가슴 뛰는 일과 즐길 수 있는 일을 하라는 것이다. 물론 안타깝게도 재능이 안 따라줄 수도 있다. 그렇다고 해도 그런 일이 있다면 그게 여러분의 운명의 포인트일 수 있다.

최적의 포인트 찾기

나는 한 분을 더 소개하고자 한다. 지금은 작고하신 가야금의 명인 황병기 선생님이다. 나는 생전에 그분을 뵐 기회가 없었다. 간접적으로 접할 수밖에 없었다. 기사와 책들, 그리고 위키백과에 나온 내용을 통해서다. 황병기 선생님은 1936년생으로 경기고와 서울법대를 졸업한 최고의 인텔리다. 그분께서 가야금 명인이 된 과정은 신비로움 그 자체다.

CHAPTER 2

황병기 선생님이 가야금을 처음 만난 것은 부산 피난민 시절, 즉 중3 때였다. 그 후 가야금 공부는 계속됐다. 당대 최고의 명인들로부터 정악과 산조를 사사받았다. 대학 진학 시, 그가 선택한 학과는 가야금과는 거리가 먼 법대였다. 그러나 가야금에 대한 열정만은 변함이 없었다. 육법전서보다 그를 설레게 한 것은 가야금이었다. 인생 중간에 다른 삶이 삽입된 적이 있어도 가야금을 손에서 놓은 적이 없었다. 그런 점에서 황 선생님의 삶은 온전히 가야금과 함께한 삶이었다고 볼 수 있다. 한길만을 걸은 것이다.

나는 가야금을 잘 모른다. 하지만 그 선율은 좋아한다. H증권의 사내 행사에 황 선생님의 애제자를 초청해 재즈 피아노와의 협연을 들은 것도 그 이유 때문이다. 요컨대, 황병기 선생님의 포인트는 가야금이다. 육법전서는 물론 출판과 영화 사업도 아니었다. 하늘이 정해준 포인트가 가야금이었다.

잠시 얘기의 매듭을 지은 후 다음 얘기로 넘어가자. 한 우물을 깊게 파라는 데서 두 가지 핵심 체크 포인트가 있다. 하나는 우물을 팔 자리, 즉 최적의 포인트를 선정하는 것이다. 다른 하나는 깊게 파는 것 drill down 이다. 당연한 얘기지만 두 가지 조건을 다 충족할 때 우리는 원하는 시점에 원하는 청정 1급수를 얻을 수 있다. 앞서 두 조건 중 하나인 포인트 선정에 대한 얘기는 마쳤다. 다음 얘기는 깊게 파는 것에 대한 내 견해다. 깊게 파려 할 때 마구 파들어가기만 하면 어떻게 될까? 기술과 요령 터득도 필요하지만 그 이전에 마인드와 전략을 셋업 set up 하는 게 필수적이다. 공부만 해도 그렇다.

마인드와 전략의 중요성

대치동 일타강사들이 티쳐스가 되어 중위권 멘티 학생들의 성적을 올려주는 프로그램이 크게 인기를 끈 적이 있다. 티쳐스는

"무조건 열심히 깊게 파고든다고 성적이 오르는 건 아니다. 공부 요령과 기술이 있어야 한다. 허나, 그보다 더 중요한 것은 마인드와 전략이다"라는 걸 학생과 학부모에게 일깨워준다. 공부 외의 다른 일도 그렇다. 기업 경영과 사업도 똑같다. 한 분야로 깊게 파고 들어야 한다. 그러나 이때 가장 중요한 건 마인드와 전략이다.

혼마라는 일본 골프 업체가 있다. 혼마 골프의 위상은 지금은 예전만큼 대단치 않으나 골프 명가로서의 명성은 여전하다. 혼마는 창업자의 이름에서 따온 브랜드 네임이다. 50년대 후반에 설립된 혼마는 줄곧 장인정신을 강조해왔다. 지금도 혼마에는 30년 이상을 근무한 장인들이 400명이 넘는다고 한다. 혼마의 장인들은 골프 클럽을 대하는 마인드가 다르다. 그들이 만드는 건 최상의 성능을 가진 골프 클럽 그 이상이다. 하나의 카타나처럼 장인들의 땀과 혼, 열정이 깃든 작품이다. 혼마는 전략도 다르다. 프리미엄 골프 브랜드를 지향한다. 이 같은 전략에 따라 타 브랜드와는 달리 지금도 고집스럽게 100% 수작업을 통해 골프 클럽을 만든다. 그리고 최종 검수를 통해 별(☆)의 개수로 등급을 표시한다. 혼마 골프 매장을 지나가다 이런 문구가 쓰여 있는 걸 봤다.

"60년을 해봐야 아는 게 있습니다."

혼마의 장인정신과 전통, 자신감을 내세우려는 의도가 있었을 것이다. 혼마의 예를 든 것은 특정 브랜드를 띄워주려는 생각이 있어서는 아니다. 단지 깊게 파려 할 때 기술과 요령보다 마인드와 전략이 더 중요하다는 걸 강조하려 한 것이다.

또 하나 중요한 점이 있다. 군대에서 염장 무를 묻기 위해 구덩이를 파본 사람은 안다. 깊게 파려면 필연적으로 넓게 파야 한다는 것이다. 넓게 파지 않고 깊게 파들어갈 순 없다. 가야금 명인 황병기 선생도 제자들에게 우물을 깊게 파려면 넓게 파야 한다고 말씀하셨다고 들었다. 나 역시도 증권계에서 한길만을 걸었지만 여러 분야에서 얻은 지식과 통찰력을 바탕으로 나를 심화시켜왔다. 증권계에 들어왔을 때는 관련 전문 지식을 쌓기 위해 힘을 쏟았다.

꿈을 팝니다

주식 투자 역시 내 관심 분야였다. 열심히 고수들의 책을 섭렵했다. 그러나 주식 투자는 공부한다고 잘할 수 있는 게 아니라는 걸 깨달았다. 아는 것과 실천하는 것 사이의 갭이 커서만은 아니다. 멘탈 트레이닝도 필요했다. 그리고 고도의 집중력과 뛰어난 감각도 필요했다. 또 엄청나게 바지런해야 했고, 목표의식도 분명해야 했다. 나는 그런 모든 것이 부족했다. 지금 생각해도 나는 펀드 매니저로서의 역량과 재능은 없었다. 다행히 세일즈 역량, 즉 영업력 하나만큼은 뒤떨어지지 않았다. 지금까지 증권계에서 살아남을 수 있었던 이유가 스펙과 운이 좋아서만은 아니다. 세일즈 역량 덕분이다. 증권계에서 영업력 없이는 버티기 어렵다. CEO 역시 세일즈 역량이 요구된다. 세일즈라 해서 제품과 서비스만 판매하는 것이라 생각하지 말라. 비전과 꿈, 스토리를 파는 것도 세일즈다. 다행히 나는 CEO로서 그런 면에서 뛰어난 성과를 증명했다.

내가 H증권을 단기간 내에 성장시킨 데는 몇 가지 비결이 있다. 그중 하나가 CEO인 내가 가진 꿈을 파는 역량이다. H증권은 꿈이 없는 조직이었다. 그런 조직에 나는 꿈을 달아 H증권을 꿈꾸게 했다. 꿈을 꾸자 모든게 바뀌었다. 비전도 불분명했던 조직이 최고의 supreme 강한 증권사와 Beyond Excellence라는 비전도 갖게 됐다. 그리고 놀라운 성장 스토리도 만들어졌다. 안타깝게도 M&A로 인해 그 모든 것들이 무색해질 수도 있다. 하여튼 나는 CEO로서 모든 역량을 H증권을 성장시키는 데 쏟아부었다.

독서는 나의 힘

내가 증권맨으로 이만한 성공을 거둔 데는 세일즈 역량 말고도 문사철 역량도 큰 힘이 되었다고 생각한다. CEO가 되고 나서는 신문을 볼 시간도 없었다. 간혹 신문 볼 기회가 있을 때 나는 증권면은 스키밍한다. 대신 나는 다른 면, 특히 문화 면을 탐독한다. 그리고 사설이나 칼럼은 정독을 한다. 오늘의 운세란도 좋아한다. 내 운세를 볼 의도는 없다. 그냥 하나하나 의미를 새겨가며 전부 읽는다. 읽다 보면 인생 진리가 여기에 다 담겨 있다고 느낄 때도 있다. 하지만 신문은 글에 대한 내 갈증을 다 풀어주지는 못한다.

나의 문사철 역량을 키운 건 독서다. 독서는 나의 힘이다. 나는 독서력을 십계에 포함시킬 정도로 독서를 좋아하고 중요시한다. 독서는 나에게 특별한 의미를 갖는다. 독서는 내 사고력을 키울 뿐 아니라 정말 많은 삶의 긍정적 변화를 가져다준다. 그리고 내 인생의 위기마다 구원투수 역할도 한다. 책은 때로는 마라톤과 함께 나에겐 종교와 같았다. 나의 인생에서 그 둘을 빼면 휑하다. 그만큼 독서와 마라톤은 내 삶의 든든한 버팀목이었다. 내가 독서력과 함께 운동 습관을 십계에 포함시킨 이유다.

독서는 우물을 깊게 파기 위해 넓게 파는 작업이었다. 만약 내가 증권업계 지식만 쌓았더라면 깊이가 부족한 평범한 CEO에 머물렀을 수 있다. 내가 CEO로서 가진 경륜과 지혜, 통찰력들은 증권 전문 서적이나 경영학 책에서 얻은 지식이 바탕이 된 게 아니다. 문사철을 두루 섭렵하려고 노력하였기에 알량하긴 하나 이만한 넓이와 깊이를 동시에 확보할 수 있었던 것이다. 그러나 나의 사례는 약과에 불과할 뿐이다. 진짜 우물을 깊게 파려면 넓게 파야 함을 가장 극적으로 보여주는 분이 있다. 현존하는 세계 최고의 투자자이면서 오마하의 현인 Oracle of Omaha으로 알려진 워렌 버핏이다.

버핏의 서재

그는 주식 투자의 달인이다. 하지만 그가 존경을 받는 것은 그 이유 때문만은 아니다. 현인이라는 칭호에서 알 수 있듯 그는 또한 철학과 가치관이 남다른 인생의 달인이기 때문이다. 그는 세계 2위의 갑부면서도 검소한 생활을 유지한다. 2001년식 구식 자동차를 타고, 그 흔한 경호원이나 운전사도 없다. 사는 곳도 그렇다. 아직도 사무실 근처의 1958년에 구입한 3만 달러짜리 낡은 집에서 산다. 맥도날드 햄버거로 끼니를 때우기도 한다. 워렌 버핏은 "많은 돈이 자식을 망친다"며 전 재산의 95%를 자선단체에 기부했다. 상속세 폐지 반대를 하며 부자들을 설득해 기부 대열에 합류시키고 있다. 그리고 낙태와 핵 확산 등에 대한 사회 문제에 대해서도 분명한 스탠스를 취한다. 이 모든 게 사실 비현실적이다. 대부분의 초일류 부호들의 삶과 다르기 때문이다. 그의 이런 남다름은 어떻게 만들어진 걸까? 나는 그의 독서력에서 단서를 찾고 싶다. 즉, 워렌 버핏의 서재가 그를 오마하의 현인으로 만들었다는 게 내 추정이다. 정확히는 폭넓은 독서를 통해 그의 생각이 지금처럼 튜닝tuning됐을 거라 본다.

그의 서재 역시 월가의 전설이라 불리는 피터 린치가 보고 놀랄 정도로 소박하기 그지없다. 또 하나의 독서 공간인 사무실 책상도 그의 아버지가 쓰던 것을 물려받았다. 그는 집중 독서를 하는 걸로 유명하다. 버틀런드 러셀에 꽂히면 그의 저서들을 모두 섭렵한다. 데일 카네기 『인간 관계론』, 록펠러나 앤드류 카네기 등의 자서전은 물론 어린 시절 할아버지 서재에 있던 15년 치 『리더스 다이제스트』 잡지의 모든 호를 읽었다고도 한다. 그리고 그는 성경책에서도 투자 철학과 지혜를 얻었다. 그의 장기 투자 철학을 담은 <므두셀라 기법> 역시 성경에서 영감을 얻은 것으로 알려져 있다. 이처럼 워렌 버핏은 투자가이지만 주식이나 투자에 관한 책만 편식하지 않았다. 전 분야의 책에서 지혜와 통찰력, 영감을 구하려 했다. 그것이 오늘의 워렌 버핏을 만들었다는 게 나의 생각이다.

우리는 성공한 사람들에 대해 편견이 있다. 워렌 버핏에 대해서도 마찬가지다. 그의 타고난 천재성이 그를 현존하는 세계 최고의 투자자로 만들었다고 생각하기 쉽다. 물론 그는 유복한 환경에서 성장했고 할아버지의 가르침으로 남보다 일찍 투자에 눈을 떴다. 그러나 그런 선행 학습과 유리한 조건들만 가지고는 그의 성공을 다 설명할 수는 없다. 앞서 말한 대로 독서가 넓힌 사고력과 인사이트를 기반으로 투자 세계에서도 최고의 깊이와 실력을 획득하고 인생의 깊이도 얻어 오마하의 현인으로 칭송받게 된 것이다.

2-7 변증법적 발전을 추구하라

변증법이란 말이 너무 어렵고 생소할 수 있다. 사전을 찾아보면 변증법을 이렇게 설명하고 있다. "상호 모순되는 개념들을 통합하여 본질을 파악하고 새로운 진리를 창출하는 철학적 방법론 또는 대화의 기술." 변증법은 이렇듯 대단히 추상적인 개념이다 보니, 나도 알 듯 모를 듯하다. 하지만, 이런 사전적 해석보다는 정반합의 원리를 기반으로 한 논리 체계 또는 방법론 혹은 분석의 틀로 나는 단순히 정의하려 한다. 따라서, 변증법적 발전은 정반합의 과정을 거쳐 이루어지는 변화와 진보다. 여기서 진보는 사회 또는 조직, 개인이 보다 높은 단계로 나아감을 뜻한다. 우리가 흔히 아는 보수의 대척점에 선 개념이 아니다.

변증법의 관점에서 보면 고난의 역설과 고통의 역설, 결핍의 역설도 쉽게 설명이 된다. 그리고 역사나 사회 이슈 분석과 논리 전개에 있어 대단히 유용한 이론 틀^{Framework}이기도 하다. 역사는 특정한 방향으로 선형적 발전을 하는가? 여기서 역사는 조직과 개인의 역사를 포함한다. 이 질문에 대한 나의 답은 이렇다. "결코 그렇게 단순화시킬 수 없다."

타이어 코드

한국 기업 역사만 봐도 알 수 있다. 한국 기업을 볼 때 내가 매우 인상적으로 보는 기업들이 있다. H그룹의 섬유화학 기업들이다. 그들 기업의 성장 과정을 보면 놀라운 면들이 발견된다. 내가 말하는 변증법적 발전을 이루어온 것이다. 고도 성장기에 섬유화학은 최고의 효자 업종이었다. 하지만 중국의 급부상과 차이나 공습, 그리고 산업 구조의 변화로 섬유화학은 결정타를 맞게 될 위기에 처했다. H그룹에도 반反의 흐름이 서서히 몰려오고 있던 것이다. H그룹은 위기감에 사로잡혀 있지 않았다. 정正의 변혁을 요구하는 반反의 흐름을 극복할 빅 모멘텀 big momentum 을 필사적으로 탐색했다. 탄소 섬유와 스판덱스 그리고 타이어 코드는 그 결과물이다.

특히 타이어 코드는 신의 한 수였다. 타이어 코드 분야에서 현재 H그룹은 명실상부한 세계 1위다. 정말 대단한 역사를 쓴 것이다. 요컨대 H그룹은 반反의 흐름을 타고 오히려 합合의 단계로 나아갔다. 고난이 곧 유익이 된 것이다. 고난의 역설이란 바로 이런 걸 두고 하는 말이다. 하지만 안타깝게도 H그룹은 정正의 단계부터 싹트기 시작한 형제간의 갈등과 대립으로 또한 반反의 흐름에 노출되었다. H그룹의 경영권 분쟁은 그들만의 문제가 아니다. 한국 경제 전반에 미치는 영향이 적지 않은 H그룹이기에 많은 이가 우려의 시선으로 그들을 바라보고 있다. 자본시장의 중심에 있는 나도 그렇다. 그들 형제가 대국적 관점에서 부디 현명한 해법을 찾기를 바랄 뿐이다.

값비싼 교훈

H그룹과는 달리 비운을 맞이한 기업들도 있다. H해운이 대표적 사례다. H해운은 너무 아까운 기업이었지만 안타깝게도 자기모순의 심화로 해운업 무대에서 사라졌다. 과연 H해운을 그렇게 처리하는 게 맞았느냐는 논란이 있다. 하지만 일차적 책임은 H해운의 오너와 경영진의 실책에 있다는 데 이견이 있을 수 없다. 일각에서는 부분 최적은 달성했는지 모르나 전체 최적은 훼손됐다는 평도 한다지만 그때 상황과는 다른 지금 상황에서의 비판은 세컨게스 second guess 의 오류를 범하기 쉽다. 물론 H해운의 부재가 아쉬울 때가 있다. 당시 H해운이 가지고 있던 해외 인프라는 지

금 돈을 주고도 살 수 없다. 특정 기업의 자산이기 앞서 국가의 전략 자산이다. 이 같은 국가 전략 자산의 매각은 한국 해운업의 경쟁력을 급격히 약화시켰다. 지금 생각해도 마음 아픈 일이지만 할 수 없다. H해운은 안일했다. 대마불사too big to fail 논리에 기대어 덩치를 키우는 데만 급급했다는 점에서 비난을 면하기도 어렵다. 그리고 자신들의 일이 얼마나 중요한 일인지에 대한 자각도 부족했다. 즉, 그들의 실패가 국가 경쟁력에 부정적 영향을 줄 수 있다는 것을 잊고 오로지 기업 이익만을 추구한 듯 보였다. 그러다 보니 H해운은 모든 걸 놓쳤다. 반의 흐름에 대처할 타이밍과 극복 기회를 놓친 데다, 국민 여론과 그들에게 관용을 베풀던 이들마저 등을 돌리며 동정표를 얻을 찬스도 놓쳤다. 더 이상은 스스로 고난을 이길 힘이 없었다. 그런 H해운에게 남은 운명의 카드는 법정관리뿐이었다. 이렇게 H해운은 허망하게도 자기 모순 심화로 잉태된 반反의 파고를 이기지 못하고 많은 회한과 숱한 논란 그리고 값비싼 교훈을 남긴 채 역사의 뒤안길로 자취를 감췄다. 한 기업의 불행이 국가 경제의 불행이 되는 경우는 흔치 않다. H해운은 그 점을 명심했어야 했다. 그걸 놓친 대가는 우리가 살펴본 그대로다. 기업뿐만 아니라 개인의 인생도 똑같다.

나를 구원해준 존재

나의 경우를 예로 들어보자. 나는 젊은 시절 승승장구했다. 따라서 거칠 것이 없었다. 자신감과 건방을 구별하지도 못했다. 남에게 친절하긴 했으나 내 위주였다. 어떤 이는 내가 권력지향적이라고까지 했다. 나는 인정하지 않았지만 타인의 눈에는 그렇게 보인 듯하다. 그저 일이 좋아 미친 듯이 일한 건데 그조차 나를 못마땅해 하는 사람이 봤을 때는 꼴사나울 수 있었다. 남과 경쟁할 의도가 없음에도 나는 늘 경계의 대상이었다. 이는 20~30년 전의 내 모습을 전적으로 레드팀$^{devil's\ advocate}$의 관점에서 본 것들이다. 따라서, 꼭 사실은 아닐 수 있다. 이 같은 다소 일그러진 지식인상이던 나는 인생 일대의 큰 반反의 흐름을 맞이한다. 당시 내가 몸담고 있던 S증권이 H&Q라는 사모펀드에 매각된 것이다. 하늘이 무너지는 듯한 충격이 가해졌다. 그때 나를 구원해준 고마운 존재들이 있다. 독서와 마라톤이었다.

당시 읽은 책 중 나에게 큰 감명과 통찰력을 준 건 시바 료타로가 쓴 『료마가 간다』다. 이 책은 에도 막부 말기의 일본을 선도한 사카모토 료마를 주인공으로 한 역사 소설이다. 나는 이 책을 몇 번이고 읽었다. 매번 심취해 읽은 탓인지 나는 주인공 료마가 되어 있었다. 그의 강인한 심장이 어느새 이식이 된 듯했다. 마라톤 역시 나에게 강한 멘탈과 함께 평강과 안식을 안겨줬다. 뛴다는 것이 이렇게 사람을 힐링하고 변화시키는 줄 몰랐다.

마라톤은 내 인생의 위기 때마다 나를 구원했다. 그런 점에서 나에겐 종교와 같은 특별한 존재다. 별안간 나는 마라톤의 덕을 많이 본 사람 중 하나다. 그래서 나는 CEO 시절에도 뛰는 걸 권했다. 뛰면 모든게 달라진다. 당시 마라톤과 독서가 없었더라면 심리적 공황 상태에 빠져 반의 흐름에 굴복했을 수도 있다. 그러나 나는 다행히 이겨냈다. 물론 내가 맞은 반의 흐름은 나의 자기 모순 심화로 얽힌 게 아니다. 시대의 불행과 내가 속한 조직의 자기 모순 심화가 만나 빚어낸 것이었다. 하지만 그 반의 흐름은 내 인생을 포함한 나의 모든 것을 송두리째 바꾸어놓았다. 당시 많은 선배 동료들이 갑자기 들이닥친 시스템 리스크와 불운을 이겨내지 못하고 업계를 떠났다. 내가 강해서 살아남은 것이 아니다. 우직하게 한길을 가다 보니 살아남은 것이다. 나는 당시 잘못되더라도 내 선택을 믿고 싶었다. 내 선택을 믿었다기보다는 내 운을 믿고 싶었다. 다행히 죽으라는 운은 아니었다. 그런 반의 흐름을 겪으면서 나는 변했다. 인생 복기를 통해 철저한 자기 반성을 했다. 사람은 왜 항상 후행後行하는가! 이 말은 '왜 우리는 시련을 겪고 큰일을 당하고 일이 생긴 후에야 자기 모순을 깨닫는가'를 자탄한 것이다.

나를 깎는 작업

개인적인 생각이지만 나는 비교적 자기 검증에 능한 편이다. 그리고 자기 객관화 능력도 좋다. 그런데도 나는 자기 모순과 부조리를 정正의 단계에서는 알지 못했다. 반의 흐름을 겪고 나서야 알게 되었다. 나는 그런 나의 우매함을 꾸짖고 싶지 않다. 다른 이유에서가 아니다. 나란 사람이 본래 그런 한계가 있다는 걸 알기 때문이다. 실제 나는 늘 조심하는데도 똑같은 실수를 반복할 때가 많다. 어떤 때는 정답을 알면서도 이유도 없이 일부러 정답을 비껴가기도 한다. 청개구리 심리가 있는 건 아닌데 왜 그런지는 나도 모른다. 하지만 그게 나인 걸 어떡하겠나? 나는 언제나 나의 한계를 인식해왔다. 하지만 안주하지 않고 끝없이 나를 깎는sharpening 작업을 해왔다. 그러다 보니 반의 흐름이 나를 위기에 몰아넣을 때도 매몰되지 않고 잘 극복할 수 있었다.

요컨대 나는 지각을 갖는 나이부터 현재까지 변증법적 발전을 이루려고 노력해왔다. 단순히 열심히 사는 것과 변증법적 발전을 꾀하는 것은 천지차이다. 과정은 물론 결과도 그렇다. 철학이 어떻게 삶의 무기가 되는지를 알게 될 것이다. 나는 한번 H증권에 있으면서 CEO 스피치에 이런 글을 쓴 적이 있다. 대한민국 최고의 엔터테인먼트의 수장인 분이 한 말과도 닮아 있다. "철학은 본질을 파악하는 과정이라 생각한다. 간혹 말도 안 되는 질문을 스스로 던진다. '경영이 도대체 뭐지?'와 같은. 그걸 화두로 삼아 탐구한다. 어떤 때는 잠을 설쳐가며 답을 구하기도 한다."

철학을 힘들게 생각할 필요가 있겠는가? 변증법도 마찬가지고 실존 철학도 그렇다. 우리 나름대로 핵심만 추려내면 된다. 그리고 그것을 삶에 접목하면 철학은 분명 삶의 무기가 된다. 나는 그걸 살아오며 무수히 경험했다. 철학을 그저 '현인들만의 심오한 학문'이라고 선을 그으면 이런 기회는 차단된다. 철학을 현실과 동떨어진 고리타분한 학문이라 생각할 필요가 없다. 나처럼 철학을 그냥 인간과 세계를 이해하는 학문이라고 단순하게 정의하면 어떨까? 설혹 내 해석이 틀렸거나 부족해도 상관없다. 아주 틀린 정의만 아니면 된다. 중요한 건 철학을 가까이하는 것이다. 세계적인 리더들이 철학을 자신의 경쟁력을 강화하는 최고의 인문학이라 꼽는데는 이유가 있다. 철학의 결과물은 깊은 사유와 통찰, 그리고 논쟁을 거쳐 나온 것들인 만큼 대부분 독성도 없다. 변증법 역시 순도가 높다. 내가 변증법적 발전을 추구하라고 말하는 것도 순도 높은 철학적 결과물을 삶의 무기로 삼으라는 주문이다.

2-8 운을 부르는 사람이 되자

운명이란 게 있다. 인생을 살다 보면 많이 느낀다. 운명은 개인의 삶에만 영향을 주는 게 아니다. 기업의 경영을 하다 보면 기업도 운명이란 게 있다는 걸 많이 느끼게 된다. 과문한 탓에 틀릴 수도 있는 얘기를 할까 한다. 운명이라고 말할 때 운과 명은 엄밀히 말해 다르다. 명命은 태어날 때부터 정해지는 것이다. 따라서, 상수常數에 가깝다. 경제학에서 말하는 기성조건, 즉 이미 확정된 조건 given conditions이다. 하지만 운運은 다르다. 움직일 수 있는 변수다. 즉, 타고나는 부분도 있지만 노력 여하에 따라 바뀔 수 있는 게 운이다. 이런 관점은 대단히 중요하다. 우리는 일이 뜻대로 풀리지 않을 때 자신의 운을 탓하기도 한다. 하지만, 운만 탓할 일은 아니다. 그 불운은 자기가 불러온 것일 수도 있다.

H증권 CEO로 가며 목도한 풍경은 매우 낯설었다. 많은 조직 구성원들이 불운에 길들여진 듯 했다. 잘 못 나가는 기업들에게서 발견되는 특징들이다. '우리는 안 된다'는 생각이 그들의 의식세계를 지배하고 있었다. 정주영 회장의 말씀대로 된다고 생각하고 죽자 살자 덤벼들어도 될까 말까 하는 기업 세계에서 그런 생각을 갖는 것은 스스로 쇠락을 자초하는 일이다. 나의 과제는 우리 H증권이 럭키한 조직이라는 지배적 편견 prevailing prejudice을 형성하는 것이었다. 다행히도 H증권은 내 기대대로 됐다. 물론 쉽지는 않았다. 이 역시 임계점이란 게 있다. 모든 질적 변화는 임계점을 통과해야만 일어난다. H증권을 운이 따르는 조직으로 만든 것은 나만의 마법을 써서는 아니다. 운을 부르는 일반 공식을 따랐을 뿐이다. 그 공식은 의외로 단순하다. 이야기를 들어보면 '아, 이거였어?' 하고 쉽게 공감할 수 있는 내용들이다.

이보다 중요한 게 운에 대한 생각이라고 본다. 나는 늘 주장한다.

"불운을 타고난 사람이나 기업은 없다. 그렇게 생각하는 사람과 기업이 있을 뿐이다."

대학 동창 중 외교관을 지낸 친구가 있다. 그는 외교관 생활을 마친 후 자신의 외교관 시절 겪은 에피소드와 협상 기술 등 일반인이 모르는 외교의 숨겨진 세상을 담은 책을 집필했다. 무협지를 읽을 때 전해지는 생생한 스릴과 감동이 있었다. 외교 현장은 우리가 상상하는 화려한 무대가 아니었다. 거기는 또 하나의 전쟁터였다. 전쟁터에서도 운은 중요하다. 문제는 그 운을 어떻게 만드냐는 것이다. 장장 31년간의 외교관을 지낸 저자의 지론은 단순하다.

"운은 우연히 주어지는 게 아니다. 스스로 만드는 것이다."

운의 공식

과연 그렇게 말하는 저자는 어떻게 운을 만들어갔을까? 운을 부르는 그의 공식은 어떠한가? 외교 현장을 발로 뛰며 터득한 것이기에 더 궁금했다. 답은 의외로 간단했다. 일이 풀리기만을 바라며 가만히 있기보다는 스스로 행동하는 것이다. 즉, 남들이 하기 싫어하는 일도 피하지 않고 열과 성을 다해 하고 사소한 것에서도 대화와 협상의 단초를 찾으려는 노력과 적극성이 운을 불러온다는 게 그가 실전에서 얻은 공식이다. 나도 깊이 공감한다. 분야는 다르지만 경영 현장에서도 이 공식은 유효하다. 그리고 개인 인생에서도 검증된 공식이기도 하다.

내가 지금까지 접한 최고의 공식은 동양 철학자이신 조용헌 박사가 언급한 운의 공식이다. CEO 과정에서 한 학기 동안 그분의 명강의를 들을 기회가 많았다. 조 박사께서 언급한 운을 좋게 하는 다섯 가지 항목은 이렇다. 풍수, 적선積善, 명상, 공부, 좋은 스승을 만나는 것으로 기억된다.

이 중 공부는 내가 가장 비중을 두고 힘쓰고 있는 전략 과목이다. 실제로 공부는 인생의 운을 바꾸는 데 큰 공헌을 한 수훈갑이다. 여기서의 공부는 학교 공부만을 말하는 게 아님은 잘 알 것이다. 공부工夫는 말 그대로 배우고 익히는 모든 것을 뜻한다. 그렇게 보면 군軍 체험과 세상을 주유하는 것도 공부요, 산행과 러닝running도 공부요, 독서와 글쓰기 또한 모두 공부다.

공부는 논어의 학學과 유사하다. 학은 배우고 깨치고 모방하고 체득한다는 의미를 갖고 있다. 한자와 어원을 보면 공부와 학은 엄밀히는 다르다. 하지만 둘을 구분하는 실익이 크지 않다는 점에서 나는 공부와 학을 같이 쓴다. 최소한 나에게는 공부 또는 학은 운을 좋게 하는 으뜸 과목이다. 기타 다른 과목은 아직도 낙제 수준이다.

인덕을 쌓아라

조용헌 박사의 운의 공식에 버금가는 또 다른 운의 공식이 있다. 한 일본 변호사가 쓴 책에 나오는 것이다. 그가 제시한 운의 공식은 50년간의 변호사 경험에서 우러나온 것이다. 그렇기 때문에 더 신뢰가 가고 설득력이 있다. 그가 말한 운의 공식은 이렇다. "운이 좋은 사람은 공통적 특징들이 있다. 겸손과 배려, 감사한 마음, 친절함, 인덕人德이 그것이다."

CEO로서 나는 이 중에서 운을 부르는 가장 중요한 덕목으로 인덕을 꼽는다. CEO가 인덕이 있어야 조직의 운이 길하고 상승한다. 이는 조직 경영을 하며 절감했다. 인덕은 사람의 덕이다. 사전을 찾아보면 다른 사람의 도움을 받는 덕이라고 정의되어 있다. 어쩐지 미진한 해석이다. 나는 이걸 인간을 끄는 힘, 즉 인간력이라 정의하고 싶다. 따라서, 인덕이 많은 사람은 따르는 사람이 많다. 그리고 어려운 일이 닥쳐도 구원군이 많다. 인덕은 타고난다기보다 만들어지는 측면이 더 많다.

내가 아는 한 인덕이 가장 뛰어난 CEO는 삼국지의 유비다. 그에 비할 수는 없지만 나는 비교적 덕이 뛰어난 CEO에 속한다. 사실 인덕 하나로 H증권을 여기까지 이끌었다고 해도 과언이 아니다. 내가 줄 수 있는 게 없음에도 최고의 인재들이 주변으로 몰려들었다. 그리고 그들은 나를 절대 신뢰하고 나의 지휘를 잘 따라주었다. 충성심과 애사심도 매우 강했다. 그런 모든 게 합쳐지니 H증권은 상승운을 맞이했다. 논리적으로는 잘 설명이 안 된다. 그런 운을 누릴 정도로 나의 인품이나 역량이 출중하지 않기 때문이다. 나는 그 모든 걸 인덕의 힘이라 생각한다. 결국 인덕이 CEO인 나와 조직의 운을 좋게 한 것이다.

그렇다면 인덕은 어떻게 쌓아가야 할까? 복福을 지어야 한다. 나는 증권 업계에서만 40년 가까운 세월을 보냈다. 그 사이 복도 지었겠지만 악업도 행했을 것이다. 다행히 내가 이런 정도의 인덕을 가진 건 복을 더 많이 지었다는 증거다. 내가 지은 복은 대단한 게 아니다. 큰돈을 기부한 것도 아니고, 이타심을 갖고 헌신과 봉사의 삶을 살았던 것도 아니다. 언제나 타인의 꿈과 삶을 존중하려 한 것이 전부다. 그리고 되도록 약자의 편에 서려 노력했다. 항상 마음과 뜻대로 되지는 않았으나 이利보다는 의義와 명名을 중시하려 했다. 나는 의도된 잘못이나 실패가 아니라면 관용을 베풀었다. 그리고 최대한 신중하려 했다. 내가 가진 잣대로 함부로 남을 평가하는 오만을 경계했다. 이것이 내가 지은 복의 실체다. 별게 없다. 그것들은 모두 눈에 보이지 않는다. 하지만 오랜 세월

축적되다 보면 인덕으로 형성된다. 요컨대 자기가 지은 복이 선근善根이 되어 오랜 시간이 지나면서 인덕이 자라난다는 게 나의 소견이다.

오타니의 계획표

CEO들 사이에서 종종 회자되는 말이 있다.

"아무리 능력 있는 CEO도 운장運將을 이기지 못한다."
"운칠기삼."

모두 운이 CEO 개인과 조직의 성과를 좌우하는 매우 중요한 변수라고 말하고 있다. 따라서 우리가 자신의 인생을 성공으로 이끌려면 불운을 탓하기 전에 운을 좋게 하는 노력을 반드시 기울여야 한다. 이걸 가장 계획적으로 잘 실천한 사람이 있다. 오타니 쇼헤이다. 그를 모르는 사람은 없을 것이다. 오타니는 일본인 야구선수로 메이저리그에서 활약 중인 선수다. 그는 신기록 제조기다.

오타니는 이미 일본야구계의 전설인 스즈키 이치로를 넘어 MLB의 전설이 됐다. 그는 부모로부터 훌륭한 DNA를 물려받기도 했지만, 이치로와 같이 지독한 노력파로 알려져 있다. 하지만 그는 고교 시절부터 스포츠 선수로서 자신의 꿈을 이루려면 타고난 재능과 노력만으로는 안 된다는 믿음이 있었다. 반드시 하늘이 도와주어야 한다고 생각했다. 오타니의 뛰어난 점은 하늘의 도움, 즉 운을 스스로 만들어왔다는 것이다. 그가 실천한 운을 좋게 하는 법은 오타니가 고교 시절 직접 작성한 만다라트Mandal-Art 계획표에 적혀 있다. 오타니의 운運 목표에는 8가지의 실천 사항이 담겨 있다. 혹자는 '픽' 하고 코웃음을 칠 만한 내용들이다. 그들을 열거하면 이렇다.

책 읽기, 쓰레기 줍기, 인사하기, 운동부실 청소하기, 긍정적 사고, 심판을 대하는 태도, 물건 소중히 다루기, 응원받는 사람 되기.

오타니의 위대함은 대스타가 된 이후에도 이 모든 걸 고교 시절과 마찬가지로 실천한다는 것이다. 어찌 보면 그는 완벽주의자처럼 보인다. 하지만 틀렸다. 매 순간 최선을 다할 뿐이다. 승패에는 일희일비하지 않는다. 그리고 죽을 것같이 힘들어도 포기하지 않는 강한 멘탈의 소유자다. 오타니는 불운과 실패를 이용하는 법을 알며, 긍정의 힘도 갖고 있다.

매너는 성공을 부른다

오타니를 포함한 내가 아는 모든 성공한 분들은 하나같이 운을 좋게 하는 법을 아는 운장들이다. 금융투자 업계에도 그런 분들이 많다. 그중 한 명은 대학 후배이기도 하고, 전 직장 동료이기도 한 오너급 CEO다. 지금은 후배들에게 CEO 자리를 물려주고 큰 일들만 챙기고 있지만 여전히 그의 존재는 크다. 그는 인물도 준수하고, 스펙도 훌륭하다. 신언서판을 다 갖춘 드문 인물이다. 그러나 그의 훌륭한 점은 그뿐만이 아니다. 그를 만나는 이는 최소한 세 번은 놀란다. 일단 준수한 용모와 매너에 놀란다. 그리고 다음에는 그의 진솔함에 놀란다. 놀람은 여기서 그치지 않는다. 만나고 나오면서 또 한 번 놀란다. 그는 상대가 누가 됐든 1층까지 내려와 정중히 배웅한다. 그리고 그를 찾아온 사람들을 절대로 빈손으로 돌려보내는 법이 없다. 꼭 무언가를 쥐여보낸다. 어떤 이가 감동을 받지 않겠는가. 그를 욕하는 사람을 보지 못했다. 욕을 한다고 해도 그 말을 믿을 사람은 아무도 없다. 그의 최대 장점은 이 모든 것이 자연스럽게 우러나온다는 것이다. 인위나 가식,

의도와 계산은 찾아볼 수 없다. 그것이 오늘의 그를 있게 한 원동력이자 운을 부르는 덕행이라고 생각한다.

운을 좋게 하는 비법을 멀리서 혹은 굳이 고수들로부터 찾으려 할 필요가 없다. 말만 예쁘게 해도 된다. 사람들은 똑같은 말이라도 진심을 담아 예쁘게 플레이팅하여 전달하는 걸 좋아한다. 말은 음식과도 같다. 플레이팅이 중요하다. 플레이팅^{plating}은 우리가 익히 아는 바와 같이 음식을 먹음직스럽게 보이도록 그릇이나 접시 따위에 담는 일을 말한다. 최근에 만난 73년생 CEO 한 분도 플레이팅의 고수다. 그는 다름 아닌 KCGI의 강성부 대표다. 대개 오너^{owner}면서 대단한 명성을 가지고 있다면 겸손과는 거리가 멀 수 있다. 하지만 그분은 다르다. 겸손이 몸에 배어 있다.

하루는 삼고초려해 모셔온 선배에게 이런 말을 했다고 한다. "선배님! 제가 선배님과 30년은 더 가야 하는데 건강 관리를 하셔야 하지 않겠습니까? 내일부터 운동 시작하시죠." 그 말을 들은 선배는 63년생이다. 은퇴를 앞둔 선배에게 30년을 더 같이 가자는 말을 하니 놀라지 않을 사람이 몇이나 있을까? 물론 덕담이라 생각할 수도 있다. 하지만 얼마나 사람을 기분 좋게 하는 말인가! 그 말을 들은 선배는 마음속으로 다짐을 했을 것이다. "내 모든 걸 쏟아 그를 도와야겠다."

다정한 말 한마디

무재칠시^{無財七施}라는 말이 있다. 불교에서 쓰는 말로, 재물이 없이 베풀 수 있는 일곱 가지 보시(자비심으로 남에게 베풂)라는 뜻이다. 같은 말도 예쁘게 하는 건 이들 중 언시^{言施}에 속한다. 언시는 말로 하는 것이니 쉬울 듯하다. 그러나, 쉽지 않다. 언시를 베풀려면 마음의 바탕이 되어 있어야 하기 때문이다. 따라서 언시를 베푸는 사람은 된사람이다. 된사람이 되는 게 쉬운 일인가? 나도 된사람은 못 된다. 그렇다 보니 언시가 약한 것이다. 언시보다 실천하기 쉬운 운을 부르는 보시법이 있다. 화안시和顔施다. 이 역시 무재칠시 중 하나다. 말 그대로 얼굴에 화색和色을 띠고 남을 대하는 것이다. 오타니 쇼헤이의 운을 부르는 실천 항목 중 '인사하기'도 화안시라 할 수 있다. 나는 다행히 어려서부터 인사하는 버릇을 아버지께서 길러주셔서 화안시에는 능하다. 늘 부드럽고 정다운 얼굴로 반갑게 인사하는 것만으로 좋은 평을 받아왔다. CEO가 된 이후에도 달라진 건 없다. 엘리베이터에서도 내가 먼저 임직원들에게 인사를 한다. 그리고 꼭 다정한 말 한 마디를 건넨다.

처음 H증권 CEO로 부임했을 때 조직 구성원들의 표정이 모두 굳어 있었다. 그래서 나는 화안시를 주문했다. 그때 내가 한 말은 다른 게 아니다. "기쁜 일이 없어도 표정 사기詐欺를 쳐라. 좋은 일이 있는 것처럼. 그러면 다른 사람들이 물을 것이다. 뭐 좋은 일 있어? 그런 질문이 나오면 된다. 상대의 관심은 곧 호감의 표시이기 때문이다." 나는 그 이후에도 H증권 CEO로서 조직의 운을 좋게 하는 것이라면 그게 무엇이든 다 했다.

〈SMILE 캠페인〉도 그중 하나다. SMILE은 중의적 의미를 가진다. 하나는 미소微笑, 즉 인사다. 다른 하나는 Small Motion Invent Large Evolution의 약자다. 즉, 작은 행동이 인생의 큰 변화를 만든다는 뜻이다. 당시 나는 CEO 스피치를 통해 이런 메시지를 전했다. "인사는 조직원의 의식을 바꾸는 것만으로는 안 된다. 뇌의 문제라기보다는 행동의 문제이기 때문이다. 인사는 습관이자 버릇이다." 현재 H증권의 임직원들 표정은 다 밝다. 모두 화안시를 행하고 있는 것이다. H증권이 잘나가는 이유다. 조직만 그런 게 아니다. 우리네 인생도 다르지 않다. 운을 부르는 사람이 되자!

CHAPTER 3

秋

그리고 가을收

갑골문에서 하와 동은 없다. 따라서 옛 중국인들에게는 봄과 가을만 존재했다. 생각해보면 이해가 간다. 농경사회에서는 뿌리고 거두는 것만큼 중요한 일이 없었겠는가? 봄이 뿌리는^{invest} 계절이라면 가을은 걷이^{harvest}를 하는 계절이다. 인생에서 가을은 성공의 환희와 기쁨을 느끼는 단계라 할 수 있다. 틀린 말이 아니다. 맞는 얘기다. 분명히 인생의 리즈 시절이다. 하지만 더 중요한 건 인생을 더 빛나고 풍요롭게 하는 노력을 기울여야 하는 시기라는 것이다. 대부분의 인생 성공자들이 이 점을 간과하는 경향이 있다.

Chapter 3

3-1 인생 복기

3장은 추秋 그리고 가을㼛이다. 숨가쁘게 살아온 인생을 한 번 되돌아볼 시점이다. 물론 복기는 언제든 미덕이다. 복기는 바둑 용어로, 성찰, 회고와 같은 의미라 할 수 있다. 나는 '복기'라는 단어를 좋아한다. 복기가 주는 이미지 때문이기도 하다. 복기의 뜻은 아는 바와 같다. '한 번 두고 난 바둑의 판국을 비평하기 위하여 두었던 대로 다시 처음부터 놓아보는 것'이다. 즉, 복기는 한 수도 건너뛰지 않고 바둑판을 재현하는 것이다.

인생 복기도 마찬가지다. 지금까지의 인생 궤적을 샅샅이 되돌아보고 철저한 자기 반성을 통해 삶을 변혁하자는 의도를 담은 표현이다. 건성으로 돌아보는 건 의미가 없다. 놓치는 게 너무 많아 좋은 결과를 얻을 수 없다. 대부분은 후회는 많으나 복기는 하지 않는다. 복기는 힘든 작업이기도 하고, 복기로 과거를 재현하는 것이라 오해하고 큰 의미를 두지 않기 때문이다. 하지만 복기는 힘들고 성가시지만 명백히 그만한 가치가 있다. 단순히 과거를 재현해보는 게 아니라 그 당시 놓쳤거나 잘못 판단한 부분들을 되짚어보는 것이기 때문이다.

역사도 사실은 복기의 학문이다. 다음은 영국의 역사학자 E. H. 카의 유명한 말이다. "역사는 과거와 현재의 끊임없는 대화다." 즉, 역사는 과거를 현재의 관점에서 재해석하는 것이라는 말이다. 이렇게 볼 때 역사가는 복기를 하는 바둑 기사와 같은 입장에서 있다. 물론 똑같지는 않다. 다른 점은 바둑 기사는 과거 사실의 주체자이고 역사가는 아니라는 것이다. 그러나, 이러한 차이는 중요치 않다. 정말 중요한 건 둘 다 과거 사실의 재해석을 통해 미래에 대한 통찰력과 예지력을 얻고자 한다는 것이다.

고수의 생각법

인생 복기가 필요한 것도 다르지 않다. 앞으로의 삶에 대한 조망 구조를 확보하고 인생 기력棋力을 높이기 위함이다. 바둑계의 고수들은 하나같이 복기를 기력을 높이기 위한 최고의 공부로 생각한다. 바둑을 모르는 사람이라도 이창호 9단은 안다. 그는 명실상부한 바둑계의 전설이다. 한때 세계 바둑계를 제패한 불세출의 기사인 이창호는 적수가 없었다. 그의 기력은 가히 초역대급이었다. 그는 한 인터뷰에서 최고의 기력 유지 비결을 복기라고 하며 복기에 대한 의미를 이렇게 설명했다. "승리한 대국의 복기는 이기는 습관을 만들어주고, 패배한 대국의 복기는 이기는 준비를 만들어준다고 생각한다."

이창호뿐만이 아니다. 그의 스승인 조훈현 9단도 그의 책 『고수의 생각법』에서 복기를 강조했다. "아플수록 복기하라" "고수는 날마다 복기한다" "승부의 세계에서 복기는 기본이다"와 같은 고수의 풍모가 느껴지는 주옥 같은 멘트다. 나는 H증권 CEO 스피치에서 한국 최고의 승부사 조훈현 국수의 글들을 여러 차례 인용한 바 있다. 나는 『고수의 생각법』을 내가 이제까지 읽은 인생의 철학서 중 단연 최고의 저서라 생각한다. 단 한 문장도 버릴

게 없을 정도로 훌륭하다. 한 마디로 군더더기가 하나도 없는 책이다. 필히 일독을 하길 권한다. 인생 복기가 왜 필요한지는 두 바둑 고수의 말로도 충분하기에 부연설명은 필요치 않다고 본다.

악마의 변호사적 관점

우리는 늘 이기는 인생 바둑을 둘 수는 없다. 나 역시 반세기 이상 인생을 살아보니 승과 패가 반복됐다. 다행히 패의 순간에 나는 복기를 통해 이기는 법을 배웠다. 복기할 때 가장 중요한 건 사실을 바라보는 시각, 즉 관점이다. 나는 자기 관대화 Leniency를 특히 경계하려 했다. 자기 관대화는 골프에서 말하는 컨시드 concede (상대방에게 짧은 거리의 퍼팅을 Give 혹은 OK를 주는 것)를 자기 스스로 주는 것에 비유할 수 있다. 따라서, 자기 관대화는 스스로 사실을 왜곡시켜 복기를 무력화한다.

또 하나는 반드시 악마의 변호사 devil's advocate 적 관점에서도 바라본다는 것이다. 나의 실사례다. 나는 H증권 CEO로서의 삶 전체를 부정당하는 억울한 상황에 처한 바 있다. 일각에서 정체를 알 수 없는 리포트를 근거로 M&A를 앞두고 CEO인 나의 과오를 지적했던 것이다. 사실 나는 그 어떤 것도 내 과오라고 인정할 수 없었다. 단 하나도 사실 관계에 입각한 것이 아니었기 때문이다. 건설적 비판이면 겸허히 받아들일 수 있었으나, 악의가 담긴 조잡한 논리에 기반한 음해성 공격으로밖에 볼 수 없었기에 나는 전혀 받아들일 수 없었다. 나는 스스로 악마의 변호사 관점에서도 살펴보았다. 하지만 내가 받아들일 건 없었다. 그 불상不詳의 리포트의 목적만이 의심스러울 뿐이었다. 어이가 없긴 해도 그저 나의 부덕으로 치부하려고도 했다. 지금도 나는 어리둥절할 뿐이다. 아닌 밤 중에 홍두깨로 한 대 얻어맞은 느낌이다. 시간이 흐른

후에 다시 한 번 정신 차리고 복기해보려 한다. 이긴 대국을 패배한 대국으로 둔갑하는 게 왜 필요했을까가 궁금하다. 내가 한 인생 복기 중 가장 참담한 기분으로 한 복기다. 그러나 정말 많은 걸 배운 복기였다. 물론 아직도 풀리지 않은 의문은 많다. 다음 복기를 내가 기약한 이유다.

책을 쓸 결심

복기는 바둑에서의 복기만을 말하는 게 아니다. 다시 기억을 소환해 반추하고 기록하는 것도 복기다. 그렇게 보면 책 쓰기 역시 복기의 성격을 갖는다. 사실 나는 복기 바둑을 두는 심경으로 책을 쓰고 있다. 즉, 내가 인생의 바둑판에 두었던 한 수 한 수를 되짚으며 이미 승부가 끝난 대국을 재현하고 또 음미하면서 내가 깨달은 많은 교훈과 인생 이치, 그리고 지혜들을 어쭙잖은 필력으로 풀어내고 있다는 얘기다.

책을 쓰는 걸 결심하는 건 쉽지 않았다. 하지만 내가 용기를 낸 건 이런 복기가 없이는 또 한 번의 내적 성장과 인생 내공의 축적을 이루어낼 수 없다고 생각했기 때문이다. 나는 책을 쓰면서도 내가 매일 매일 성장하고 있다는 걸 느낀다. 그리고 말할 수 없는 성취감과 행복감도 만끽하고 있다. 마라톤을 하는 기분이 들 때도 있다. 마라톤 주자들이 피니시라인을 향해 달리는 과정에서 러너스 하이runner's high를 경험하듯 책을 쓰는 과정에서도 나는 달리며 러너스 하이에 버금가는 희열을 경험한다.

나는 CEO로 있으면서 네 가지를 안 한다는 원칙을 세웠다. 주례, 외부 강의, 책 집필, 인터뷰가 그것이다. 각기 안 하려는 이유는 다르다. 그중 책 집필은 괜한 오해를 받기 싫어서였다. 주말이나 퇴근 후 밤늦게까지 집필한다고 해도, CEO 업무가 아닌 책을 썼다는 비난이 있을 수 있다. 그래서 그런 원칙을 세운 것이었다. 하지만 이제는 깨려 한다. 인상 복기가 필요한 특수 시점이라는 판단에서다. 단, 나는 나 스스로를 경계하기로 했다. 근무 시간 외에만 집필하겠다는 자율 규정을 정했다. 지금도 나는 야심한 시간에 이 글을 쓰고 있다. 나는 내 양심에 반하는 일은 안 해왔다. 그렇게 살아왔기에 여기까지 왔다고 생각한다. 책 쓰기 역시 그런 내 삶의 기조하에서 이루어지고 있다.

일기 쓰기

다시 본 주제로 돌아가려 한다. 내가 볼 때 최고의 복기는 '일기 쓰기'다. 우리 모두는 일기에 대한 안 좋은 기억들을 갖고 있다. 나도 방학 때 주어진 일기 쓰기 숙제를 개학을 앞두고 몰아치기한 기억이 생생하다. 지금 생각하면 왜 그랬을까 싶지만 이해가 된다. 좋은 거라도 숙제로 주어지면 하기 싫어지기 때문이다. 그런 기억 때문에 글쓰기를 고역이라고 생각하는 사람들이 의외로 많다. 그러나, 생각을 바꾸어야 한다. 글쓰기가 갖는 장점이 엄청나기 때문이다. 글쓰기 중 일기 쓰기는 특히나 이점이 많다. 일기는 하루의 기록이다. 내용이나 형식은 중요하지 않다. 따라서, 그냥 쓰고 싶은 건 편히 적고 써나가면 된다. 나는 매일 일기를 쓰지는 않지만 수시로 특정 주제들에 대한 소견이나 이슈 분석 글 그리고 반성문 등을 쓴다. 과거에는 대학 노트에 썼으나 지금은 핸드폰의 노트 앱을 활용한다. 이러한 글쓰기 역시 내게는 일기 쓰기나 마찬가지다. 훌륭한 복기이기도 하다. 일기 쓰기에 꼭 도전해보길 권한다. 길게 쓸 필요 없다. 정말 부담스럽다면 세 줄 일기 혹은 감사 일기 쓰기라도 시작하라! 반드시 도움이 될 것이다.

일기 쓰기의 장점은 어려서부터 귀가 따갑게 들어왔다. 관찰력과 집중력, 사고력과 표현력이 좋아지는 건 물론이다. 자존감과 자제력도 높아지고, 마음의 평온도 얻을 수 있다. 그러나 일기 쓰기의 최대 장점은 그 자체로 가장 훌륭한 복기라는 것이다. 긴 말이 필요 없다. 세계 역사에 이름을 남긴 위인들 중 상당수가 일기를 쓰는 사람들이었다는 사실만으로도 일기의 가치는 이미 입증된 것이다. 내가 아는 한 일기 쓰기의 정수를 보여주는 최고수들은 마르쿠스 아우렐리우스와 충무공 이순신이다. 마르쿠스 아우렐리우스의 『명상록』은 여러 설이 있지만 철학자 황제가 전쟁터에서 쓴 일기로 알려져 있다.

"황제는 손수 보려고 글을 썼을 것이다. 그가 죽고 나서 측근이나 그의 숭배자들이 그 글을 모아 귀한 자료로 남겼다. 바티칸 필사본에서도 황제의 글에 제목을 달지 않았다. 초간본의 제목은 자기 자신을 위한 글이다. 어떤 의도로 글을 썼을까?" 이 인용문은 사제 출신의 서양 고대 철학 연구의 거장으로 알려진 분(피에르 아도)의 책을 읽고 초록한 독서 메모장 일부다. 완독하기는 쉽지 않은 책이다. 그러나 내가 읽은 『명상록』과 관련된 책 중 가장 인상 깊었던 책이다. 스키밍^{skimming}해도 좋으니 필히 일기에도 도전하길 바란다. 『명상록』이야말로 우리의 세계관과 평소 생활 방식을 완전히 뒤집어놓을 수 있는 책이다. 그게 누구든 탄탄한 내면의 성채를 쌓기를 원한다면 『명상록』을 읽고 또 읽어야 할 것이다.

난중일기와 백범일지

『명상록』과는 결이 다른 일기가 있다. 그 유명한 『난중일기』다. 『난중일기』^{亂中日記}는 말 그대로 난^亂 중에 쓴 일기다. 즉, 조선 무신^{武臣} 충무공 이순신^{李舜臣}이 임진왜란 7년 동안 군중에서 쓴 일기다.

CHAPTER 3

『명상록』과 마찬가지로 『난중일기』를 모르는 사람은 없다. 우리 모두 익히 들어 알고 있는 유명한 저술들이다. 따라서 설명은 필요없을 듯하다. 단지 나는 이 얘기는 필히 전하고 싶다. 『명상록』의 저자는 황제다. 처지가 남다르다. 그러나 충무공은 일개 무장에 불과하다. 마르쿠스 아우렐리우스처럼 여유가 없다. 밤잠을 설쳐가며 『난중일기』를 쓸 수는 없었다. 그럼에도 불구하고 『난중일기』는 임진왜란 연구에 없어서는 안 될 사료가 될 만큼 내용이 방대하고 풍부하며 세세하다. 정말 놀라운 기록물이다.

위키백과에 나온 『난중일기』에 대한 개설 중 일부를 그대로 인용하고자 한다. "(『난중일기』에는) 시취時趣에 넘치는 일상 생활, 동료·친척과의 왕래 교섭, 이순신 본인의 개인적인 집안일은 물론 당시 조선 수군水軍의 지휘에 관한 비책秘策, 국가 및 조정에 대한 충성과 강개, 왜군에 대한 분노의 감정 토로 등이 실려 있으며, 상관과 장수 및 부하들 간의 갈등 문제를 비롯해 당시의 정치, 경제, 사회, 군사 전반에 걸친 주제와 이슈들, 사건들을 폭넓게 기록하고 있다." 더 이상의 언급이 필요 없다. 정말 『난중일기』의 요체要體를 명료하게 정리한 글이라 생각한다.

또 하나 젊은 시절 감명 깊게 읽은 책이 있다. 『백범일지』다. 물론 『백범일지』는 일기문이 아니다. 백범 김구 선생의 자서전이다. 최근 그의 행적과 사상에 대한 논란과 재평가가 진행되고 있긴 하다. 그렇다 해도 『백범일지』가 필독서라는 데는 논란의 여지가 없을 듯하다. 『백범일지』는 우리 민족이 가장 불행했던 시대를 관통하며 살아온 백범 김구의 치열한 인생 복기의 결과물이다. 나는 역사학자는 아니나 늘 올바른 역사인식을 가지려 노력해 왔다. 당연하지 않은가? 시대의 지성들이 한쪽으로 기운 프리즘을 가져서는 안 된다. 편향된 시각은 편향된biased 결과와 해석을 낳을 뿐이다. 그들 혹은 사건, 사실들이 속했던 시대의 특수한 상황과 역사적 맥락에 대한 폭넓은 이해가 결여한 채 행해지는 해석은 오류를 범하기 쉽다.

호크아이 복기법

나는 그런 점에서 인물 평가와 역사적 해석에 무척 신중한 편이다. 이런 접근법과 스탠스hawk's eye는 복기에서도 매우 유용하다. 즉, 전체를 조망하면서 균형 잡힌balanced 시각으로 전체와 부분들을 연결하여 리뷰할 때 얻는 게 많은 법이다. 스포츠 세계, 특히 축구에서도 이런 류의 복기는 필수다. 단순히 한 명의 플레이를 분석하는 것보다 전체 경기 흐름과 감독의 경기 전략에 비추어 플레이어들의 패턴과 동선을 리뷰하는 것이 팀 경기력을 향상시키는 데 필요한 인사이트와 중요한 교훈을 더 가져다준다는 게 EPL리그 감독들의 지배적인 복기론이다. "100시간 훈련보다 중요한 게 복기다." 축구를 아는 분들 사이에서 회자되는 공리公理다. 그만큼 복기가 연습과 훈련 못지않게 중요하다. 하지만, 바둑에서와 마찬가지로 패배한 경기를 복기하는 건 감독과 선수 모두에게 큰 고통이 따른다.

"굉장히 힘든 주말을 보냈다. 우리는 반드시 변화해야 한다. 더 이상 눈 가리고 아웅할 수는 없다. 이 위기를 이겨내야만 한다. 나뿐 아니라 패배를 돌아보는 건 누구에게나 어려운 일이다. 그러나 정말로 눈을 뜨고 모든 것을 바로잡아야 한다. 그게 우리가 할 일이다." 리버풀의 명장 위르겐 클롭 감독이 2023년 초 맨시티와의 경기에서 패배한 후 한 인터뷰에서 한 말이다. 비단 축구뿐이겠는가? 마라톤, 야구, 테니스, 농구 등 모든 스포츠는 물론 투자의 세계에서도 앞서 말한 호크아이 복기법(전체와 부분을 같이 보는)은 매우 유효한 경기력 향상법이다.

복기의 위대한 힘

마라톤계의 전설이 있다. 케냐의 킵초게다. 킵초게는 살아서 전설이 된 마라토너다. 원래 그는 5천 미터 장거리 선수였다. 킵초게의 성공 비결로 타고난 재능, 환경적 요인, 케냐의 선수 육성 시스템 등을 꼽는다. 하지만 빠진 게 있다. 그는 복기의 달인이었다. 킵초게는 매번 훈련이 끝나면 훈련일지를 작성한다. 매일매일의 훈련 상황(즉 뛴 거리, 시간, 신은 신발, 신발과 관련된 느낌 등)과 경기력, 컨디션 등 훈련과 관련된 세부사항을 빠짐없이 적어놓는다. 이렇게 작성된 훈련일지는 그의 보물이다. 틈날 때마다 계속 리뷰한다. 킵초게는 이런 복기 과정을 통해 경기력 향상 노하우를 축적하는 한편, 자신만의 독특한 훈련법을 개발해 나갔다. 킵초게에게 훈련일지는 최고의 스승이다. 또한 힘들 때마다 위로를 건네는 든든한 응원군이기도 했다. 킵초게의 말을 재구성한 것이다. "나는 훈련이 끝나면 모든 훈련 내용을 다이어리에 기록하고 시간 날 때마다 읽고 또 읽어본다. 그러면서 다음 훈련을 어떻게 할까를 구상한다. 또한 나는 힘든 상황이 올 때면 다이어리를 들춰본다. 정신적으로 이겨내는 데 큰 힘이 된다." 킵초게는 정말 대단하다. 서브2를 달성함으로써 인간이 도달할 수 있는 한계를 뛰어넘은 역사상 가장 위대한 마라토너이기 때문이다. 또 대단한 이유는 복기의 위대한 힘을 보여준 세계 최고의 주자라는 점이다.

복기의 힘을 보여주는 또 한 예가 있다. 레이 달리오$^{Ray\ Dalio}$다. 그는 한때 『타임』지가 선정한 가장 영향력 있는 100인 중 한 명이다. 그만큼 그는 월가에서 전설로 통하는 성공한 최고 투자자다. 레이 달리오의 주변에는 늘 수첩이 있다. 그 수첩은 오답 노트다. 지금까지 한 가슴 아픈 실수와 **뼈저린** 실패가 **빼곡히** 적혀 있다. 그는 "오답 노트야말로 이 시대 최고의 스승이다"라고 말한다. 우리 모두는 오답 노트를 써본 적이 있다.

인생 복기를 대단한 걸로 생각 말자. 학교 다닐 때 만든 오답 노트가 학습력을 높인 것처럼, 인생 복기도 나의 경쟁력을 강화하는 도구 내지는 과정이라 간단히 정리하면 된다.

3-2 미세의 매직

미세微細라는 말은 모두 들어봐서 아실 것이다. 미세의 사전적 의미는 이렇다. ① 분간하기 어려울 정도로 아주 작음 ② 몹시 자세하고 꼼꼼함. 두 가지 뜻은 상통한다. 따라서 미세를 한마디로 정의하면 '아주 작고 세세함'이라 할 수 있다. 왜 세 번째 챕터 추秋의 장에서 미세를 거론할까? 이유가 있다. 열심히 달려온 인생을 복기한 후에는 미세 조정fine tuning이 필요하다. 바느질로 말하면 인생이란 옷 한 벌이 완성되기 전에 바느질이 덜 된 부분을 보완하는 결정적 한 땀stitch이 있어야 한다. 여기서의 한 땀은 상징적 표현이다. 진부한 클리셰지만 명품과 가품의 차이는 바느질 한 땀 차이라는 말이 있다. 바느질의 한 땀은 스포츠에서는 1인치라는 말로 표현된다. 이 책의 부제를 『내 인생을 바꾸는 1인치 경영혁명』이라 한 것은 기업 세계와 인생에서도 스포츠와 마찬가지로 1인치 차이로 승패가 결정되는 걸 말해주고 싶어서다.

하찮은 것의 역설

아주 예전에 본 2호선 지하철 시청역 벽에 붙은 광고 문구가 기억난다. "작은 차이가 큰 차이를 만듭니다. Think Different!" 정확하진 않을 수 있다. 그건 중요치 않다. 제대로 의미가 전달되면 된다. 이 절의 원제목은 미세 조정이었다. 하지만 범위가 너무 제한되는 듯해 현재 제목으로 바꾸었다. 작은 것이, 하찮은 것이 중요하다는 말을 무수히 듣지만 사실 실감나지 않는다. NAVER 이해진 이사장이 말하는 '냉장고 혁신론'도 잘 와닿지 않는다. 『세이노의 가르침』에서 그렇게 "지금 하는 일이 하찮다 해도 죽을 힘을 다해야 한다" 강조해도 귀에만 담을 뿐 실천하지 않는다. 그러니 나는 하찮은 것의 역설paradox을 살아오며 무수히 듣고 보고 직접 경험했다.

어렸을 때부터 귀가 따갑게 들어온 말이 있다. "하찮은 일을 제대로 하지 않는 사람은 큰일도 제대로 할 수 없다." 무서운 말이다. 얼핏 협박으로 들릴지도 모르지만, 그런 일종의 공포 마케팅조차 우리 뇌 구조를 바꾸는 게 쉽지 않다. 나도 내 글을 읽고 하찮음의 역설을 깊이 깨닫고 실천할 분이 많으리라 기대하지 않는다. 일단 지금 당장의 단기적 기대 수익expected return이 작기 때문이다. 그리고 진짜 그게 내게 큰 이득을 안겨줄지는 미지수다 보니 지속적 노력을 기울일 유인incentive이 적은 것도 이유 중 하나다.

혹시 들어본 적 있는가? 일본 전국 시대의 영웅으로 불리는 B와 관련된 일화다. 전 직장 CEO이자 내가 존경하는 인생 선배이신 분이 십여 년 전에 전해준 말씀이다. 오래 전의 기억을 재생하다 보니 정확도는 떨어질 수 있다. "B는 인물이 못난 축에 들어가 풍신나다(못났다)는 말의 풍신은 바로 그를 가리킨다는 말이 있다. 그런 그가 당대 최고의 가문에서 소위 당번병(어떤 사람의 밑에서 그 사람을 위해서 일을 해주는 사람) 일을 할 때다. 추운 겨울날이었다. 그의 주군이 참모들과 회의를 하고 나와 신발을 신으려다 자기 신발만 얼지 않은 걸 이상히 여겨 그에게 묻는다. 어이하여 내 신발만 얼지 않았는가? 그가 답한다. 외람되오나 제가 신발을 품에 안고 있었습니다." 그 말을 들은 주군은 탄복해 마지않았다.

물론 사실이 아니라 전설처럼 전해지는 일화라는 설도 있다. 그러나 이 역시 중요치 않다. 허구(虛構)면 어떤가? 이 일화가 주는 교훈을 아는 것이 중요할 뿐이다. 교훈은 명쾌하고 단순하다. "하찮은 일이라도 지극정성을 다하라" 아니겠는가? 그리고 오해 말라! 그를 미화할 의도는 추호도 없다. 역사적 인물로서의 그를 내 나름의 기준에 따라 정확히 평가할 정도의 역사의식과 민족의식, 지성은 있다.

빙상 여제의 선택

스포츠계에도 우리가 본받을 점이 많은 선수들이 즐비하다. 일본의 빙상 여제 고다이라 나오를 아는가? 그녀는 2018년 평창 동계올림픽 스피드 스케이팅 여자 500m에서 36초 94의 올림픽 신기록으로 숙명의 라이벌인 이상화를 제치고 1위를 차지한다. 한국과 일본 언론은 일제히 그녀의 성공 비결을 조명했다. 어떻게 30대의 나이에 전성기를 맞이한 걸까? 모두가 궁금해했다. 여러 가지 요인이 있었다. 그중 내가 주목한 건 그녀의 네덜란드 유학 도전기였다. 네덜란드는 아시다시피 빙상 최강국이다. 고다이라 나오는 29살이라는 나이에 유학을 결심한다. 유학생활은 힘들고 외로웠다. 그녀의 친구는 조랑말뿐이었다. 하지만 잘 이겨냈다. 2년간의 고단한 유학을 마치고 고국에 돌아온 고다이라 나오는 모든 게 달라졌다. 정신력, 자세, 기량이 급성장했다. 특히 그녀의 자세는 화제가 되었다. 성난 고양이 자세는 그녀의 트레이드마크다. 사실 네덜란드 유학 전에도 그녀는 일본 빙상의 최강자 중 하나였다. 그런 그녀였지만 대부분의 선수가 은퇴를 생각하는 시기에 경기력을 극한까지 끌어올리려 유학이라는 미세 조정$^{fine\ tuning}$을 선택한다. 그녀의 코치도 한 인터뷰에서 얘기한 바 있다. "고다이라 나오는 선수로서의 철학과 사고방식, 태도가 남다르다. 한마디로 초심을 잃지 않고 필사적 노력을 끝없이 하는 선수다." 그런 바탕이 없었다면 늦은 나이의 유학이라는 모험은 생각도 못할 일이다. 하지만 그녀는 신념을 갖고 도전한다.

빅 모멘텀

우리도 살다 보면 자신의 삶의 기준선, 즉 회귀선$^{regression\ line}$에서 벗어나 이격^{deviation}이 생기는 경험을 한다. 그럴 때 필요한 게 미세 조정이다. 미세 조정은 본래 경제학 용어다. 말 그대로 아주 작은 조정을 통해 이격을 제거함으로써 추세^{trend}를 회귀선으로 복귀시키는 것이다. 고다이라 나오에게 네덜란드 유학은 그런 의미를 갖는다. 다시 말해 선수로서의 경기력을 극한까지 끌어올리려는 고다이라 나오가 유학이라는 필사의 미세 조정을 통해 스스로를 세계 정상으로 가는 회귀선 위에 올려놓은 것이다. 미세 조정 전의 그녀는 일본 국가대표였을 뿐 세계 최강의 스프린터는 아니었다. 다만 그녀는 '스케이팅이 내 인생에서 어떤 의미를 갖고 이 타이밍에 나는 무엇을 해야 하는지'에 대한 답을 정확히 아는 선수였다. 큰 변화만이 인생 전체의 흐름을 바꾸는 게 아니다. 정확한 타이밍에 취해진 미세량의 변화만으로도 인생은 엄청나게 달라진다. 고다이라 나오의 유학은 힘든 결정이고 유학생활도 힘들었지만 기대만큼 많은 걸 얻고 돌아오진 않았다. 하지만 유학을 통해 얻어진 미세량의 변화, 즉 미세 조정이 그녀의 선수 인생을 완전히 바꾼 것이다.

아주 작은 변화가 빅 모멘텀 big momentum이 되는 역설이 나타난다. 이게 바로 내가 말하는 미세微細의 매직이다. 나는 반세기 이상을 살며 이걸 수없이 경험해 왔다. 극미량의 차이, 즉 한 땀의 노력이 모든 걸 바꾼다. 그리고 아주 작은 1인치의 차이가 스포츠에서뿐 아니라 인생에서도 승부를 가른다. 관점과 멘털에서의 극히 작은 차이가 큰 결과의 차이로 이어진다. 학교 다닐 때 배운 최소량의 법칙도 미세의 매직과 무관치 않다. 와인과 커피, 요리의 세계에서도 미세의 매직은 작동한다. 우리가 모르는 미세한 차이가 그들의 가치를 결정하고 가치와 가격의 비대칭 구조를 만든다. 작가들이 무수한 퇴고를 통해 위대한 작품을 탄생시키는 과정에도 미세의 매직이 숨어 있다.

신*은 디테일에 있다

신도 악마도 디테일에 있다. 이 유명한 말도 미세의 매직으로 설명된다. 이 같은 디테일은 내가 살아오면서 스스로에게 줄기차게 강조해온 키워드 중 하나이기도 하다. 결코 득得을 의식한 건 아니었다. 그러나, 나의 이런 지향성은 언제나 큰 득을 안겨주었다. 이러한 경험칙이 나의 디테일 철학과 맞물리면서 디테일은 내 인생에서 빼놓을 수 없는 단어가 되었다.

앞에서도 언급한 바 있지만 나는 디테일론자로서 기업 경영에서 조직문화가 갖는 가치를 익히 아는 경영자다. 조직문화도 알고 보면 미세의 매직에서 말하는 경영의 미세 원소이자 최소량이다. 작지만 전체에 미치는 영향이 크다는 뜻이다. 따라서 나는 H증권 CEO로 있으면서 강한 조직문화를 만들기 위해 혼신의 힘을 다했다. 이 글을 쓰는 지금도 나는 가을의 전설로 불려지는 조선일보 마라톤에 참가하기 위해 55명의 선수와 서포터즈 21명과 함께 춘천행 전세버스에 몸을 싣고 있다. 나는 왜 이렇게 조직문화 만들기에 열을 올릴까? 대단히 긴 얘기가 될 것 같아 이에 대한 답은 생략한다.

조직문화는 매우 중요하다. 조직문화에서 가장 중요한 건 무엇일까? 나는 핵심가치$^{core\ value}$라고 생각한다. H증권의 핵심 가치를 나는 H다움(The H* way)이라고 표현한다. H다움의 내용은 간단하다. ▲역발상 ▲정도경영 ▲도전정신 ▲함께함^{with} ▲디테일 역량 등이다. 이 중 CEO로서 가장 강조한 것이 디테일 역량이다. 디테일이 가치를 결정한다. 이걸 모르는 사람은 없지만 매번 망각하거나 놓치게 된다. 내가 특히나 디테일 경영을 강조하는 이유다.

춘마 프로젝트

CEO로서 나는 디테일 경영의 연장선에서 네이밍과 브랜딩을 강조해왔다. 내가 하는 모든 것에는 이름이 붙어 있다. 그리고 나는 모든 걸 브랜드화한다. 한 예를 들어보려 한다. H증권 CEO로 있으면서 나는 회심의 프로젝트를 제시한다. 춘천 마라톤(춘마) 도전 프로젝트다. 나의 욕심도 작용했다. 사실 이런 프로젝트는 성공하기 쉽지 않다. 특히 요즘 같은 시대에는 더 어렵다. 하지만 도전하기로 했다. 우리 H증권은 "우리가 하면 다르다!!!"는 자부심이 우리들의 의식의 근저에 자리잡고 있다. 해낼 수 있을 것 같았다. 우리 H증권은 작은 문제를 풀더라도 머리가 터지도록 고민해 최적해를 도출하는 전통이 있다. 내가 CEO가 된 이후에 생긴 전통이다. 이번 프로젝트도 예외가 아니었다. 모든 게 제로 베이스에서 시작하다 보니 도전의 연속이었다. 네이밍 단계부터 치열한 고민이 시작됐다. 프로젝트 네이밍까지는 순조로웠다. 브레인스토밍을 통해 근사한 이름을 지었다. '가을의 전설, H의 전설.'

그러나 다음 단계가 문제였다. 대부분의 참가자가 초심자들이다 보니 매우 정교한 훈련 프로그램이 필요했다. 사실 이 지점이 프로젝트의 성패를 좌우하는 키 드라이버였다. 실무자들도 이를 알고 있어 우려했다. 다행히 마라톤 전문가들의 도움도 받고 유튜브를 찾아가며 이 문제를 해결했다. 마라톤 당일, 모두들 열심히 몸을 만들고 준비했지만 반신반의했다. 프로젝트 아이디어를 낸 나조차 '과연 모두가 생애 최초의 도전에서 완주에 성공할까?' 의심했다.

역주 力走

그러나 결과는 실로 놀라웠다! 전원이 완주했다. 단 한 명의 낙오자도 없었다. 한마디로 감동의 도가니였다. 완주의 환희는 여기서 그치지 않았다. 프로젝트 책임자들의 디테일은 우리 모두를 또 한 번 감동의 도가니에 몰아넣었다. 대회 종료 후 현지 식당의 뒷마당에서 진행된 2부 행사는 디테일의 정수를 보여줬다. 얼마나 훌륭하게 준비했는지 '디테일이 답'이라며 디테일 경영을 주창해 온 나도 온몸으로 전율을 느꼈다. 막판에는 너무나 감정이 주체가 안 되어 감격의 눈물까지 흘렸다. 나만 그런 감동을 받은 게 아니었다. 모두가 가슴이 벅차오르는 환희를 경험했다. 한 참가 직원의 말을 전하고 싶다. 참고로 그는 대회 얼마 전에 방사선 치료를 받은 터라 체력이 많이 고갈되어 대회 참가가 어려울 것이라고 봤다. 그러나 그는 모든 이의 걱정을 기우로 돌리는 역주力走를 했다. "사장님, 오늘 하루는 감동과 행복이 함께 하는 하루였습니다. 투어tour 조로 가라는 분들도 있었지만 선택에 책임을 지자는 각오로 춘천에 왔습니다. 물론 걱정이 앞섰습니다. 그러나 사장님의 할 수 있다는 한마디가 큰 힘이 되어 완주할 수 있었습니다." 모두들 울컥했다.

사실 CEO인 나도 춘마 참가자 중의 하나였다. 오랜만에 춘마 풀코스에 또다시 도전한 것이다. 20년 전에 뛰고 강산이 두 번 바뀐 후 다시 출전하는 거라 완주를 확신할 수 없었다. 춘마 당일 모든 게 최악인 상황이었다. 3개월 동안 무릎 부상으로 연습을 전혀 못한 데다 오른쪽 무릎 타박상과 왼손목 하수[ㅍㅍ]까지 겹쳐 풀코스 완주를 기대할 수 없는 몸 상태였다. 하지만, 집념과 끈기, 열정과 책임감을 갖고 해냈다. 기록은 형편없었다. 젊은 시절에는 기록 욕심이 없던 건 아니다. 그러나 20년의 세월은 나를 완주에만 의미를 두게 했다. 그러나 나의 완주는 완주 그 이상의 의미가 있었다. 만약 내가 중도에 포기했더라면 우리들의 춘마 프로젝트는 빛이 바랬을 수도 있다. 하위 그룹을 달리던 직원들 모두 죽을 만큼 힘든 순간에 내가 완주로 목표를 수정했다는 얘기를 듣고 필사의 질주를 펼쳤다. 결국 나의 완주는 춘마 프로젝트의 디테일을 완성하는 마지막 한 땀[stitch]이 된 셈이다. 요컨대, 춘마 프로젝트는 H증권이 디테일의 천재라는 걸 입증했다.

아이폰에 열광하는 이유

그러나 나와 H증권의 디테일력을 무색하게 하는 디테일 끝판왕이 있다. 스티브 잡스다. 우리는 그를 불세출의 천재 경영자로만 생각해서는 안 된다. 오히려 그의 위대함은 천재성이 아닌 다른 데 있다. 나는 그걸 디테일력[力]이라고 본다. 아이폰을 단순히 디자인이 뛰어난 핸드폰으로 보면 배울 게 없다. 대한민국 1세대 IT 전문가 한 분이 '왜 사람들은 아이폰에 열광하는가'에 대해 말한 걸 본 적이 있다. 한마디로 자기가 봐도 "기가 막히고 놀랍다"는 것이다. 아이폰 기능과 OS를 보면 "아니, 이런 데까지 신경 쓴 거야?"라는 말이 절로 나온다.

나는 아이폰을 띄울 생각으로 얘기하는 게 아니다. 단지 나는 아이폰을 디자인이 뛰어난 하나의 기계 장치로만 보지 말라는 걸 말하고 싶을 뿐이다. MZ 세대가 아이폰에 열광하는 이유가 분명 있다. 그 이유를 제조업 마인드를 갖고 파악하려는 우를 범하는 순간 경쟁사들이 아이폰을 뛰어넘기는 어려울지 모른다. 나는 아이폰을 스티브 잡스의 상상력과 미학에 그의 디테일 철학이 더해진 아이콘icon으로 봐야 한다고 생각한다. 기계적, 기술적 측면에서만 접근하면 진실의 30%밖에 모를 수 있다. 요컨대, 스티브 잡스는 강박에 가까울 정도로 디테일에 매달렸다. 그는 '신이 디테일에 숨어 있다'는 걸 아이폰을 통해 보여줬다. '신은 디테일에 있다'는 말은 독일 출신 건축가 루트비히 미스 반 데어 로에의 발언으로 유명하다. 하지만 그 말은 미스 반 데어 로에 이전에도 사용된 흔적이 있는 걸 보아 꼭 맞는 설說은 아닌 듯하다. 하여튼 이 말은 디테일의 중요성을 나타내는 가장 유명한 표현이다.

디테일력力

현재까지 내가 만난 성공한 부자들과 기업 회장님들, 그리고 CEO들을 보면 예외 없이 디테일에 강하다. 스티브 잡스뿐만이 아니다. 대한민국을 반도체 강국으로 이끈 **故** 이건희 회장도 스티브 잡스 못지않은 디테일력을 갖고 있는 것으로 알려져 있다. 간결하고 단단한 문체로 뛰어난 필력을 자랑하는 김훈 작가도 디테일을 강조한다. "글을 쓰는 자에 있어 가장 중요한 것은 디테일"이라 말하는 김훈 작가는 조사 하나에도 신경을 쓴다. 강박과 디테일력은 다르다. 김훈 작가의 말과 글은 시퍼렇게 날이

선 칼 같다. 그 칼날은 김훈 작가의 디테일력이 만든다고 생각한다.

디테일력은 세계적인 작가들의 트레이드 마크다. 헤밍웨이와 톨스토이, 오스카 와일드 등 우리가 아는 대가들도 수없이 퇴고를 거듭한다. 우리가 알고 있는 명작들의 수려한 문장도 몇십 번 고쳐 쓴 퇴고의 산물이다. 어떤 작가는 쉼표 하나 찍는 걸 갖고 한나절을 보낸다고 고백한 바 있다. "잘 쓴 글은 없다. 잘 고쳐 쓴 글만이 있을 뿐이다." "모든 초고는 쓰레기다." "위대한 글은 모두 고쳐 쓴 글이다." 모두 글쓰기에 있어 퇴고의 중요성을 강조한 말들이다.

퇴고는 고된 작업이다. 심혈을 기울여 쓴 초고를 고쳐 쓰고 또 다시 고쳐 쓰는 걸 수십 번 반복하는 일은 매우 고통스러운 일이기 때문이다. 하지만 그런 우직한 방망이 깎기와 미세 조정을 거듭해 명작이 태어나는 법이다. 이상의 얘기들을 종합해 볼 때 내가 말하는 미세의 매직이라는 건 별게 아니다.

① 작은 것도 놓치지 않으려는 노력
② 하찮아 보이는 일에도 지극 정성을 다하는 태도
③ 자신의 한계를 정하지 않고 단 한 발이라도 더 내딛으려는 치열한 의지
④ 인생과 게임의 승부를 결정하는 1인치를 확보하려는 불굴의 투지
⑤ 미세 조정 또는 관점의 미세한 변화를 통해 변곡점$^{\text{big momentum}}$을 형성하려는 도전의식

이 모든 것이 미세의 매직을 만든다.

3-3 수성守城(성을 지킴)

운이 좋을 때는 일을 벌이고, 운이 나쁠 때는 수성守城하라는 말이 있다. 그러나 수성은 꼭 운이 나쁠 때만 필요한 게 아니다. 성운成運, 상승운이 왔을 때도 필요할 수 있다. 안 좋은 운이 들어오면 오히려 몸을 조심하기에 크게 당하지 않는다. 하지만 한창 잘나갈 때는 모른다. 마냥 잘나갈 것이라고만 생각한다. 남의 말도 잘 안 듣는다. 자신의 운조차도 실력으로 착각하고 베팅betting도 커진다. 이때를 정말 조심해야 한다. 소위 말해 한 방에 훅 갈 수 있다. 실패할 것 같으면 한 살이라도 젊을 때 해야 한다. 추秋의 단계에서 터지면 타격이 크다. 따라서 터지지 않도록 늘 조심해야 한다. 즉, 수성이 필요하다. 수성이라 해서 성城만 지키는 게 아니다. 우리는 축구에서도 선제골을 넣고 한 골을 지키려고 수비에만 치중하다가 결국 동점골을 내주고 추가골을 허용하여 패하는 경우를 많이 본다. 극단은 늘 위험을 수반한다.

주식 투자에서도 수성은 중요하다. 이때 수성은 두 가지로 해석된다. 하나는 투자금을 안 깨먹는 것이고 다른 하나는 리스크 관리다. 둘 다 같은 개념일 수도 있다. 하지만 구분하여 생각하는 것이 더 실익이 있다. 오마하의 현인이라 불리는 워렌 버핏의 투자 원칙이 있다. 제1 원칙은 깨지지 않는 것이다. 제2 원칙은 제1 원칙을 철저히 지키는 것이다. 기업의 세계도 크게 다르지 않다. H증권 CEO로 부임할 때 들고 간 설계도면에도 제1 전략으로 내세운 것이 '깨지지 말자'였다. 개인의 삶에서도 마찬가지다. 갖고 있는 것과 이룬 것들을 지키는 게 참 중요하다. 건강이 특히 그렇다. 제 몸은 제가 지켜야 한다.

수성이라 하면 지켜야 할 대상을 돈, 지위, 권력, 재물, 명예 등

자산 가치가 있는 것만 생각하기 쉽다. 하지만 지켜야 할 것은 그 뿐만이 아니다. 건강, 평판, 운, 품격, 신념 등 무형의 가치들도 우리가 수성해야 하는 것들이다. 우리는 주변에서 한쪽만을 수성하려다가 다른 쪽이 뚫려 인생의 고배를 마시는 경우를 많이 목격한다. 수성에서 중요한 건 균형이다. 너무 한쪽으로 쏠리면 다른 쪽에서 문제가 생기는 법이다. 축구와 야구, 농구를 연상해보라. 인생도 이와 크게 다르지 않다. 코카콜라 회장이었던 분은 인생을 저글링에 비유한 적이 있다. 우리는 5개의 유리 공을 갖고 던지고 받는 게임을 하고 있다는 것이다. 5개의 유리 공은 일, 가족, 친구, 건강, 영혼이다. 유리 공은 바닥에 떨어지면 회복 불능이 된다. 나는 다행히 저글링에 능하다고는 못해도 현재까지 깨진 유리 공은 없다. 지금 나이에 최우선순위를 두고 수성해야 하는 두 개의 공들은 건강과 영혼이다. 이는 기업 경영에서도 절대 놓쳐서는 안 되는 깨지기 쉬운fragile 공들이다.

각각을 경영학 용어로 환치하면 이렇다. 건강은 조직의 체력, 체질, 경쟁력 같은 것이고 영혼은 조직문화, 핵심 가치, 마인드셋(마음의 힘)일 것이다. 하나의 기업이 병들고 쇠락하는 건 이 둘 간 문제가 생길 때다. 수성의 요체도 결국은 이 둘을 철저히 관리하는 것이다.

IT 공룡의 실패

세계 최고의 IT 공룡, 인텔이 수성에 실패했다. 인텔은 1990년대 반도체 시장을 호령했던 최고의 IT 기업이었다. 왜 그런 일이 일어났을까? 컴퓨터를 켤 때마다 특유한 사운드와 함께 등장하던 '인텔 인사이드Intel inside' 로고도 이젠 볼 수 없게 될 수도 있다. 인텔 인사이드는 당시 반도체 제국 인텔의 힘을 가늠케 하는 강력한 카피였다. 하지만 이렇듯 강했던 인텔의 전성기는 오래가지 않았다. 모바일과 AI 시대 흐름을 놓친 것이다. 즉, 전략적 판단에서 큰 실책^{mistake}이 있었다. 그리고 조직 비대화, 고착된 기업 문화, 관료주의 등도 쇠락의 원인으로 지목됐다. 나는 이들 중 관료주의가 모든 문제를 야기한 뿌리라고 생각한다. 마이크로소프트의 잃어버린 십 년 뒤에도 사내에 만연한 관료주의가 있었다. 관료주의는 조직을 병들게 한다. 병든 조직에는 기대할 게 없다. 변화 대응력과 혁신은 물론 응집력과 협업 마인드, 창의성 역시 떨어진다. 관료주의는 이처럼 무서운 병이다. 이는 대기업들에게서 많이 보인다 하여 '대기업병'이라고도 한다. 관료주의는 조직의 암적 존재로 모든 걸 무력화시킨다. 번문욕례$^{red\ tape\ :\ 번거로운\ 글과\ 법}$와 형식주의, 비밀주의가 판을 친다.

이런데 어떻게 조직이 잘 돌아갈 수 있겠는가? 마이크로소프트(MS)는 다행히 사티아 나델라를 만나 적시의 미세 조정$^{fine\ tuning}$으로 회귀선으로 복귀한다. 수성에 성공할 수 있었다. 마이크로소프트가 앓던 병도 인텔과 크게 다르지 않았다. 한때 IT계를 주름잡던 마이크로소프트가 그런 지경이 될 거라 예상한 사람은 아무도 없었다. 그러나 조직이 커지면서 생긴 문제들과 MS를 지휘하던 CEO(스티브 발머)의 잘못된 판단이 상승작용을 일으키며 MS는 걷잡을 수 없이 추락한다. 스티브 발머 재임 시절 MS 주가는 속절없이 추락했다. 40%도 넘게 하락했다. 영원한 승자는 없다는 말이 실감나는 상황이었다. 그러나 극적으로 MS는 사티아 나델라를 만나 추락을 멈추고 회귀선으로 복귀한다. 사티아 나델라의 처방은 정말 단순했다. 아주 작은 처치^{treatment}만으로 거대 조직을 변화시켰다. 여기서도 미세의 매직을 확인할 수 있다.

구원 투수

기업도 하나의 유기체다. 따라서, 독일 생물학자 리비히의 최소량의 법칙Law of Minimum이 작용한다. 즉, 가장 작은 필수 미세 영양소가 전체 체계의 균형과 효율을 지배한다. MS 역시 이 같은 필수 미세 영양소의 결핍이 있다는 걸 사티아 나델라는 간파한다. 미세의 매직을 설명할 때에도 언급한 바 있다. 조직문화는 조직에 있어서 필수 영양소이자 미세 영양소다.

2014년 MS의 구원 투수로 등장한 사티아 나델라의 눈에 들어온 것은 MS가 회귀선을 이탈한 지 오래됐다는 것이다. 혁신 DNA는 실종됐고 MS를 정상으로 이끌었던 기업 사명mission도 MS 직원들의 의식에서 점차 잊혀가고 있었다. 협업문화, 도전정신 같은 MS의 장점은 없고 각자도생 분위기만 팽배해 있었다. MS는 더 이상 IT 업계를 호령하던 무서운 호랑이가 아니었다. 덩치가 큰 고양이로 전락한 것이다. 충격적이었다. 호랑이 시절 갖고 있던 패기와 호기豪氣, 일당백의 기백, 미래에 대한 자신감과 비전은 찾아볼 수 없었다. 단지 고양이의 알량한 자신감과 오만, 과도한 영역 의식과 도도함cattitude만이 MS 전체에 널리 퍼져 있었다. 사티아 나델라가 생각한 것 이상으로 MS 상태는 심각했다.

그가 제일 먼저 한 일은 MS를 좀먹고 있는 이 모든 독초들의 뿌리를 찾는 것이었다. 그의 히트 리프레시hit refresh 여정이 시작됐다. 가장 먼저 현장을 찾았다. 문제와 답은 모두 현장에 있는 법이다. 명석한 그가 그걸 모를 리 없다. 일 년에 걸쳐 현장의 임직원들과 대화와 토론을 거쳐 그가 마침내 찾은 답은 MS의 영혼을 바꾸는 것이었다. 조직 진단 결과 MS의 증세는 인텔과 똑같았다. 과도한 경쟁주의와 조직의 관료화, 조직 전체에 감도는 패배주의와 보신주의 성향, 타성에 젖은 조직 구성원들의 무력감 등이 문제였다. 그리고 인텔과 마찬가지로 IT계의 빅 트렌드를 놓쳤다. 추락할 수밖에 없는 상황이었다. 사티아 나델라는 이러한 문제들의 근저에 시대에 뒤떨어진 MS의 영혼이 있다고 보았다. 따라서, 영혼을 갈아끼우는 일이 최급선무라 생각한 것이다. 그가 새로 장착하려는 MS의 영혼에는 공감^{compassion}이라는 CPU 칩이 들어가 있었다. 역대 CEO들과는 전혀 다른 처방전을 집어든 것이다. 결과는? 대성공이었다.

정말 놀랍지 않은가? 사티아 나델라가 큰 병을 앓던 MS를 다시 IT 업계의 최정상에 올려놓을 거라 생각한 사람은 많지 않았다. 사실 스티브 발머의 뒤를 이을 후보들 속에 사티아 나델라는 없었을 수도 있다. 혹여 있었다 하더라도 후순위였을 것이다. 당시 많은 이들은 포드 자동차 CEO 앨런 멀럴리 혹은 스카이프 CEO 토니 베이츠 같은 외부 인사가 발탁될 거라 예상했다. 그러나 드라마틱하게도 그 주인공은 바로 사티아 나델라였다.

나는 한 기업의 흥망성쇠를 결정하는 많은 변수들이 있지만 CEO만큼 중요한 변수는 없다고 본다. MS의 3대 CEO인 사티아 나델라가 다시 한 번 입증했다. 똑같은 상황에서 MS는 수성을 넘어 또 한 번의 퀀텀점프에 성공한 반면 인텔은 실패했다. CEO의 가치와 미세의 매직을 또 한 번 생각케 하는 사례들이다. 기업계뿐 아니라 우리 개인의 삶에서도 유사한 사례들을 많이 목격하게 된다.

추락엔 날개가 없다

지금은 자본시장에서 잊혀진 인물이 되었지만 파생 1세대로 세간의 이목을 집중시킨 스타들이 있었다. 본명보다 닉네임으로 더 알려진 분들의 대문짝만 한 인터뷰 기사를 보고 나도 내심 부러워했다. 어떻게 저런 신기를 발휘할 수 있을까? 저 나이에 어떻게 하면 성공할 수 있지? 궁금하기도 했지만 나와는 다른 세계에 사는 넘사벽이라 치부하고 나는 그냥 평범한 직장인의 길을 걷는 데에만 몰두했다. 하지만, 안타깝게도 그분들 중 수성에 성공한 분은 과문한 탓인지 없는 걸로 안다. 내가 아는 한 분은 신불자로 살고 있다고 들었다. 나는 그분을 강남권 지점장 시절 경쟁사에서 스카웃해왔다. 28연승의 전설을 쓴 그분의 재산은 당시 내 기준으로 볼 때 엄청났다. 당시 압구정 현대 30평대 아파트 가격이 4억 3천 정도 할 때 그는 몇십 개를 사고도 남을 만큼의 현금 자산을 갖고 있다고 했다. 순전히 성과급(인센티브)을 받아 축적한 재산이었다. 당시 고객 중에는 쟁쟁한 대기업 오너 분도 계셨을 정도로 그 당시 그분의 위세는 대단했다. 그러나 그 역시 수성에 실패했다. 그가 잘될 때와 추락할 때를 동시에 최근 거리에서 지켜보면서 당시 나는 많은 걸 느꼈다. 크게 세 가지다.

① 과거의 영광에 사로잡히지 말아야 한다. 그는 (분명 시장은 다른 전략과 공식을 원하는데) 똑같은 전략과 똑같은 공식을 갖고 링에 올랐다. 성공의 역설을 잊고 있었다. 그를 성공으로 이끈 바로 그것이 덫이 되는 상황이 반복되는 데도 그는 과거의 영화가 언젠가는 또다시 재현될 거라 믿었다. 자기 최면에 빠져 있었던 것이다.

② 실력과 운을 구분하지 못했다. 그의 매매를 살펴보면 늘 위태로웠다. 매매를 모니터링하는 내가 더 가슴을 졸였다. 살얼음판을 걷는 기분이 바로 이거구나 하는 생각을 가졌다. 옵션 만기일에는 전쟁이 따로 없을 정도로 매번 난리통을 겪었다. 그는 스스로를 과신했다. 굉장한 칼잡이로 믿었다. 반면 나는 달랐다. "실력이 없지는 않겠지? 아니면 지금까지 운이 정말 좋았을 수도 있겠네." 이게 나의 솔직한 생각이었다. 대한민국 운용 업계에서 최고의

명망을 지닌 현직 CEO에게서 얼마 전 들은 이야기다. "길게 보았을 때 시장을 이기는 펀드 매니저는 내가 아는 한 없다. 지수를 이겨내는 게 쉬운 일인가? 액티브 펀드가 점차 줄고 패시브 펀드가 많아지는 이유다." 얼마나 놀라운 말인가?

그렇다. 순전히 내 생각이지만 그는 잘나갈 때 좀 더 겸손했어야 했다. 물론 승승장구하며 투자의 신이라 모두 착각하니 겸손이 쉽지는 않았을 수도 있다. 그렇다 해도 최소한 운과 실력은 구분하는 건 필요하지 않았을까?

③ 그는 멈출 수 없는 기관차였다. 이해는 된다. 매매를 멈추는 순간 충성 고객들은 그를 떠나거나 의심의 눈초리로 바라볼 것이다. 따라서 그는 회귀선을 벗어난 걸 알면서도 미세 조정 기회를 스스로 놓아버린 것이다.

자기를 정면으로 응시하는 건 성공한 사람들의 특징이다. 그도 알았을 것이다. 하지만 멈추는 순간 모든 게 사라질 수 있다는 공포감이 그를 사로잡고 있기에 발은 계속 액셀에 가 있을 수밖에 없었던 것이다. 늘 비극을 부르는 건 남이 아니다. 아이러니컬하게도 바로 자신이다. 변증법의 관점에서 보면 자기 모순이다. 그분에 대한 나의 이 같은 평가는 순전히 주관적이다. 3인칭 관찰자 시점에서 보고 느낀 바를 적은 것일 뿐, 교차 검증된 게 아님을 밝혀둔다. 남의 불행한 역사를 들추어내는 건 언제나 불편한 일이다. 하지만 그를 욕되게 할 마음은 없다. 일세를 풍미했던 그의 삶은 수성 여부와 관계없이 가치 있고 훌륭하다. 그게 나의 최종 변辯이다.

수성의 아이러니

인텔은 얼마나 대단한 기업인가? 그리고 내가 거론한 분들은 또 얼마나 뛰어난 재능가들인가? 그런 대단한 기업과 뛰어난 재능가들도 사티아 나델리가 말하는 '새로고침'의 순간을 놓치면 비참한 행로를 걸을 수 있다. 수성은 말처럼 쉽지 않다. 진부한 클리셰지만 울림은 여전한 말이 있다. "수성이 창업보다 어렵다." 스포츠나 바둑 세계의 버전도 있다. "정상에 오르는 것보다 지키는 게 더 어렵다." 버전이나 표현은 달라도 뜻은 같다. 성공은 하기 어렵지만 지키는 건 더 어렵다. 이걸 성공한 분들에게 전하는 얘기로만 받아들일 필요는 없다. 수성에 필요한 지혜와 전략이 성공을 위한 조건과 다를 바가 없기 때문이다. 그렇다면 왜 성공한 분들이 수성에 실패하는 걸까? 성공과 수성의 해(解) 스킴이 같다면 그런 일은 없어야 하지 않는가! 굉장한 아이러니가 아닐 수 없다. 맞다. 아이러니다. 내가 생각할 때 세 가지 경우에 아이러니가 발생한다.

① 각주구검(刻舟求劍)의 우를 범하는 경우다. 각주구검은 배에 표시를 해 칼을 구한다는 뜻의 말이다. 시세에 어둡고 융통성 없음을 지적할 때 쓰는 사자성어다. 인텔의 경우가 이에 해당한다.

② 성공에 심취해 스스로 덫 success trap에 빠지는 경우다. 대부분 성공을 하면 자신의 성공 공식에 대한 과도한 확신을 갖는다. 남들의 얘기는 잘 안 들어온다. 오만과 편견이 슬금슬금 확신의 틈새를 비집고 들어와 자리를 잡는다. 그렇게 되면 끝이다. 오만과 편견은 독성이 강하다. 그것은 성공으로 이끈 모든 덕목과 조건들을 작동 불능으로 만들어버린다. 이건 나의 이론이 아니다. 많은 연구에 의해 검증된 것을 내 언어로 전할 뿐이다.

③ 성공한 후 갖는 심리적 부담감을 이겨내지 못하는 경우다. 골프에서도 '버디 후를 조심하라'는 말이 있다. 멘탈이 약한 아마추어들은 다음 티샷에서 쪼로(빈타)를 내는 실수를 한다. 성공 후의 심적 부담이 원인이다. 스포츠 세계뿐만 아니라 연예계, 영

화계에서 흔히 나타나는 2년차 징크스도 마찬가지의 경우다. 이러한 현상은 드물지만 기업에서도 나타난다. 좋은 실적을 내고 나면 주변에서의 기대감을 의식해 더 좋은 실적을 내려고 풀악셀을 밟기 쉽다. 그러면 꼭 사고가 난다. 성공 후에 어깨에 힘을 빼기가 정말 쉽지 않다. 나도 H증권 CEO로 있으면서 신기록 행진을 할 때마다 2년차 징크스를 언급했다. 2라는 숫자에 너무 의미를 두지 말자. 2년차는 '성공 후'라고 폭넓게 해석하는 것이 좋다. 다행히 H증권은 2년차 징크스를 피했다. 아직 수성을 말할 단계는 아니기에, 용케 지뢰밭을 통과했다고만 표현하고 싶다.

우리는 생각보다 어리석다

물론 내가 말한 게 전부 다 맞지는 않을 수 있다. 핵심은 초심을 잘 유지하는 것이다. 수성을 말할 때 내가 빼놓지 않고 하는 말이 있다. 『잡보장경』에 나온 말을 인용한 것이다. "유리하다고 교만하지 말고 불리하다고 비굴하지 마라. (중략) 때와 처지를 살필 줄 알고 부귀와 쇠망이 교차함을 알라." 『잡보장경』에서 얻을 수 있는 수성의 지혜는 두 가지다. 하나는 교만하지 말라는 것이고, 다른 하나는 때와 처지를 잘 살피라는 것이다. 모두 정곡을 찌른 말들이다. 인텔의 경영진이 『잡보장경』의 이 구절을 진즉에 알았더라면 M&A 시장에 매물로 나오는 수모는 겪지 않았을 수도 있었을 것이다.

우리들은 생각보다 어리석다. 알면서도 똑같은 화살에 두 번을 맞는다. 몰라서 실수하는 게 아니다. 자기 절제 또는 방심, 헛된 욕심으로 실책을 범한다. 정상에 선 분들이 범하는 실수라 더욱 안타깝다. 정말 어처구니없는 실수로 몇십 년간 쌓아온 명성과 영예, 지위를 다 잃기 때문이다. 다음의 말은 투자의 달인인 워렌 버핏의 유명한 어록 중 하나다. "명성을 쌓는 데는 20년이란 세월이 걸리며, 명성을 무너뜨리는 데는 채 5분도 걸리지 않는다. 그걸 명심한다면 당신의 행동이 달라질 것이다." 앞에서도 강조하였듯이 수성의 대상은 돈과 지위, 권세만이 아니다. 여론 혹은 세평이라 말하는 평판reputation도 꼭 수성해야 하는 가치임을 잊지 말자. 나는 살아오며 이게 전부everything라고 생각한 적도 있다. 자녀 교육을 할 때도 강조했다. 특히 아들이 장성한 후에는 행동 지침도 참고하라며 제시했다. 별 내용은 없다.

"이기심 때문에 의義에 반하고 가오 빠지는 짓 하지 마라. 그리고 인색하지 마라. 밥 사는 사람 욕하는 경우를 못 봤다. 계산대 앞에서 망설이지 마라. 특히 동기나 후배들과 먹을 때는 꼭 밥인심을 베풀어라!" 지극히 평범한 내용들이다. 심오한 말을 한들 귀에 들어오겠는가? 나도 젊었을 때는 그랬으니 하는 말이다. 고맙게도 아들은 이런 나의 충고를 잘 받아들인다. 나와 아들 사이에선 단단한 신뢰망이 형성되어 있다. 우리 부자는 이걸 쌓는 데 족히 20년은 투자했다.

평판의 중요성

평판이 얼마나 중요한지는 긴 설명이 필요 없다. 다음 두 가지 예만으로도 입증된다. 하나의 예는 기업의 사례다. 사실 이 경우도 어처구니없는 작은 실수로 수성에 실패할 수 있음을 보여준다. 대한민국 굴지의 유가공업체 중 하나인 모 기업은 코로나 기간 중 자사 특정 제품의 과대광고로 여론의 뭇매를 맞는다. 고의성이 있었는지 여부는 모르겠다. 그전에도 갑질 논란 등으로 불매운동이 퍼질 정도로 오너리스크가 심했던 터라 그 사건은 치명타가 되었다. 마침내 한 사모펀드에게 매각을 결정했으나 그 과정은 순탄치 않았다. 소송전까지 벌인 것이다. 하지만 법원은 사모펀드의 손을 들어주었다. 모든 걸 잃은 오너는 회한의 눈물을 삼키며 2대에 걸쳐 일군 기업을 쓸쓸히 떠나야 했다. 얼마나 안타까운 일인가? 가볍게 생각했던 평판 리스크 관리의 실패가 가져온 불행이다.

또 다른 사례는 앞서 언급한 일본 전국 시대 영웅 B와는 다른 영웅 C와 관련된 것이다. 호사가들은 A가 떡메를 치고 B가 반죽해 만든 천하라는 떡을 C는 간단히 먹기만 했다라는 비유를 하기도 한다. 내가 지금 말하려는 C가 손 하나 까딱하지 않고 운 좋게 일본 천하를 거머쥔 최종 승자라는 얘기를 하고 있는 것 같지만 사실은 그렇지 않다. C는 패권 길을 가는 자가 되기 위해 가장 위험한 길을 선택했고, 그런 모험이 결국은 그를 쇼군의 자리까지 가게 했다. C는 일본의 천하 통일을 이루려면 실력과 재력, 정책도 중요하지만 그보다 더 중요한 건 평판이라고 생각했다. 그는 전투를 벌이더라도 명분을 중시했다. 명분 없는 전투는 그에 대한 평판을 해칠 수 있었기 때문이다. 평판을 그의 뜻을 이룰 때 가장 큰 힘이 되는 무기로 생각했다. C는 아무리 어려운 상황에서도 의리를 지키는 믿을 만한 사람이라는 평을 받으려 노력했다. 그리고 평화를 원하는 민심에 가장 부합되는 지도자라는 여론을 얻고자 했다. 그의 전략은 적중했다. 결정적 순간에 그에 대한 평판은 그를 천하의 패권자로 가는 길 위에 올려놓았다.

평판이라는 게 이렇게 중요한 것이다. 요컨대 동시대인의 평판은 정상으로 가는 데도 꼭 필요한 무기이자, 수성 시에도 절대 간과하면 안 되는 키 드라이버$^{\text{key driver}}$다. 이제 결론이다. 수성!! 분명 어렵다. 그러나 정상으로 가는 데 필요한 덕목들이 무력화되지 않도록 자계自戒하고 신독에 힘쓴다면 수성은 그리

힘든 일도 아니다. 최소한 나는 그렇게 나의 작은 성공을 지켜가고 있다.

3-4 가치경영 VALUE MANAGEMENT

이 말은 꼭 기업 경영에만 해당되는 말이 아니다. 인생을 살다 보면 가치라는 단어가 절로 떠오를 때가 있다. 나의 경우 소기의 목표를 달성했는데도 해소되지 않는 갈증이 남아 있을 때, 갈증의 원인을 찾아 나서다 보면 마주하게 되는 단어가 가치^{value}다. 가치는 사전을 찾아보면 '사물이 가지는 쓸모'라고 풀이되어 있다. 그러나 나는 가치를 이렇게 정의하려 한다. '어떤 것을 뜻 있게 하는 것.'

너무 추상적인가? 그럴 수도 있다. 그러나 이 정의를 이해 못한 사람은 없을 것이다. 예를 들어보면 쉽다. 다이아몬드의 가치를 생각해보자. 경제학 풀이법을 따르면 다이아몬드는 희소성도 높고 한계 효용도 크기 때문에 가치를 갖는다. 그러나 나의 정의에 따르면 다이아몬드의 가치는 달리 해석된다. 결혼하는 사람들에게 다이아몬드는 두 사람의 사랑이 불변할 것이라는 믿음을 상징한다. 따라서 그들에게 다이아몬드의 가치는 다름 아닌 영원한 사랑 그 자체라고 할 수 있다. 내 이야기의 요체는 동일한 것이라 해도 상황과 가치관, 그리고 판단 기준에 따라 가치는 변화한다는 것이다.

WHAT & HOW

CEO로서 나는 끊임없이 가치경영에 대해 고민해왔다. 고민의 핵심은 두 가지다. 하나는 WHAT에 대한 고민이다. 즉 'H증권을 뜻 있게 하는 것이 과연 어떤 것인지'다. 다른 하나는 HOW와 관련된 것이다. '어떻게 그 가치를 구현할 것인가'다. 사실 나는 아주 평범한 경영자는 아니다. 내가 뛰어난 경영자라는 뜻은 아니다. 그냥 다른 분들과는 다른 면이 있다는 얘기다. CEO로서 나는 기업 실적 극대화 같은 재무적 목표가 기업 경영의 목표가 되어서는 안 된다고 생각해왔다. 그런 경영은 하고 싶지 않았다. 실적에 초연하겠다는 게 아니라 그것이 지상 목표가 되면 안 된다는 나만의 경영 철학이다. 대단히 이상적이거나 낭만적인 생각을 하고 있다고 흉볼 수도 있다. 그러나 어쩌랴! 나는 이게 맞다고 생각하고 있으니 말이다.

그렇다면 내가 생각하는 기업 경영의 가치는 대체 어떤 것일까? 나는 그걸 조직 구성원의 꿈과 비전, 목표 그리고 행복한 삶을 실현할 수 있는 플랫폼을 제공하는 것이라 생각한다. 아울러 H증권이 100년 기업으로 성장할 수 있는 토대를 만드는 것 또한 내가 추구한 기업 경영 가치였다. 실제 나는 이런 철학을 갖고 H증권을 경영해왔다. 나의 이러한 경영 철학을 장장 2,000 페이지에 달하는 CEO 스피치와 레터를 통해 밝혀왔다. 따라서 나와 같이 근무한 임직원들 중 이걸 모르는 사람은 없다. 문제는 이러한 이상적인 플랫폼을 어떻게 구축하느냐 하는 것이다. 이 문제 역시 철저히 내 방식대로 풀었다.

착한 실패

예를 들면 나는 착한 실패에 대해서는 지나칠 정도로 관대했다. 다시 도전할 수 있도록 패자 부활의 기회를 제공하고, 성공할 때까지 믿고 기다려줬다. 이렇게 해서 성공한 팀들이 H증권에는 정말 많다. 최근 모 기업의 공개매수에 참여해 대형 수익을 낸 팀만 해도 해체 위기까지 갔던 팀이다. 당시 나는 패잔병처럼 남은 두 명에게 단호하게 말했다. "나는 당신들이 고양이 그림을 그려오는 걸 바라지 않는다. 호랑이 그림을 그려오라! 나에게 고양이 그림을 그리는 팀은 필요 없다." 이러한 나의 요구대로 그들은 호랑이 그림을 그려왔고, 나는 기다리겠다고 약속했다. 실제 그들은 백두산 호랑이가 됐다. 증시 불확실성이 극에 달하던, 모든 증권사 트레이딩 부서들이 최악의 실적을 기록했던 시기에도 호실적을 기록하는 최강 팀으로 성장했다. 단 한 치의 과장이나 왜곡 없이 전한 것이다.

나는 CEO 스피치에 이런 글을 썼다. "우리는 자본시장의 다른 참여자와는 달리 돈을 최고의 가치로 생각하지 않습니다. 돈보다는 사람이 더 아름다운 꽃이라 생각했습니다. 그리고 우리는 단순히 기업 가치 극대화를 목표로 뛰어오지 않았습니다." 나는 우리 임직원들을 꼭 세뇌시킬 목적이 있었던 건 아니나, 귀에 딱지가 앉을 만큼 이런 나의 경영 철학을 끊임없이 공유해왔다. 6년 여의 시간이 흐른 현재의 H증권은 내가 그린 그림에 가까운 자아실현의 장이자 행복한 증권사가 되었다고 자평한다.

지도 밖의 행군

나는 이상적인 것을 현실로 만드는 걸 좋아한다. 조직문화만 해도 그렇다. 생각하기에 따라서는 없어도 그만이라고 치부할 수도 있다. 그러나 나는 생각이 달랐다. 미세의 매직이란 주제에서도 언급했다시피 나는 조직문화가 기업 경영에서 빠져서는 안 되는 필수 미세 영양소 같은 거라 생각했다. 나는 조직문화를 만들기 위해 필사의 노력을 다했다. 추진한 프로그램들은 대부분 나의 머리에서 나온 것이다. 내가 욕심이 많거나 임파워먼트를 못해서가 아니다. CEO인 내가 가장 절실했기 때문이다. 내가 가장 목마른 자였기에 내가 삽을 들고 직접 우물을 판 것이다. 내가 만약 조직문화 구축을 포기하고 CEO 스피치나 정책, 제도만으로 내가 원하는 조직 생태계를 만들고자 했다면 H증권의 현재 모습은 존재할 수 없었다.

지금 H증권은 자기 자본을 빼고는 약점이 없는 조직이 됐다. 정말 놀라운 변화 아닌가? 물론 나 혼자 다 만든 건 아니다. H증권의 혁신과 발전은 함께함^{with}의 가치가 발현된 결과물이다. 자랑하려는 의도는 없다. 나는 그저 모두가 가는 안전한 길을 버리고 가장 위험한 길을 따라 '지도 밖의 행군'을 했고, 결국 원하는 목표점에 도달했다는 걸 말하고 싶었을 뿐이다.

사명을 정의하라

나는 이러한 나의 접근법이 일반화될 수 있다고 보진 않는다. 참고만 하면 된다. 그러나 두 가지는 잊지 말길 바란다. 하나는 나와 같은 방식대로 자기의 일과 삶의 가치를 치열하게 탐색해 봤으면 하는 것이다. 다른 하나는 정답이 통념과 기존 틀, 지도 밖에 있을 수도 있다는 걸 인식하라는 것이다. 나는 정의를 중시한다. 이때 정의는 두 가지다. 뜻을 정하는 의미를 갖는 정의定意: definition와 바른 의의 또는 도리를 뜻하는 정의正義: justice다.

안중근 의사는 자신의 삶의 의미意義 내지는 가치를 조국을 위한 삶, 즉 의義로운 삶으로 정의했다. 그리고 내가 아는 한 인생의 가치를 가장 극명하게 보여준 테레사 수녀도 하나님의 뜻을 실천하는 삶을 인생의 가치로 생각했다. 간디는 비참한 조국의 현실을 보고, 편안한 변호사로서의 삶을 버리고 영국에 맞서 인도 독립을 위해 투신하는 삶을 인생의 최대 가치로 삼았다. 일본 전국시대의 영웅 C는 일본의 천하 통일과 평화, 그리고 경제 부흥을 전 인생을 통해 추구할 최고의 가치로 가슴에 새겼다.

내가 정의定意: definition를 중시하는 데는 명확한 이유가 있다. 모든 것의 출발점을 결정할 뿐 아니라 궁극적 지향점에도 영향을 주기 때문이다. 모든 기업과 개인은 사명使命: mission을 갖는다. 사명을 복잡하게 생각할 필요는 없다. 말 그대로 맡겨진 임무다. 크리스천들이 말하는 소명召命: calling과는 엄밀히 따지면 차이가 있겠지만 혼용해도 무방할 듯하다. 사실 나는 두 개를 섞어 쓴다. 사명은 가치와도 일맥상통한다. 따라서 우리가 가치를 찾는 문제는 사명을 정의하는 문제라 할 수 있다.

우선 기업 세계부터 살펴보자. 현대차는 더 이상 단순한 완성차 업체가 아니다. 미래 스마트 모빌리티 솔루션 기업이다. 사명을 다시 정의한 것이다. 기존 자동차 메이커의 틀에 머무르지 않고 폭넓은 이동 수단을 제공하며 인류의 행복과 진보에 기여하는 큰 기업으로 변화시키겠다는 의지가 반영된 것으로 보인다. 현대차의 사명이 바뀌었다는 건 모든 게 바뀌었다는 걸 뜻한다. 더 이상 근시안적으로 보는 우를 범하지 않고 멀리 내다보는 경영을 하게 된다.

사고의 시간적 지평

2장의 우보천리라는 주제에서도 언급한 대로 천리를 간다고 생각하면 사고의 시간적 지평time horizon도 넓어진다. 지향점도 달라진다. 단순히 기업의 이익만을 추구하지 않는다. 이익 대신 인류가 키워드가 되는 경영에 대해 끝없는 고민을 한다. 놀라운 변화다. 현대차의 경영진이 『마케팅 마이오피아』라는 논문을 읽었는지는 알 길이 없다. 나는 이 논문을 대학원 시절에 접했다. 당시 나는 이 인상적 논문에 매료됐다. 현대차는 그 논문의 저자(테오도르 레빗)가 말한 바를 정확히 캐치하였다. 베이비붐 세대인 나는 현대차의 성장 과정을 늘 경이로운 눈으로 지켜봐왔다. 그리고 자랑스러워했다. 고백컨대, 내가 특별히 현대차를 좋게 평가할 이유는 없다. 현대차그룹에 아는 분도 없다. 내가 존경하는 한 CEO 분이 있기는 하나 같은 업계에 있었던 까닭에 알게 된 것일 뿐 이해관계가 얽혀 있지는 않다. 나는 단지 이 시대의 지성이자 대한민국을 이끄는 리더 중의 하나로서의 솔직한 느낌을 표할 뿐이다.

    모든 게 조심스러운 세상이다. 그러나 나는 이 책에서 내 생각을 가능한 한 날것 그대로 적어나가려 한다. 이 책을 박제화된 좋은 말들을 모아놓고 전시하는 박물관으로 만들 생각은 없다. 그리고 생경한 지식과 솔깃한 정보를 전달할 의도도 없다. 다소 변이 길었다. 다시 원래 토픽으로 돌아가 보자.

벽돌과 연탄재

    가치와 사명에 대해 깊은 생각을 하게 하는 예 두 가지를 들어보려 한다. 아주 오래 전에 여의도 공사 현장을 지나가다 펜스에 적힌 글이 눈에 확 들어왔다. 익숙한 글이지만 예상치 못한 곳에서 발견하다 보니 감회가 새로웠다. "연탄재 함부로 차지 마라! 너는 누구에게 한 번이라도 뜨거운 사람이었느냐?" 언제 읽어도 큰 울림과 깨달음을 주는 안도현 시인의 유명한 시 구절이다. 연탄재는 현재는 불용품일 수 있으나, 연탄 시절 소외된 삶을 사는 분들에게 몸뚱아리를 불살라 따뜻함을 선사하는 소명을 다했다. 사람으로 말하면 가치 있게 하고 뜻 있는 삶을 산 것이다. 그런 연탄재를 을ㄹ로 보고 걸어차면 안 된다고 시인은 우리를 질책하고 있다. 정말 많은 걸 생각케 하는 안도현 시인의 수작秀作이다.

또 하나의 예는 우화다. 이 역시 모르는 분이 없을 정도로 많이 알려져 있다. 하지만 이 대목에서 또 한 번 음미하는 것도 나쁠 게 없다. 뙤약볕 아래에서 벽돌을 쌓고 있던 세 사람이 있었다. 그 앞을 지나던 행인이 각각에게 물었다. "지금 무슨 일을 하고 계십니까?" 그러자 첫 번째 사람은 "벽돌을 쌓고 있습니다"라며 무뚝뚝하게 답했다. 두 번째 사람은 "먹고살기 위해 일을 합니다"라고 담담히 말했다. 그러나 세 번째 사람은 반응이 달랐다. 환희에 찬 표정으로 "저는 아름다운 성당을 짓고 있습니다"라고 전했다.

지금 이 우화는 한 차례 H증권 CEO 스피치에 인용한 바 있다. 부연설명 없이도 우화가 전하는 메시지와 교훈을 간파할 것이다. 그렇다. 자기가 하는 일에 어떻게 가치를 부여하는가에 따라 모든 게 달라진다. 이 우화를 모르는 분들은 없다. 그러나 자기 일과 삶의 가치를 재정의하는 분들은 드물다. 이거야말로 가장 먼저 해야 하는 최우선 과제$^{top\ priority}$가 아닌가? 지금이라도 늦지 않았다. 서둘러라!

3-5 공유의 가치 그리고 함께함^{with}의 힘

CEO로서 나는 공유^{sharing}를 중시한다. 모든 것을 임직원들과 공유하려 했다. 핵심 가치를 공유하는 것은 물론, CEO가 갖고 있는 생각과 고민, 경영 상황 등을 CEO 스피치에 담아 임직원들에게 전달하였다. 단순히 정보의 비대칭성을 해결하려는 의도에서 공유를 위한 노력을 기울인 건 아니다. 공유의 가치를 익히 알기 때문이다. 공유는 지식이나 가치, 정보, 의견, 생각, 감정, 경험, 과정 따위를 함께하는 것을 말한다. 공유의 가치는 바로 이러한 함께함^{with}의 힘에서 나온다. 함께함의 힘은 혼자 할 때보다 함께 할 때 의미와 기쁨, 성과, 행복감, 결속력 등 모든 것이 배가되는 힘이다. 나는 이러한 메커니즘을 깊이 신뢰하고, 공유를 경영의 키워드로 삼았다.

앞서 언급한 춘천 마라톤 프로젝트도 공유의 가치를 몸소 체험하기 위한 나의 의도가 근저에 깔려 있다. 참가자 모두 혼자 도전했으면 불가능했을 풀코스 도전을 함께함으로써 이루어내는 기적들을 경험했다. 사실 함께 도전하지 않았으면 나 역시 무릎 통증을 느끼고 다리에 쥐가 왔던 12km 지점에서 포기했을지도 모른다. 그러나 함께함의 힘은 컸다. 그 힘으로 나는 20년 만의 도전을 성공적으로 마무리했다. 이번 도전 완수로 얻은 게 정말 많다. 나뿐만 아니라 참가자 모두도 많은 걸 얻었다. 참가자 중 악전고투 끝에 생애 최초로 풀코스를 완주한 30대 여직원이 올린 후기가 모든 걸 말해준다.

"최대한 할 수 있을 만큼 해보자는 마음으로 출발선을 지났습니다. 달리기 시간이 두 시간을 넘어가면서 발목에 통증이 오기 시작했습니다. 더 달리는 건 힘들 것 같다는 생각이 들 때마다 7개월간 서로 격려하며 장거리를 연습하던 기억을 떠올리며 완주할 수 있다는 자신감을 스스로 불어넣었습니다. 결승선을 넘었을 때의 기쁨은 그 어떤 것과도 비교할 수 없었습니다. 혼자서는 감히 상상도 못 할 풀코스 도전의 특별한 기회를 만들어 주신 사장님께 진심으로 감사드립니다."

이러한 진한 경험의 공유는 우리들을 단단히 결속시킨다. 공유의 가치와 함께함의 힘을 실감함으로써 우리는 완전히 다른 사람들로 거듭난다. 나는 이 같은 공유 실험을 모든 분야에서 시도했다. 그리고 매번 기대 이상의 성과를 거뒀다. CEO로서 나는 글쓰기와 말하기를 중시한다. 1장의 삶의 무기들에도 글쓰기와 말하기가 들어가 있다. 나의 훈련법은 단순하다. 모두가 과정에 참가하게 한다. 프로세스 오너십 process ownership을 갖게 하기 위함이다.

타운홀 미팅이나 브라운백 미팅을 진행할 때도 단 한 명도 빠짐없이 발표하게 한다. H증권에서는 무임승차자가 없다. 편승便乘에 익숙해지면 잃는 게 많다. 난 그걸 허용치 않는다. SMILE 캠페인의 일환으로 시작한 릴레이 글쓰기 프로그램인 〈스마일 러닝〉도 원칙상 무조건 한 번은 내 차례가 돌아온다. 빠질 방법이 없다. 이런 훈련법으로 얻은 결과는 놀랍다. H증권 임직원들 모두가 달변가가 되었고, 모두 작가가 되었다. 내가 거짓말하고 있다고 생각하는가? 100% 사실이다. 함께함의 힘은 이렇게 무섭다. 지금 세대들은 혼자 놀기에 익숙하다. 그러나 같이 놀아보면 곧바로 달라진다. 함께함의 힘에 스스로 놀란다. 기쁨도 커진다. 달릴 때도 같이 달리면 혼자 달릴 때 느끼지 못하는 기쁨喜을 느낀다. 공유는 그 자체로 언제나 미덕美德이다. 그리고, 그 대상이 무엇이든 많은 득得을 안겨준다.

대화의 기술

나는 정보나 지식의 공유보다 감정의 공유를 더 중시한다. 우리는 공감능력이 떨어질 때 어떤 일이 발생하는지 잘 안다. CEO들도 공감능력이 떨어지는 순간 최악의 리더가 된다. 나는 그런 우를 범하기 싫었다. 공감능력을 키우는 가장 좋은 법은 무엇일까? 책을 통해 배우는 데는 한계가 있다. 같이 함께 뒹구는 게mingling 최선이다. 나는 그걸 CEO로 있으면서 진행한 많은 프로그램을 통해 확인했다. 한 예로 MZ 세대의 감성을 이해하는 가장 좋은 방법은 책 『90년생이 온다』를 읽는 게 아니다. 그들과 함께 부대끼는 것이다. 나는 열린open mind 경영자라는 평을 받는다. 이런 평가를 받게 된 데는 공유의 가치를 알고 임직원들과 격의 없는 어울림을 통해 공감능력을 키워왔기 때문이다. 다행이다. 적지 않은 나이에 꼰대력까지 있으면 CEO로서의 나의 가치는 없다고 할 것이니 말이다. 공감능력empathy ability은 성공한 사람들의 가장 강력한 무기들 중의 하나이다.

내가 아는 한 버락 오바마 전 대통령은 공감능력이 탁월한 리더다. 그는 어렸을 때부터 어머니로부터 들은 말이 있다. '너라면 그 말을 들으면 어떤 기분이 들겠니?' 늘 상대의 입장에서 생각해보라는 말인 줄 모를 사람은 없다. 그렇게 공감능력을 키워온 그였기에 워싱턴 정가에서도 큰 귀big ear를 가진 리더라는 칭송을 받을 수 있었다.

또 한 명의 공감형 리더는 래리 킹이다. 그는 〈래리 킹 라이브 쇼〉 진행자로 이름을 날린, 이제는 고인이 된 미국 최고의 인터뷰어이자 방송인이다. 래리 킹이 생전에 인터뷰한 인사만 해도 4만 명이 넘는다. 그는 상대방을 편하게 만드는 재주가 뛰어나다. 래리 킹과 몇 마디를 나누지 않았는데도 출연자는 경계심을 다 푼다. 출연자들은 모두 그의 최면에 걸린 듯 진솔한 얘기를 서슴없이 털어놓는다. 이게 어떻게 가능할까? 래리 킹은 말한다, "상대방이 동질성을 갖게 하라. 별것 없다. 내가 일단 솔직하고 열의가 있다는 걸 상대가 인정하게 한다. 그리고 상대의 입장에서 생각하고 배려하고 묻고 경청한다. 그게 전부다."

왕의 공감력

공감적 대화의 기술이라고 말하는데 진짜 비결이랄 게 없다. 우리가 다 아는 내용 아닌가? 맞다. 그러나 나도 절감하지만 이 간단한 걸 체화體化하고 실천하는 게 쉽지 않다. 왜 그럴까? 앞서 일차적으로 설명한 바 있지만 단순한 레시피recipe의 이슈가 아니라서다. 즉 공감력을 높이는 법을 몰라서가 아니라 응분의 훈련과 실전량이 부족하거나 감각sense이 따르지 못해 나의 공감능력이 제자리에 머물러 있는 것이다. 공감능력도 감정수업처럼 수련이 필요한 영역이다. 즉, 관련 책 몇 권 읽고 좌선을 통해 레시피와 원리를 터득했다고 해서 갑자기 장착되는 삶의 무기가 아니라는 것이다. 처세술이나 성공학 개론, 명사 특강 그리고 명상의 단골 주제로 올라오는데도 정작 내 무기로 만드는 이는 적다. 나는 얼마 전 우연한 기회에 창작 합창 서사시란 부제가 붙은 〈훈민정음〉이란 음악 공연을 감상하는 행운을 가졌다. 행운이란 표현을 쓴 건 이유가 있다. 전혀 기대를 안 하고 간 음악회에서 너무 많은 걸 배우고, 깨닫고, 감동과 전율을 느꼈기 때문이다. 만약 내가 책을 통해 이런 내용을 접했다면 온몸을 감싸는 희열을 경험하지는 못했을 것이다.

극본 내용은 프로그램 이름에서 알 수 있다. 훈민정음 창제와 관련된 역사적 사실들이다. 하지만 이것들이 음악의 선율 위에 얹어지고 동서양 악기와 배우합창단 소리가 하모니를 이루어 표현되자 그 표출력表出力은 상상을 초월했다. 두 시간 가까운 공연 내내 나는 얼어붙은 듯이 꼼짝할 수 없었다. 단 한 음, 단 한 순간도 놓치고 싶지 않아서였다. 그 음악회가 끝나고 돌아오는 중에도 나는 여전히 공연장에 그대로 앉아 있는 듯한 착각이 들었다. 몸에도 미세한 전율이 그대로 남아 있었다. 기회가 되시면 꼭 한 번 관람하시길 바란다. 절대 후회하지 않을 것이다. 뉴욕 등 외국에서도 공연해 전석 매진을 기록할 만큼 호평을 받은 대작이다. 규모가 커서가 아니다. 음악, 극본, 구성 모두가 훌륭하고 웅혼해서 대작이라 불러도 손색이 없다고 생각한다.

서설이 길었다. 내가 본래 하고 싶은 얘기는 이렇다. 세종대왕만큼 공감능력이 뛰어난 리더는 동서 고금을 막론하고 드물다는 것이다. 이는 앞서 훈민정음 음악회를 통해 다시 한 번 깨닫게 된 사실이다. 정말이지 훈민정음은 세종대왕의 탁월한 공감능력이 없었더라면 탄생할 수 없었다. 최만리 등 많은 조정 대신의 반대를 무릅

쓰고 훈민정음을 반포하는 대목은 전신에 소름이 끼칠 정도로 감격적이다.

세종의 공감능력을 잘 보여주는 일화가 있다. 세종 즉위 10년 동안 단 한 해도 가뭄이 들지 않은 적이 없었다. 이로 인하여 기근에 배를 주리다 죽어가는 이들이 셀 수 없을 정도로 많았다. 기근만이 문제가 아니었다. 전염병, 탐관오리들의 수탈까지 겹쳤다. 백성들은 하나같이 큰 고통을 감수해야 했다. 세종은 결심한다. "백성들이 이렇게 도탄에 빠져 고통을 받고 있는데 내가 어찌 임금 된 자로 편히 궁에 머물 수 있겠느냐? 강화에 별궁을 조촐하고 검소하게 짓도록 해라. 나는 앞으로 그곳에서 머물 것이다."

고증을 거친 내용이니 정확할 것이다. 어떠한가? 어떤 임금이나 지도자가 이렇단 말인가! 정말 탄복하지 않을 수 없다. 공감능력은 이렇듯 훌륭한 리더의 필수 역량으로 벡터[vector]량의 성격을 갖는다. 방향과 크기가 있는 것이다. 공감능력은 언제나 소외되고 낮은 곳을 향한다. 즉, 조직이나 사회의 양지보다는 음지에 그 방향이 맞추어져 있다[tuned to the distressed]. 여기서의 음지는 응당 주어져야 하는 볕[light] –혜택이나 권리, 기회들–조차 주어지지 않은 지점 혹은 사람들을 뜻한다. 그리고 공감능력은 힘이 세다. 중간값부터 무한대까지다.

예를 들어, 훈민정음의 창제 과정을 봤을 때 세종대왕의 공감능력을 수치화하면 무한대 값에 가깝지 않을까 싶다. 오프라 윈프리는 어떨까? 만약 그녀가 뛰어난 공감능력을 결[缺]한 채, 단지 말만 잘하고 불행한 성장기를 거친 자수성가형 흙수저였다면 어땠을까? 말할 것도 없다. 오늘날 그녀가 누리는 모든 것들, 즉 영예와 존경, 부[富], 선한 영향력, 세계적 방송인이자 사업가로서의 역량, 성취감, 행복감 등은 기대하기 어려웠을 것이다. 다시 말해 오프라 윈프리에게서 공감능력은 그녀의 모든 것이다. 그게 빠진 오프라 윈프리는 빛나는 보석이 아닌 한낱 평범한 흑인 여성 방송인으로 우리들의 관심권에서도 멀어졌을 것이다. 곰곰히 생각해보라. 절대 과한 논리의 비약이 아니다.

존경받는 노인의 정체

또 한 분의 예는 국내 굴지의 그룹 총수로 지금은 유명을 달리하신 분이다. 그분에 대한 일화를 명문대를 나와 그분의 그룹 산하 계열사에 입사한 내 조카로부터 아주 오래 전에 들었던 적이 있다. 내 조카가 초년병 시절에 직접 겪은 이야기다. 따라서 단 1%의 MSG도 가미되지 않았다.

하루는 땡볕 아래서 한 노인 분이 더위를 아랑곳하지 않고 일을 하고 있었다. 그게 안쓰러워 할아버지에게 말을 걸었다. "더운데 쉬시지, 뭐 하고 계세요?" 그러자 그 노인 분이 빙긋이 웃으며 답했다. "그래, 넌 누구냐?" 내 조카는 그분의 존안을 보는 순간 뭔가 일이 잘못 돌아가고 있다는 걸 직감했다. 놀라서 얼른 답했다. 다른 말이 생각이 안 나서 겁먹고 상기된 표정으로 관등성명만을 밝혔다. 이야기를 들은 노인 분은 매우 흐뭇한 표정을 보이며 "너 참 착하구나!"라며 덕담을 건네시더니 "그래, 네가 쉬라고 하니 이제는 쉬어야겠다"고 하며 자리를 뜨셨다고 한다.

그 노인 분은 바로 그 그룹의 총수였던 분이셨다. 대단한 일화도 아니다. 그냥 영화에 흔히 등장하는 그런 뻔한 스토리일 수도 있다. 그러나, 나는 그 이야기를 듣고 충격을 받았다. 그리고 갑자기 이런 생각도 밀려왔다. "아! 이런 분이 이끌어가는 그룹이다 보니 조직 전체가 인화人和를 중시하고 사람을 귀히 여기는 조직문화를 갖고 있구나!" 나는 그 그룹 출신도 아니다. 아무런 관련이 없다. 그 총수 분을 생전에 뵐 기회가 있었던 것도 아니다. 인연이 있다면 있다. 내가 그분의 전속 이발사를 통해 몇 년간 이발을 한 적이 있다. 그 이발사 분은 과묵한 분인지라 그 그룹 총수에 대한 이야기를 전혀 하지 않았다. 내가 들은 말은 그 총수 분이 살아 계셨더라면 좋았을 텐데라고 운을 뗀 뒤에 한 짧은 두 줄의 회고담이 전부다. "그분이 그립다. 참 좋으신 분이었는데!" 당시 나는 그 이발사 분의 어투와 표정만으로 괄호 속 부분, 즉 그 총수 분의 인품 등을 짐작할 수 있을 뿐이었다.

그분의 타계 소식에 각계 분들이 보내온 애도사와 덕담 등에서 그분을 또 한 번 간접적으로 뵙게 된다. 당시 언론에는 이런 글들이 올라왔다. "재계의 큰 별이 졌다. 그분은 소탈하고 온화하지만 불황에서 더 빛나는 리더십을 보여준 뚝심 있는 경영자다." "집념을 가진 냉철한 승부사면서 사람에 대한 존중과 배려가 몸에 밴 품격 있는 덕장 중 덕장이셨다." 나는 이런 보도와 무관하게 예나 지금도 그분을 대한민국 역대 경영자 중 가장 공감능력이 뛰어나신 분으로 기억하고 있다. 본받을 만한 분들이 우리 주변에는 너무나 많다. 대한민국이 자기 모순을 극복하고 계속 변증법적 성장을 하는 이유다.

품으려 하라

CEO로서 내가 임직원들에게 즐겨 쓰는 화법이 있다. 답을 가르쳐주는데 못 알아들을 때 종종 쓰는 대화 형태다. "공감능력을 기지라고 하는데 한번 물어보자. 공감능력을 가지면 남이 좋니 아니면 당신이 좋니?" 앞에서도 이런 대화법을 언급한 바 있어 내가 원하는 답을 알 것이다. 당연히 남도 좋고 나는 더 좋다. 오프라 윈프리를 보지 않았나? 내 말이 정답이지 않은가!! 따라서 나는 공감능력이 왜 필요한지에 대한 긴 설명을 또 한 번 할 필요성을 느끼지 못한다. 다만 이 표현을 꼭 공유하고 싶다.

"품으려 하니 모든 게 꽃이었다." 최근에 읽은 나태주 시인과의 인연을 맺어온 젊은 여성 분이 쓴 책 제목이기도 하다. 나는 '품으려 하는' 마음이 곧 공감이라 생각한다. 공감능력은 이처럼 나와 주변, 나아가서는 세상을 변화시킨다. 공감능력이 없으면 살 수 있을까? 당연히 살 수는 있다. 난 공감능력을 자신의 출세 수단쯤으로 생각하라는 천박한 제안을 하는 게 아니다. 모두가 강조할 때는 이유가 있는 법이다. 따라서 그냥 무조건 따라 해보는 것도 나쁘지 않다. 지금 하려는 말도 내가 이 책에서 기언급한 말일 수 있다. 나는 구구단을 왜 외워야 하는 줄 알고 배우지 않았다. 외우고 나서 알았다. 내가 그걸 머리에 입력시켜 놓지 않았다면 지금쯤 나는 어찌 되었을까? 어떤 건 먼저 행하고 나중에 이유를 알아도 된다. 공유 철학이나 함께함의 습관, 공감능력 같은 게 그런 것이다.

공감의 기적

공감의 기적을 보여주는 아주 오래된 영화가 있다. 세계 영화사상 최고의 명작이라고 할 만큼 대단한 감동을 준 영화다. 바로 찰턴 헤스턴 주연의 〈벤허〉다. 〈벤허〉는 돌아가신 이건희 회장님도 비디오테이프가 닳을 때까지 돌려보고 또 돌려본 영화로 유명하다. 1959년도에 제작된 영화다. 따라서 베이비붐 세대에게는 추억의 명화지만 지금의 젊은 세대는 영화 제목조차도 못 들어봤을 가능성이 크다. 이 영화의 압권은 전차 경기 장면이다. 스펙터클도 정말 압도적이다. 그러나 내가 〈벤허〉를 말하며 가장 먼저 전차 경기를 떠올리는 건 스펙터클에 매료돼서가 아니다. 다른 이유가 있다. 전차 경주를 앞둔 주인공 '벤허'의 인간적 면모, 뛰어난 공감능력을 보여주는 대목에 깊이 빠져들어서다.

  메살라가 오로지 전차 경기 승리를 생각하면서 살인 병기나 진배 없는 칼날 전차를 만들고, 음모를 획책할 때 벤허는 한밤중에 내일 전차 경기에 함께 나설 말들을 찾아 교감한다. 그는 말들의 이름을 하나하나 부르며 스킨십을 한다. 그리고 결전을 앞둔 말들에게 전차 경주에서 각자의 역할을 알려주고 자신감을 불어넣는다. 정말 감동적이고 매우 인상적인 장면이다. 이건희 회장님도 이 장면을 인상 깊게 보신 걸로 안다. 나 역시 CEO가 되고 나서 보니 정작 전차 경주 장면보다는 이 장면에 더 깊이 빠져들게 됐다. 똑같은 영화도 보는 사람마다 감동 포인트가 다르다. 그리고 보는 사람이 같아도 언제 어떤 상황에서 보느냐에 따라 감동 포인트가 달라지는 법이다. 내게 <벤허>는 스케일이 크고 볼거리가 풍성한 대작 영화였으나 지금은 공감의 기적을 보여주는 감동의 명화로 다시 각인이 됐다. 이제는 분명히 알 수 있다. 공유의 가치, 그리고 함께함의 힘뿐 아니라 공감의 기적은 공허한 이론이나 이상이 아닌, 우리 삶 주변에서 끊임없이 확인할 수 있는 현실이자 팩트다.

3-6 호기심과 열정을 유지하라

추秋는 전豐의 단계다. 전의 단계에서 우리가 가장 경계할 것은 에너지를 잃는 것이다. 에너지는 체력, 즉 육체적 에너지만을 의미하는 게 아니다. 정신적 에너지까지 포함한다. 나는 CEO로서 적은 나이는 아니다. 그러나 에너지는 누구에게도 뒤지지 않는다는 말을 듣는다. 다소 과장된 평가이기는 하나, 크게 틀린 얘기는 아니다. 육체적 에너지는 얼마 전 춘천마라톤 42.195km 풀코스 완주로 입증한 바 있다. 사실 완주를 염두에 두고 뛴 것은 아니다. 이제는 나를 체력 면에서 의심할 사람은 없다. 그러나 나는 체력보다는 정신적 에너지가 더 강하다고 믿고 있다.

100인 마라톤

지금도 나는 일을 벌이기를 좋아한다. 체력을 믿고 하는 게 아니다. 나의 내면을 가득 채우고 있는 멘탈 파워mental power를 믿어서도 아니다. 기질이 그런 것 같다. 가만히 있지를 못한다. 책 쓰기 또한 최근에 내가 스스로 벌인 일이다. 결코 쉽지 않은 도전이 될 것이라는 걸 알면서도 일을 벌이기를 좋아하는 나의 기질이 작동한 것이다. 이러한 나의 기질은 좀처럼 변하지 않는 듯하다.

젊은 시절에도 끊임없이 일을 벌였다. 당시 내가 벌인 일 중 가장 인상 깊은 일을 소개하고자 한다. 20년 전의 일이다. 100명을 이끌고 춘천 마라톤에 도전하는 프로젝트를 기획했다. 모두가 성공에 의구심을 표명했지만 나는 성공을 확신했다. 나는 왜 그런 일을 기획하였냐고? 특별한 이유는 없다. 풀코스 완주의 경험을 모두에게 선사하고 싶었을 뿐이다. 그리고 함께하면 불가능해 보이는 일도 할 수 있다는 믿음을 주고 싶었다. 세상 일 중에는 혼자서는 엄두가 나지 않는 일도 많다. 풀코스 완주도 그런 일들 중의 하나다.

그렇다면 풀코스는 어떤 의미를 가질까? 무라카미 하루키가 달리기에 대해 말한 다음 구절(편집된)에 답이 있다. "나는 매일매일 달린다. 달리기는 나에게 집중력을 주고 꾸준함을 가르쳐준다. 달리기 중에서도 마라톤 같은 장거리 달리기는 또 다른 차원의 달리기다. 이겨내야 할 상대가 있어서다. 그 상대는 바로 과거의 자기 자신이다." 무라카미 하루키의 말대로 100인 마라톤에 참여했던 그들은 완주 후 과거와는 180도 다른 사람들로 변했다. 그런 점에서 나의 100인 마라톤 프로젝트는 성공했다고 볼 수 있다.

나는 일을 벌이기를 좋아하지만, 무턱대고 벌이는 건 아니다. 그일이 성공했을 때 갖는 의미를 사전에 반드시 체크한다. 쓸데없이 에너지를 낭비하는 게 싫어서이다. 100인 마라톤 프로젝트도 마찬가지였다. 한편으론 무모해 보이는 시도였지만 성공 보수는 상상 그 이상일 거라 판단했다. 앞서 나는 내가 일을 벌이기를 좋아하는 걸 단순히 내 기질 탓이라 하였으나, 엄밀히 따져보면 아닐 수 있다. 오히려 호기심과 열정이 넘쳐서라는 분석이 더 맞을 수도 있다. 책 쓰기만 해도 그렇다. 나는 호기심이 발동했다. M&A로 심경이 복잡할 때 책을 한번 써보면 어떨까? 과연 내가 책 쓰기에 성공할 수 있을까? 그리고 책을 쓰면 대체 어떤 일이 일어날까? 정말 궁금했다. 나는 궁금하면 못 참는다. 일단 시도하고 본다. 책 쓰기라는 새로운 목표가 생긴 것이다.

호기심은 목표를 만든다

1장에서도 나는 일단 시작하는 것의 중요성을 강조한 바 있다. 그러나 책 쓰기는 호기심만 가지고 시작할 일은 아니다. 체력과 멘탈 파워도 뒷받침되어야겠지만, 엄청난 열정이 필요하다. 헌데 나는 열정은 걱정하지 않는다. 분명한 목표가 생기면 늘 열정은 온몸에서 미친 듯이 샘솟기 때문이다. 이렇게 호기심이 새로운 목표를 만들고 그 새로운 목표가 미친 열정을 만들어내는 메커니즘은 내가 이 나이에도 CEO 직을 유지하는 비결일 수도 있다. 이러한 메커니즘의 트리거 포인트는 호기심이다. 호기심이 살아 있어야 목표도 열정도 생기는 것이다.

왜 성공한 분들의 공통적 특징이 강한 호기심을 유지하는 것인지 알 것이다. 우리는 이제껏 성공하려면 열정을 가져야 한다는 말을 들어왔다. 하지만, 공허한 얘기가 아닐 수 없다. 열정은 갖겠다고 결심한다고 생겨나는 게 아니기 때문이다. 열정은 앞서의 메커니즘에서도 보였듯, 분명한 목표가 있을 때에 생겨난다.

이나모리 가즈오 회장은 일본의 가장 존경받는 전설적 경영자다. 그분 역시 나와 같은 말을 한다. "열정이 저절로 솟으려면 자기 일을 좋아하고 명확한 목표를 가지고 있어야 한다." 따라서 열정을 유지하라는 주문은 명확한 목표를 가지라는 요구로 환치되어야 한다. 더 정확히는 강한 호기심을 유지하라로 바뀌어야 한다. 하지만 안타깝게도 이게 어렵다. 이게 쉽다면 뭐가 문제겠는가? 잘 안 되니 성공학 개론 책들이 수없이 쏟아져 나오는 것이다. 골프와 같아서 골프가 세상에서 가장 어려운 운동이라는 말이 있을 정도로 쉽지 않다 보니 수많은 유튜버와 레슨 프로들이 활동할 수 있는 것이다.

앎을 확장하려는 노력

우연히 접한 한 어린이용 책에서 호기심 키우는 법을 본 적이 있다. "열린 마음을 갖고 질문을 많이 하라. 그리고 많은 경험을 쌓아라." 나의 경험치와 일치한다. 호기심은 타고나는 부분이 많다. 어린아이 중에도 유난히 질문이 많은 아이가 있다. 그런 아이를 보고 어른들은 호기심이 많다고 한다. 이는 호기심은 타고나는 부분이 더 크다는 걸 의미한다. 하지만 호기심도 훈련을 통해 키워지는 부분이 분명 있다. 나 역시도 그 훈련 덕을 봤다. 본래 호기심이 많기도 했지만 노력해서 키운 부분도 많다. 호기심^{curiosity}은 낯설고 모르는 것, 즉 새로운 것에 관심을 갖고 알고자 하는 마음이다. 호기심은 아는 게 많을 때 클까, 아니면 아는 게 없을 때 더 클까? 나는 전자라 생각한다. 그럼 왜 아이들이 호기심이 더 많다는 걸까? 그렇지 않다. 단지 아이들이 더 많게 보일 뿐이다. 기저 효과다. 아무것도 모를 때는 본능적 호기심만 있다. 그러나 점차 인지 발달이 이루어져 앎이 형성되기 시작하는 시점부터는 호기심도 같이 커지면서 질문이 폭발적으로 늘어난다. 그 변화가 눈에 확 띈다. 그러다 보니 아이들이 호기심이 많게 보이는 것이다.

하지만 나이가 들면서 그 추세는 꺾이는 경향을 보인다. 그래서 나이에 들어서도 그 추세가 유지되게 하려면 독서나 여행, 새로운 사람과의 만남을 통해 앎을 확장해가야 한다. 그들이 호기심을 자극시키고 키우는 데 큰 도움을 줄 수 있기 때문이다. 사실 나도 호기심을 키우는 과학 원리나 방법은 모른다. 단지 경험칙에 근거해 말할 수 있을 뿐이다. 우리는 경험으로 알고 있다. 잘 모르면 질문을 못 한다. 질문을 해야 하는데 스스로 답답해서 습관처럼 하는 말이 있다. "대체 뭘 알아야 질문을 하지!! 제기랄." 따라서 여러 경험을 통해 앎을 형성시키는 게 가장 우선이다. 이렇게 형성된 앎은 그 스스로의 확장 욕구에 의해 질문을 낳게 된다. 그 질문을 통해 우리는 새로운 사실을 알게 되고 그 새로운 사실은 또 다른 질문을 낳게 되는 루프^{loop}가 만들어진다. 따라서 이런 결론을 내릴 수 있다. 질문을 하는 힘, 즉 질문력이 호기심을 키우는 데 도움을 주건 안 주건,

양자가 쌍대雙對: 서로 짝이 되거나 맞서는 관계를 이루는 것은 분명하다는 것이다. 다시 말해 호기심과 질문력은 늘 쌍을 이뤄 함께 다닌다.

그러고 보니 내가 아직도 평균 이상의 호기심을 유지하는 것은 끊임없이 앎을 확장하려 노력하고 열린 마음과 질문력을 유지하기 때문이다. 그리고 궁금한 건 못 참고 꼭 알아내려는 집요함과 끈기, 파고드는 힘도 호기심을 유지하는 데 한몫한 것으로 생각된다. 나는 복잡한 걸 단순화, 모델화시키는 걸 좋아한다. 호기심만 해도 그렇다. 복잡하게 생각 말자. 내가 다소 논리적 현학적으로 풀려 했지만 부질없는 짓일 수 있다. 그냥 알고 싶어하는 마음을 결코 잃지 말고 궁금할 때 참지 말자!! 사실 그게 핵심이다. 가장 좋은 실전 팁일 수 있다.

우문도 투척하라

호기심이란 단어는 잊어도 된다. 호기심이란 단어가 가져다주는 편견이 우리 의식을 지배할 수 있어서다. 말하자면 이런 식의 편견이다. 호기심을 신성시해 '레오나르도 다빈치나 스티브 잡스 같은 희대의 천재들의 전유물'로 생각한다든가, '이제는 나이가 들어 호기심을 다시 충전하는 건 힘들다'고 지레 결론을 내리는 것 등이다. 나는 이런 편견에서 벗어나 가볍게 생각하자는 주의다. 이것이 실제 살아가며 큰 도움을 준다. 공자는 스스로 호학자好學者라 칭했다. 말 그대로 '알기를 좋아하는 자'란 뜻이다. 공자는 실제로 모르는 걸 궁구窮究하는 걸 즐겼다. 알고 싶어하는 마음을 죽을 때까지 유지했다. 그런 마음이 곧바른 학문의 자세요, 내가 정의한 호기심의 어른 버전이 아니겠는가?

내가 요구하는 건 극한치가 아니다. 평균값을 목표로 앎의 욕구와 질문력을 유지하라는 것이다. 이건 가능하다. 앎의 욕구란 것도 알면 알수록 커진다. 따라서 계속 인지망을 넓혀가야 한다. 즉, 데이터베이스에 새로운 지식, 정보, 경험들을 투입하고 우리 뇌에도 지적 자극을 줘야 한다. 독서가 그래서 필요하고, 여행의 쓸모도 그래서 있는 것이다. 새로운 사람들을 만나 배우는 것도 그래서 중요한 것이다. 질문력도 마찬가지다. 고기도 먹어본 사람이 잘 먹고 공부도 그렇다. 세상의 모든 일도 그렇다. 하다 보면 다 한다. 처음부터 잘할 수 있는 일은 없다. 쉼없이 반복하다 보면 자기도 모르게 경지에 오르는 법이다. 어떻게 매번 예리한 질문만 하겠는가? 다소 바보 같은 우문愚問도 주변 눈치 보지 말고 던져라. 그렇게 계속 투척하다 보면 투척 기술이 늘면서 질문의 엣지^{edge}도 생기는 법이다.

이렇게 정리하면 부담이 확 준다. "틈 나는 대로 앎을 늘려가고 일상에서 시답잖은 질문같이 생각되더라도 스스럼없이 질문을 하라." 그러다 보면 호기심 문제가 해결된다. 나는 실제로 이렇게 하고 있다. 이렇게 되면 새 목표도 저절로 생기고, 그 목표가 또다시 열정을 불러온다. 일타삼피一打三皮란 이런 걸 두고 하는 말이 아닐까.

3-7 학이시습지 學而時習之

배움의 끈을 놓치지 않는 것이 얼마나 중요한 일인지는 알 것이다. 내가 어릴 적에 들은 말이다. 진부한 이야기지만 여전히 울림이 크다. 인생은 유한하지만 배움은 끝이 없다. 나는 아직도 배움에 대한 갈증이 크다. 꽤나 열심히 배우고 정진해온 듯한데도 모르는 것이 너무 많다. 다행히 지금도 배움에서 큰 희열을 느낀다. 책을 읽을 때는 신선도, 부자도 부럽지 않다. 나는 독서력을 1장에서 십계의 한 항목으로 분류했다. 인생을 살아갈 때 큰 힘이 되는 무기라고 생각하기 때문이다. 배움은 유용성이 크다. 그러나 그것은 배움의 과정에서 느끼는 희열과 행복감에 비하면 오히려 작은 편이다. 배움은 내가 공부라는 말로 표현해 운을 좋게 해주는 방법으로도 소개한 바 있다.

배움이라 총칭했지만, 공부工夫, 학學, 습習은 같은 뜻의 단어들 같아 보여도 엄밀하게는 어원도 각기 다르고 내포內包 또한 서로 간의 차이가 있다. 그러나 나는 그런 차이를 무시하려 한다. 그냥 배움이라는 단어로 통일하겠다는 말이다. 배움은 배우다의 명사형이다. 배우다는 '배다'에서 유래했다. 배다는 스며들다, 잉태하다라는 뜻을 가진 단어다. 따라서 배움은 차후 열매나 생명을 맺게 될 것처럼 스며든 것이라고 할 수 있다. 얼마나 멋진 본뜻을 갖고 있는가! 나도 새삼 놀라게 된다.

D 체크

혹시 감항성airworthiness이라는 용어를 들어보았는가? 당연히 아시는 분들도 있을 것이다. 감항성堪航性은 항공기가 운용 범위 내에서 비행 안전에 적합한 상태나 정도를 말한다. 우리네 인생도 감항성 체크가 필요한 순간이 있다. 내가 볼 때는 가을, 즉 추秋 시기가 항공기로 말하면 D 체크 수준의 중정비가 필요한 시기다. D 체크 시에는 1만 시간 이상의 비행 시간으로 피로도가 누적되어 부품 기능 점검 및 교체는 물론 기체 구조 점검까지를 수행한다.

나도 사실 D 체크를 거치지 않고 증권사에 입사 후 38년간을 대한민국 자본시장의 항공을 날았다. 고백하건대, 2024년 10월 조선일보 마라톤에 출전해 완주한 것도 감항성 체크 차원에서였다. 다행히 아직 기체 구조에는 문제가 없었다. 문제는 운항 시스템과 소프트웨어다. 많은 업데이트가 필요하다. 나의 책 쓰기는 이러한 작업의 일환이다. 아주 세밀한 부분까지 들여다본다. 또한, 지금 같은 시기에 배움을 더 강화해야 한다는 것이 내 생각이다. 배움을 통해 나의 감항성을 크게 높일 수 있기 때문이다. 실제로 나는 위기 국면이나 CEO 준비 기간을 정비 시간이라 생각하고 영적 성장과 지적 발전을 위해 전심전력을 다했다. 지금의 시기도 하나님이 내게 준 콤마타임(잠깐 쉬어가며 나를 돌아보고 교훈을 얻는 시간)이라 받아들이고, 내 인생의 감항력을 높이기 위해 최고 단계의 정비를 하고 있다. 즉, 격납고에서 아주 때늦은 감항성 체크를 스스로 수행하고 있는 셈이다. H증권의 M&A가 종료되는 시점까지는 이 같은 D 체크가 계속될지 모르겠다.

현 시점에서 나의 배움 욕구와 필요, 강도는 최고조에 달해 있다. 밤 두세 시까지 읽고 쓰고 생각한다. 다독, 다작, 다상량多商量을 실천한다. 나를 깎는 작업을 하고 있는 것이다. M&A 이후의 나의 미래는 하나님만 아신다. 내 나이도 있지만 현재의 치열한 D 체크는 무망한 헛수고로 보일 수도 있다. 하지만 상관없다. 내가 앞으로 CEO를 더 할 것이라는 기대를 갖고 하는 일이 아니다. 내 나이와 인생 단계를 볼 때, 지금이 화려한 겨울을 보내기 위해 나를 전면적으로 재정비할 수 있는 최적기라고 생각했을 뿐이다. D 체크가 끝났는데도 나를 불러주는 데가 없어 계속 격납고에 머물러야 하는 신세면 어떠랴!! 아무 문제 없다. 내가 지금도 천수를 누렸다는 말을 하려는 게 아니다. 하나님이 준비하신 다른 길이 있을 거라 믿기에 아무런 걱정이 없다.

고비는 나를 더 강하게 한다

나는 크리스천이 아니다. 그럼에도 스스럼없이 그분들의 언어를 쓴다. 교회만 안 다닐 뿐 성경 말씀과 세계관, 사상들을 오래전부터 마음으로 받아들이려 노력해왔기 때문이다. 하나님이라는 표현만 해도 그렇다. 그보다 더 좋은, 내 생각에 부합되는 단어를 못 찾겠다. 주변에서는 나를 크리스천으로 착각하거나 크리스천 같은 분위기를 많이 풍긴다고 말한다. 틀린 평가는 아니다. 그리고 나는 그런 말을 듣는 걸 싫어하지도 않는다. 나는 살아오며 힘들 때마다 하나님을 많이 찾아 위로받고 힘듦을 극복하는 지혜와 말씀을 얻었다. 지금도 힘든 때다. 따라서 나는 이러한 시기에 앎의 확대, 즉 지적 발전을 추구하기에 앞서 영적 성장을 더 갈구하는 것이다.

영적 성장spiritual growth은 짙은 어둠의 터널에 있을 때 더 성장한다. 실제 나는 인생의 가장 힘든 고비를 넘기며 더 강해졌다. 매번 나 자신을 담금질하는 한편, 스스로를 모루 위에 올려놓고 두드렸다. 그런 과정들을 거치며 나는 내면의 힘도 더 생기고 내면의 질서도 더 견고해졌다. 하지만 나는 여전히 약하고 취약fragile하다. 남의 평가에 연연하고, 남의 인신공격성 발언에 발끈한다. 생계형 변절이라 치부해도 될 법한 주변인의 기가 찬 행위에 분개도 한다. 공자가 봤다면 소인배라 칭하셨을 법하다. 그러나 어쩌겠는가. 이게 나인데 말이다. 나는 화가 나도 안 난 것처럼 평온한 듯 보이고, 마음의 큰 상처를 입었는데도 아무 일 없던 것처럼 초연한 모습을 보이는 억지 놀음은 하기 싫다. 나답지도 않을 뿐더러 정의롭지도 않다. 그리고 그건 양자 누구에게도 득(得)을 안기지 않는다. 생각해보라! 억울한 상황에 처했음에도 내가 어떤 식으로든 표현하지 않으면 어떻게 되겠는가? 내 상처는 더 커지고, 상대방은 어떤 실수를 했는지 모를 것이다.

사실 나는 너그러운 사람 축에 든다. 내가 화났을 때는 정말 화가 난 거다. 특히 상대의 처사가 부당한 경우에는 반드시 내 의사를 표하고 응분의 분노도 드러낸다. 나 스스로는 그게 맞고 옳다고 본다. 물론 정답은 다를 수 있다. 더 참고 분노를 삭히고 용서하고 상대를 위해 기도하라는 것일거다. 그러나 나는 이를 따를 수가 없다. 아직 내가 부족해서일 수도 있지만 나의 내면에서 들려오는 명령은 "굳이 그럴 필요 없다!"는 것이다. 지금도 나의 영적 성장 목표는 성인(saint)급의 인성을 갖는 게 아니다. 그저 나는 더 나답고 언프래자일(unfragile)하기보다는 강인한, 즉 회복 탄력성이 강한 사람이 되는 것이다.

강함의 정의

나는 강하다(strong)는 걸 이렇게 정의한 적이 있다. H증권 2021년 신년사에 나온 내용이다.

"강하다는 것은 깨지지 않는(infragile), 즉 절대 무적이라는 뜻이 아닙니다. 제가 생각하는 강하다는 의미는 다릅니다. 회복 탄력성(resilience)이 강하다는 것입니다. 회복 탄력성에는 실패를 통해서도 배우고 역사를 통해서도 배우면서 계속 성장하는 힘도 내포하고 있습니다."

그렇다! 나는 그런 정도의 목표만 달성하면 된다. 세인들의 평가는 사실상 나의 관심사가 아닐 수 있다. 세인(世人)들이 우리를 재단하는 칼은 무정(無情)하다. 자신에게 한없이 너그럽고 타인에게는 유독

엄정하다. 타인의 아픔에 대해서는 관심이 없어서 하는 말이다. 타인에 대한 배려를 결한 그런 칼로 나를 라운딩하거나 커팅해 그들 기준에 맞는 도덕적인 사람이 되고 싶은 마음은 추호도 없다. CEO까지 한 사람의 오만은 결코 아니다. 왜 그래야 되는지 몰라서일 뿐이다.

나는 H증권의 CEO이자 행복 배달꾼이요, 좋은 선생님이려고 노력해왔다. 스스로 부족하다고 느끼면서도 나는 이 모든 직책을 혼신의 힘을 다해 성실히 수행해왔다고 자부한다. 특히 나는 정말 좋은 선생님이 되고 싶어서 나를 끊임없이 채찍질했다. 그토록 나를 채찍질까지 하며 다잡으려 한 이유는 단 하나다. 좋은 선생님은 영적으로 많이 성장해 있어야 한다고 믿기 때문이다. 세상을 더 살고 책을 조금 더 읽어 아는 게 많다고 좋은 선생님이 되는 게 아니다. 영적으로 다듬어지지 않는 선생님의 가르침은 상상만 해도 끔찍하다. 나는 영적으로도 뛰어난 선생이 되려고 노력은 하였으나, 정말 좋은 선생님으로 평가받았는지는 모르겠다. 하지만 그런 평가는 부차적 문제다. 나의 의도만 정확히 전달되었으면 그걸로 족하다. 다행히 나의 선한 의도는 전해졌다.

배우며 성장한다

교학상장_{敎學相長}이라는 말이 있다. 가르치고 배우면서 서로 성장한다는 뜻의 말이다. 실제 나도 가르치면서 우리 임직원들로부터 많이 배운다. 주기만 하는 게 아니다. 사실 받는 게 더 크다. 일선 지점의 한 여직원이 감홍사과를 먹어보라고 보내며 내게 전한 문자 전문을 소개할까 한다.

"춘마 때의 감동의 여운이 가시질 않습니다. 제가 춘마에 참석하는 것 자체가 기적이었습니다. 사장님! 정말 정말 감사드립니다."

나는 그들에게 준 게 없다. 같이 산행하고, 같이 마실 다니고, 같이 달리고, 같이 볼링 치고, 같이 부대끼고 한 게 전부다. 선생님이라 해서 꼭 일타 강사들처럼 분필 들고 판서해가며 열강을 해야 하는 건 아니다. 나 같은 헐렝이 선생도 있다. 특별히 뭘 가르치려 하지 않는다. 그들의 말을 잘 들어주고 공감해주는 게 내 수업의 전부다. 하지만, 그것만으로도 그들은 성장한다.

나는 시쳇말로 날로 먹는 엉터리 선생이었다. 내가 가르친 과목들은 모두 쉽지 않은 과목들이다. 그러나 교과서로만 배우면 잡지식까지는 아니어도 얄팍한 겉지식만 쌓인다. 예를 들어 내가 맡은 과목 중 하나인 리더십만 해도 시중에 얼마나 많은 리더십 책이 나와 있는가? 그런데도 리더십의 요체를 이해하고 그걸 내 것으로 만드는 사람들은 많지 않다. 왜 그럴까? 두 가지다. 하나는 책의 문제다. 대부분이 탁상공론에 가깝다. 한마디로 암체어 페이퍼$^{Armchair\ Paper}$ 단락이다. 다른 하나는 실천의 문제다. 책의 문제만은 아니다. 시중에 파는 리더십 책의 내용들은 하나같이 다소 공허하고 피상적일 뿐, 틀린 말은 하나도 없다. 하나같이 너무 좋다. 하지만 그러면 뭐 하랴! 리더십도 피아노 치는 실력을 키울 때처럼 교습이 필요하다. 프랙티스^{practice}가 필수적이라는 것이다. 따라서 현장에서 익혀야 한다. 서재에서 익힐 성질의 것이 아니다. 하지만 이론서 한 권 정도는 독파하는 게 좋다.

그럼 나는 그걸 어떻게 현장에서 가르쳤나? 이 역시 내가 가르친 건 없다. 나는 깨닫게 만드는 교육법을 좋아한다. 단편적 지식을 넣어주면 쉽게 휘발된다. 자기 것으로 체화하기 전에 또 잊혀지고 만다. 나는 지식이나 정보를 전달하기보다는 체험을 통해 스스로 깨닫고 가슴과 뼈에 각인시키도록 유도한다. 즉, 티칭이나 주입식 교육$^{banking\ education}$보다는 코칭과 체험학습을 더 중시한다는 말이다. 내가 즐겨 쓰는 방법은 리더의 위치에서 경험을 쌓을 기회를 주는 것이다.

초년병의 특강

꼭 조직의 헤드가 되어야만 리더가 아니다. 주도적으로 앞에서 이끄는 사람은 모두 리더다. 따라서 20대 초반의 어린 직원들도 리더십 교육 대상이다. 실제 나는 그들에게도 팀장급 이상의 직원들에게 기대하는 리더의 역할을 요구한다. 그리고 그들이 리더로서의 경험을 할 수 있도록 기회를 제공한다. 어떻게? 간단하다. 프로젝트 책임자 역할을 주거나 경영 회의 강사로 나서게 하는 식이다. H증권에서는 20대 초반의 초년병들이 선배나 임원들을 대상으로 특강하는 일이 비일비재하다. 한번 생각해보라! 특강도 하나의 작은 프로젝트다. 나는 작은 프로젝트라 했지만 어린 직원 입장에서는 얼마나 심적 압박이 클까? 특강 준비 과정부터 연단에 설 때까지 정말 할 일이 많다. 이 많은 걸 오롯이 본인이 혼자 다 해야 한다. 그는 프로젝트 리더로서의 경험을 하면서 정말 많은 것을 뼈저리게 느끼게 된다. 살아 있는 교육이 따로 없다. 특강 프로젝트가 그 어린 직원을 180도 변화시킨다. 물리적 변화가 아닌 화학적 변화가 일어난다. 나는 CEO로 있으면서 이런 기적을 무수히 목격했다.

나는 내가 맡은 다른 과목들을 가르칠 때도 이런 식의 교육법을 쓴다. 예컨대 나는 철학 과목을 가르칠 때도 딱딱한 철학 용어를 가르치기보다는 밖에 나가서 같이 달린다. 달리기를 해본 사람들만이 느끼고 배우는 게 있다. 내가 아는 한 달리기는 최고의 철학 선생이다. 걷고 뛰고 달리며 산에서, 필드에서 잔디밭을 먹는 것 모두가 좋은 철학 선생님들이다. 하지만 내가 볼 때는 이 중 달리기가 가장 매력적이면서 가장 훌륭한 선생이다. 헤아릴 수 없을 만큼 전해주는 게 압도적으로 많다. 왜 그럴까? 굳이 길게 말 안 해도 정말 수많은 이가 달리기 예찬론을 폈다. 내 말을 듣기보다는 오히려 그분들의 얘기를 참조하는 편이 낫다. 다만 내가 H증권에서 달리기 프로그램을 론칭할 때 쓴 CEO 스피치 일부 내용은 공유하고자 한다.

"달리기는 의외로 높은 허들이 있는 운동입니다. 매일 또는 매주 신발 끈을 단단히 동여매고 외롭게 달리는 건 진짜 힘들고 귀찮은 일입니다. 무라카미 하루키의 말대로 30년 이상을 뛰었지만 지금도 자기 독려가 필요한 운동이 달리기입니다. 그러나 한번 입문해 맛을 느끼면 빠져나오기 어려울 만큼 치명적 매력을 갖고 있습니다. 한번 달려보세요! 우리의 몸과 마음은 물론 우리의 삶도 새롭게 프로그래밍될 것이라 확신합니다. 달리기는 육체와 정신이 하나가 되는 걸 경험할 수 있는 유일한 운동입니다. 뜀락을 통해 달리기가 가져다줄 삶의 긍정적 변화를 몸소 강렬하게 느껴보시기 바랍니다."

겪어봐야 안다

한양대학교에 유영만 교수님이 계시다. 언어의 연금술사로 잘 알려진 분이다. H증권 CEO로 있으면서 브라운백 미팅을 진행할 때 그분을 한번 특강 강사로 모신 적이 있다. 명성대로 정말 말을 다루는 솜씨가 대단하신 분이다. 하지만 나는 그분의 이 같은 화술이나 현란한 조어력造語力과 언어 감각보다는 독특한 지식론에 더 매료됐다. 그분의 지론은 한마디로 이렇다. "체험을 통해 깨달은 지식만이 정말 살아 있는 지식"이라는 것이다. 나의 주장과 닮은 면이 많다. 하지만 나의 지식론은 유 교수님의 영향을 받은 건 아니다. 그보다는 대학생 시절 읽은 『페다고지』, 『민중교육론』 등의 저술의 영향을 많이 받았다. 하여튼 나는 그분의 지식론에 전적으로 동의한다. 경험칙상 체험이나 담론, 사유와 논증 그리고 통찰을 거치지 않고 독서를 통해 곧바로 머리에 입력된 지식은 비활성 데이터에 불과하다. 즉, 죽은 지식에 가깝다. 따라서, 활성화하려면 반드시 데이터 변환 과정이 필요하다. 유 교수님도 이런 점을 꼭 짚어준다.

예컨대 초보자가 많은 이론서를 섭렵해 머리에 입력한 주식 투자법은 정작 주식 투자를 할 때는 큰 도움이 안 된다. 자기가 산 주식이 순식간에 빠져버리기라도 하면 공포에 사로잡혀 책으로만 익힌 주식 투자법은 모두 잊게 된다. 그러나 산전수전을 겪은 고수들은 다르다. 시장 충격에 대응하는 법을 몸으로 익혔기에 '이럴 때는 어떻게 해야 하는지'를 정확히 안다. 많은 실전 경험을 통해 쌓은 살아 있는 지식들이 있기 때문이다. 모든 지식이 다 그렇다. 책으로 배운 사랑, 교실에서 배운 조직관리론은 추상적이고 공허한 지식들이다. 즉, 모두가 기능성을 결핍한 비활성 데이터들이다. 인생을 오래 살아보니 어른들 말씀에 틀린 게 하나도 없다. "해보고, 겪어보기 전까지는 모른다!"

MZ에 대한 편견

실제로 그렇다. 나도 CEO가 되기 전에 입력된 지식들을 많이 삭제하거나 수정을 했다. MZ 세대들에 대한 지식만 해도 그렇다. 잘못된 범주화 탓에 편견이 가득 찬 책들이 서점가를 점령한 지 오래다. 그 책들의 내용만 보면 MZ 세대는 우리와는 다른 DNA를 가진 신인류다. 책 모두가 근사한 논리로 MZ 세대의 감성을 말하고 있다. 하지만, 언론 기사와 책, 일부의 행태를 근거로 MZ 세대를 규정한 것이다 보니 많은 오류가 있을 수 있다. 나는 많은 사례들을 통해 MZ 세대에 대한 내가 입력한 지식들이 틀리다는 걸 알았다.

예를 들자면 MZ 세대들의 3요(내가요? 이걸요? 왜요?)만 해도 그렇다. 내가 CEO로 있는 H증권은 MZ 세대 중에서도 어린 축에 속하는 2, 30대 비중이 전체 인원의 50%에 달한다. 40대까지 포함하면 80%에 육박할 만큼 H증권은 증권계에서는 보기 드물게 젊은 증권사다. 따라서 나는 MZ 세대들을 현장에서 많이 겪어보는 기회를 가졌다. 그러다 보니 임상 데이터도 많이 쌓였다. 내가 생각하는 MZ는 기존의 시각에서 본 모습과는 많이 다르다. 그들은 하나같이 똘똘하다. 그리고, 열정이 넘친다. 최소한 H증권의 MZ들은 내가 어떤 역할이나 과제를 주었을 때 3요 반응을 보이는 걸 단 한 번도 보지 못했다. 물론 말은 안 했지만 속으론 부담스러웠을지도 모른다. 하지만 우리 H증권 MZ들은 또래 친구들과 달랐다. 도전 의식들이 충만하다. 힘들고 부담스럽지만 새롭게 주어진 도전 기회가 그들을 성장시킬 거라는 걸 알기에 늘 긍정적 반응을 보였다. 내 말이 혹시 과장되었다고 생각하는가? 난 조금도 부풀리거나 미화시킨 부분이 없다. 백 프로 사실만을 말한 것이다.

요컨대 나는 MZ 세대가 우리와는 다른 신인류라는 말에는 동의한다. 하지만, 그들을 미숙하고 자기 중심적인 존재로 보는 데는 동의하지 못한다. 그들은 놀랍도록 창의적이고 에너지가 풍부하다. 잠재력이 무궁무진하다. CEO인 나는 이러한 이유로 MZ 세대들을 경영의 중심으로 끌어들이려 했다. 나는 이걸 프레시 매니지먼트 fresh management라 불렀다. 예시가 생각보다 길어졌지만 내 얘기의 핵심은 다음과 같다.

"책 몇 권 읽고 여기저기서 얻어들은 지식들을 진짜 지식으로 착각하지 마라. 모두가 겉지식, 죽은 지식, 비활성 데이터일 수 있다. 진짜 지식은 몸으로 직접 겪고, 부딪히고, 논論하고, 찰察하고, 섭涉하고, 석釋할 때 얻어지는 것이다. 진정한 배움은 이러한 진짜 지식을 끝없이, 그리고 쉼 없이 넓혀가는 것이다."

3-8 화려한 동을 준비한다

동冬이면 동이지, 화려한 동冬? 뜨거운 아이스커피나 달콤한 슬픔sweet sorrow 같은 말이다. 그러나 나는 이러한 앞뒤 사이의 뒤틀림이 있는 단어들을 좋아한다. 자기 모순을 간직한 이런 단어들을 우리는 모순어矛盾語라 부른다. 모순어는 의미상 양립할 수 없는 양극의 단어 조합을 통해 통상적 의미를 뛰어넘는 또 다른 차원의 의미를 선사한다. '화려한 동'도 마찬가지다. 우리가 이르는 동은 황량하다. 을씨년스럽고 음울하기조차 하다. 그러나, 화려한 동은 생동감과 활력이 있다. 희망과 에너지도 넘친다.

일요일의 남자

몇 해 전 타계한 송해 선생님은 내가 말하는 화려한 동의 삶을 사셨다. 기라성 같은 아나운서들이 전국노래자랑 사회자로 나섰지만, 은퇴 각을 훨씬 넘긴 송해 선생님을 따라가지는 못했다. 왕년의 명 사회자 후배들도 그의 은퇴를 기다렸지만 송해 선생님의 화려한 동은 계속됐다. 왜 많은 국민들이 그에게 열광했을까? 유랑극단 출신인 그에게서 진한 향수를 느껴서일까? 아니면 구수한 그의 말솜씨와 숨겨진 노래 실력에 중독된 탓일까? 모를 일이다. 하지만 확실한 한 가지가 있다. 어떤 누구도 그의 성실성을 따를 자가 없다는 것이다. 이러한 성실성이 그를 영원한 일요일의 남자로 만들어 준 것이다.

송해 선생님은 촬영 하루 전날 현지로 먼저 내려간다. 내려가 그가 제일 먼저 찾는 곳이 동네 목욕탕이다. 그곳에서 벌거벗은 채로 마을 분들과 인사하고 대화를 나눈다. 그렇게 목욕을 마친 후에는 재래시장을 찾는다. 거기서도 마을 사람들과 격의 없이 어울리며 친구가 된다. 숙소로 돌아온 그는 대본을 손수 밤늦게까지 첨삭을 한다. 이 같은 루틴은 35년간 지속됐다. 이러니 그를 어떻게 당해내겠는가? 그가 국민 MC로 존경받고 기네스북에 오른 데는 다 이유가 있다. 분야는 다르나 송해 선생님은 나의 벤치마크 대상이다. 95세라는 초고령까지 자신이 가장 사랑하는 무대에 설 수 있다는 건 아무에게나 주어지는 축복이 아니다. 증권계 최고령 CEO인 나도 축복을 받고 싶다. 노욕을 부리겠다는 생각은 아니다. 송해 선생님처럼 프로페셔널로서 은퇴하는 시점까지 존경과 신망을 받고 싶은 마음이 있을 뿐이다. 나도 송해 선생님만큼이나 성실한 편이다. CEO가 된 이후에도 나는 사력을 다했다. 오래 현직現職을 유지하고 싶어서는 아니다. 그저 최선의 최선을 다할 때 행복하기도 하고 충만감이 크기 때문이다.

트로트의 황제

화려한 동을 말할 때 나는 이 분을 떠올리지 않을 수 없다. 가수 나훈아. 나는 이분을 늘 경의에 찬 눈으로 바라본다. 왜 이분을 가황歌皇이라 하는지 알고도 남음직하다. 일단 이분은 출중한 프로다. 과문한 탓인지 모르나 나는 가수로서 그만큼 역량이 있는 분을 알지 못한다. 가창력은 말할 것도 없고 무대 장악력, 흡입력 또한 독보적이다. 작사 작곡 능력도 출중하고 음악 이론에도 정통하다. 입담 또한 이분을 따를 자가 별로 없다. 간혹 툭툭 던지는 말들이 모두 의미심장하다. 그리고 묵직한 울림도 준다. 나는 이분이야말로 진정한 예술인이라 생각해왔다. 젊었을 때보다 나이가 들어서가 더 멋져 보인다. 시쳇말로 간지가 난다. 카리스마와 아우라 역시 장난이 아니다. 나는 이분이 만든 노래들을 보면 천재가 따로 없다는 생각을 하게 된다. 특히 노랫말이 예술이다. 〈홍시〉라는 노래의 가사만 해도 그렇다. 그 자체로 한 편의 뛰어난 서정시抒情詩다. 같이 한번 음미해보자.

"생각이 난다. 홍시가 열리면 울 엄마가 생각이 난다. 자장가 대신 젖가슴을 내주던 울 엄마가 생각이 난다. 눈이 오면 눈 맞을세라. 비가 오면 비 젖을세라. 험한 세상 넘어질세라. 사랑 땜에 울먹일세라. (중략) 그리워진다. 홍시가 열리면 울 엄마가 그리워진다. 생각만 해도 눈물이 핑도는 울 엄마가 그리워진다. 생각만 해도 가슴이 찡하는 울 엄마가 그리워진다."

얼마나 노랫말이 훌륭한가? 많은 이가 나훈아 그분을 천재, 트로트 황제라 평가하는데 정작 본인은 결코 특별한 사람이 아니라 잡아뗀다. 이런 식이다. "보통 나훈아도 어려운데 무슨 트로트 황제입니까? 나는 노래를 못하니까 열심히 하는 겁니다." 절대 겸손을 가장한 말이 아니다. 실제 그는 뛰어난 재능도 있지만 노력파로 알려져 있다. 이러니 가황의 위치에 안 갈 수 있는가?

이분은 분명한 철학이 있다. 다들 받고 싶어하는 훈장도 사양한다. "가수는 영혼이 자유로워야 하는데 훈장을 받으면 어떻게 사나? 훈장을 받으면 그 값을 해야 하고 마음대로 쓸데없는 얘기도 못 하고 살아야 한다. 난 훈장의 무게를 못 견딘다"라고 말한다. 그리고, 또 말한다. "가수들은 꿈을 파는 사람들이다. 그런데 언젠가부터 꿈이 가슴에 고갈되어 여러분 곁을 떠났다." 진정한 예술인으로서의 자긍심과 폼^{form}, 철학을 엿볼 수 있는 어록들이다.

철학이 있어야 성공한다

나는 철학이 있는 분들이 성공한다고 본다. 어떤 분야에서건 똑같다. 예술 분야뿐만 아니다. 축구만 봐도 그렇다. 경기가 끝난 뒤 갖는 EPL 리그 감독들의 인터뷰 내용은 그 자체로 어록이다. 명장들은 확실히 다르다. 대단한 깊이와 내공, 그들만의 축구 철학을 느끼게 한다. 증권계도 다르지 않다. 내 주위의 CEO 분들을 보면 하나같이 특유의 철학을 갖고 계신다. 나는 그 철학이 그분들의 인생을 단단히 받쳐주고 있다고 생각한다. 혹시 누가 CEO로서 나의 벤치마크를 꼽으라면 세 분을 꼽고 싶다. 이나모리 가즈오, 차석용 부회장님, 그리고 증권업계의 최장수 CEO 한 분이다. 나는 종종 이나모리 가즈오 회장의 책에서 받은 감동을 CEO 스피치를 통해 전달했다. 내가 생각하기에 그분은 일본의 전설적 경영자이기도 하지만 훌륭한 철학자이기도 하다. 그가 가장 존경받는 일본의 3대 기업가로 추앙받는 것은 그의 탁월한 경영 능력 때문만은 아니다. 그의 심오한 철학이 많은 이의 심금을 울려서이다. 나 같은 이국의 CEO도 그에 빠질 정도면 얘기가 끝난 게 아닌가! 기회가 되면 꼭 그분의 책을 읽어보길 바란다. 차석용 부회장님과 증권계 최장수 CEO 한 분에 대해서는 앞서 언급한 바 있다. 두 분 역시 대단한 철학을 갖고 계신다. 우선 차 부회장님 얘기부터 하려 한다. 그분의 경영 철학의 일면을 보여주는 말이 있다.

"지금까지 이룬 것에 만족하지 않고 끊임없이 변화를 추구한다." 말이 쉽지 절대 간단치 않은 일이다. 나의 책 쓰기도 어찌 보면 이 말에 부합하는 시도일 수 있다. 끊임없는 변화의 일환으로 시작한 일이기 때문이다. 차 부회장님은 LG생활건강을 이끌며 기회가 있을 때마다 CEO 메시지를 임직원들에게 전했다. 그들 중 인상 깊은 제목 몇 가지를 공유하고 싶다.

"오행무상승 五行無常勝: 한 번의 승리가 영원히 지속되는 건 아니다", "빨리 결정한 후 진행시킨다.", "스피드의 바탕은 신뢰." CEO인 내가 주장한 내용들과 똑같아 적잖이 놀라면서도 한편으로 기분이 좋았다. 내가 그래도 방향은 잘 잡아왔다는 방증을 확보한 듯해서다. 언젠가 계제가 되면 꼭 뵙고 싶은 선배 CEO들 중의 한 분이시다.

전설의 제임스

다음에 소개드릴 분은 익명 처리를 했지만 증권업계에서는 모르는 사람이 없을 정도로 유명하다. 직업이 CEO인 분이다. 영국 신사, 최고의 국제통, 전설의 제임스는 그의 별칭이다. 40대 후반에 최연소 CEO로 시작해 지금까지도 현역으로 활동하고 있다. 장장 17년간 C레벨을 지키고 있다. CEO들조차 그 비결을 궁금해한다. 내가 옆에서 지켜본 바, 그는 장수 CEO의 삼박자를 다 갖추고 있다. 즉 실력과 인품, 철학을 겸비했다. 그가 한 언론과의 인터뷰에서 CEO로서의 장수 비결을 스스로 밝힌 적이 있다. 혹시 끈기와 열정을 기대했다면 틀렸다. 그는 이렇게 말한다. "오래 할 욕심을 부리지 않고 공(功)은 아래로 돌리고 책임은 내가 진다는 자세로 일한 덕분이다." CEO 직에 올라보면 안다. 어깨 힘 빼고 마음 비우기 쉽지 않다. 우스갯소리를 잘하는 CEO 한 분은 다음과 같이 말했다. "CEO가 뭐의 약자인줄 아냐? C는 시*, E는 이걸, O는 오래 해야 할 텐데!의 약자"라고.

물론 농(弄)으로 한 말이다. 하지만 일면의 진실을 담고 있는 것도 사실이다. CEO 직은 힘든 자리다. 나도 절감한다. 그렇긴 해도 한 번 오르면 장수 CEO로서 천수를 누리고 내려오면서도 서운한 자리가 그 자리다. 그걸 생각하면 업계 최장수 CEO인 그가 가진 철학은 범상치 않은 것이다. 다행히 나는 정기적으로 그를 가까이서 볼 기회가 있다. 나는 기회들을 놓치지 않고 열심히 사사(師事: 스승으로 모시고 가르침을 받음)중이다.

언젠가 나는 철학이 있는 분들이 성공하는 것인지, 아니면 성공을 하면 철학이 생기는 것인지 스스로에게 물었다. 사실에 대한 답은 중요하지 않을 수 있다. 중요한 건 철학을 결(缺)한 성공은 늘 위태롭다는 것이다. 철학은 성공을 지탱하는 튼튼한 지지목 역할을 하기 때문이다. 다행히 나는 상대적으로 철학적 토대가 탄탄한 편이다. 한때나마 내가 가장 열심히 공부했던 게 철학이었기 때문이다. 하지만 그 당시 나는 유럽의 철학자들의 책을 편식해왔다. 잘 이해도 못하면서 프랑크푸르트 학파 계열 철학자들의 저술을 탐독하고, 관련 특강도 열심히 찾아다니며 열공을 했다. 그 덕분에 철학 공부를 계속할 수 있는 기초를 쌓을 수 있었다. 젊은 시절에 참 잘한 일 중 하나다.

머스트해브 아이템

나는 인생을 살아오며 철학이 훌륭한 삶의 무기가 된다는 걸 절감할 수 있었다. 따라서 화려한 동*을 준비하는 지금에도 절대 빠질 수 없는 필수$^{must-have}$ 아이템이 철학이라고 생각한다. 오히려 지금부터 철학의 쓸모가 더 커질 거라 판단해서다. 철학은 현상의 이면을 들여다볼 수 있는 프레임워크^{framework}를 우리에게 제공한다. 철학을 현자들의 전유물로, 혹은 지적 사치품으로 생각할 필요는 없다. 프랑스에서는 고등학교 졸업시험에서 철학이 필수 과목이라 한다. 이유가 있을 것이다. 철학은 생각의 폭을 넓혀주고, 주체적 사고력과 이해력, 문제 해결력을 키워준다. 만약 내가 철학을 공부하지 않았더라면 과연 내가 지금의 위치에 올라설 수 있었을까? 난 불가능했을 거라고 본다. 그리고 행복 배달꾼 CEO면서 좋은 선생님이 되려는 생각도 감히 못 했을 것이다.

철학은 내가 맡은 과목 중 가장 힘든 과목이다. 그러나 나는 이 과목 역시 내 나름의 수업 방식으로 잘 가르쳐왔다. CEO로서 나는 우리 임직원들의 생각의 크기가 조직 성장의 한계를 결정한다고 생각해왔다. 따라서 그들의 생각을 자라게 하는 것이 내 철학 교육의 목표였다. 이는 이나모리 가즈오 회장과 차석용 부회장 두 분 역시 중요하게 생각했던 부분이다. H증권 임직원들은 지금 모두 준 철학자들이라 생각한다. 따라서 내가 굳이 왜 열심히 일해야 하는지를 설명하지 않아도 된다. 그리고 왜 함께함이 가치가 있는지, 왜 하나 됨이 중요한지, 역발상과 디테일함이 어떻게 우리를 변화시키는지, 왜 정도正道가 길게 보면 지름길인지를 강변하지 않아도 된다. 생각의 폭과 깊이가 남달라진 것이다.

100년을 살아봐야 아는 것들

철학은 생각을 자라게 한다. H증권은 단순히 경쟁력과 수익력만 키운 게 아니다. 임직원 모두의 생각하는 힘, 즉 사유력思惟力도 키웠다. H증권이 달리 증권계 인재사관학교가 아니다. 철학은 이렇게 힘이 세다. 철학의 힘을 보여주는 또 다른 사례가 있다. 김형석 교수님이시다. 그분을 모르는 사람은 없을 것이다. 나는 그분을 딱 한 번 가까이서 뵌 적이 있다. 몇 해 전의 일인데도 기억이 생생하다. 그분은 동冬의 단계에서 인생의 꽃이 만개한 듯하다. 부럽기 그지 없다. 만약 그분이 철학이 아닌 다른 전공 과목을 가졌더라면 어땠을까? 과연 지금 정도의 센세이션과 반향을 불러일으킬 수 있었을까? 그리고, 인생 대스승으로서의 면모를 느낄 수 있었을까? 그렇지 못했을 수도 있다. 나는 그분이 화려한 동을 살고 있다고 생각하지 않는다. 그분은 또 다른 인생 사계를 시작한 것인지도, 지금은 제2의 하夏 단계를 지나고 있는지도 모른다. 얼마나 멋진가?

김형석 교수님의 우리 사회에서 갖는 가치는 어마어마하다. 아프리카 속담 표현을 빌리자면 그분은 국립도서관급이다. 따라서 그 분의 말씀은 무게감이 다르다. 그리고 오랜 사유의 결과물이기에 순도도 매우 높다. 그만큼 울림도 클 수밖에 없다. 정말 어떤 것은 김형석 교수님 말씀대로 100년을 살아봐야 아는 것들이 있을 수도 있다. 그러나 그조차도 두꺼운 천이 우리의 두 눈을 가리고 있어서 모르고 살았을 뿐이다. 우리 눈을 가린 두꺼운 천의 정체는 다름 아닌 헛된 욕심, 무지, 편견, 왜곡된 자의식, 허위 의식 같은 것들이다. 그 두꺼운 천을 걷어내는 게 다름 아닌 철학의 역할이다. 평생 철학 공부에 매진해온 노 철학자조차 나이가 들고서야 두꺼운 천이 내 눈을 가렸다는 걸 알게 된다. 그게 우리 인간이다. 만시지탄晚時之歎의 느낌을 가질 필요도 없다. 깨달았을 때부터 시작해도 된다. 나는 늘 말해왔다. 늦은 출발은 없다. 깨달은 지금이 가장 빠른 때다. 김 교수님이 전하는 말들은 특별할 게 없다. 우리 모두 익히 아는 내용들이다. "젊게 살아라.", "일의 가치를 찾아라.", "사회에 기여하라." 모르거나 안 들어본 말들이 있는가? 지극히 평범한 주문들이다. 그러나 이게 우리가 가슴에 파문을 일으킬 수 있는 건 100세 철학자가 말해서가 아니다. 삶의 체험과 깊은 사유, 뛰어난 통찰을 통해 걸러지고 걸러진 말들이기에 더 깊은 울림이 있는 것이다.

 이는 내가 학이시습지學而時習之에서도 설명한 바 있다. 우리가 책에서 배운 지식들은 체험과 담론, 사유와 논증, 통찰이라는 변환 과정을 거쳐야만 참지식이 된다. 참지식만이 살아 있는 지식이다. 김형석 교수님은 바로 이런 참지식을 전하는 것이다. 김 교수님은 65세~90세까지 기간을 인생의 전성기라 하신다. 그러고 보니 나는 나이로만 보면 인생의 전성기 초입에 들어설 때다. 그러나 그 나이가 됐다고 누구나 인생의 전성기를 맞는 건 아니다. 반드시 화려한 동을 준비한 사람만이 인생의 전성기를 누릴 수 있을 뿐이다. 송해 선생님, 가황 나훈아, 김형석 교수님은 우리에게 그걸 보여줬다. 요컨대, 화려한 동은 인생의 전성기로 넘어가는 입장권entrance ticket 같은 것이다.

CHAPTER 4

― 그리고 겨울留 ―

동冬은 하와 마찬가지로 갑골문에는 없다. 따라서 특별한 의미와 어원을 갖지 않는다. 우리말 겨울은 겻다에서 왔다는 설이 유력하다. 겻다는 추운 겨울에 밖을 나서지 않고 따뜻한 곳에서 머문다는 뜻을 갖고 있다. 머물되 다음 봄을 준비한다. 그렇다, 겨울의 뜻대로 인생에서의 동은 또 다른 인생의 봄을 준비하는 시기다.

Chapter 4

4-1 희망 재충전

동(冬)을 사계의 끝 지점으로 볼지, 아니면 새로운 생명을 잉태하는 또 하나의 시작점으로 볼지? 이는 마치 반쯤 차 있는 물컵을 바라보는 것과 유사할 수 있다. 어떤 이는 반이 남았다고 생각할 것이고, 다른 이는 반밖에 안 남았다고 볼 수 있다. 나는 단순히 이게 맞고 저게 틀리다는 식의 접근은 하고 싶지 않다. 보는 사람의 관점, 상황, 위치, 감정 상태에 따라 달라질 수 있다는 정도만 인식하면 된다.

똑같은 논리로 동(冬)의 문제도 판정할 수 있다. 요컨대 어떻게 보든 상관없다는 것이다. 이 역시 정답이 따로 있지 않기 때문이다. 하지만 나는 후자의 시각으로 보려 한다. 인생은 뫼비우스의 띠처럼 처음과 끝이 맞물려 있다. 따라서 끝나는 지점에서 다시 시작하게 되어 있다. 음양오행론이나 불교의 윤회론도 어찌 보면 별반 다르지 않을 듯하다. 꼭 이 같은 이유 때문만은 아니나, 나는 후자의 시각에 더 끌린다.

이러한 시각의 장점은 의외로 많다. 가장 큰 장점은 또 다른 희망을 갖게 되는 것이다. 즉, 희망의 재충전이 이루어지게 된다. 동(冬)을 인생을 갈무리하는 단계로만 보면 할 일이 확 줄어든다. 특명을 기다리는 말년 병장처럼 말이다. 총기도 반납하고 훈련도 열외이다 보니 관물대를 정리하고 내무반에서 소일하는 게 하루 일과다. 난 군대에서도 그러는 게 싫었다. 특명을 받는 순간까지 철저하게 군인이려고 했다. 천성이 그런 듯하다. 대충 하는 건 못 참는 성격이다 보니 늘 내 몸을 피곤하게 한다고들 하나, 정작 나는 모른다. 동 ^{冬} 도 그리 보내고 싶지 않다. 김형석 교수님이 말씀하신 대로 이제부터가 내 리즈시절이 시작된다는 생각으로 인생에 임하려 한다.

생애 최초 책 쓰기

나는 이 책을 쓰면서도 희망에 부풀어 있다. 호기심 어린 스스로에 대한 질문에서 출발한 프로젝트지만, 쓰면서도 얻는 게 많고 결과도 기대가 된다. 책을 쓰는 과정에도 시중의 베스트셀러들을 섭렵하려 했다. 그 책들의 어떤 부분에 독자들이 끌리는지를 파악하려는 의도도 없지 않다. 그러나 보다 더 근본적인 이유가 있다. 내 글이 필력이나 내용, 문체 면에서 그들에 비해 너무 떨어지면 안 된다는 불안감을 잠재우기 위해서다. 당연한 얘기지만 생애 최초 책 쓰기는 쉬운 도전 과제가 아니다. 써가면서 뼈저리게 느낀다. 헌데 매우 흥미로운 건 쓰는 재미가 진짜 쏠쏠하다는 점이다. 그러다 보니 글쓰기의 두려움과 긴장감보다는 설렘과 기대감이 더 크다.

이 책의 각 챕터에는 각각 8개의 주제들이 있다. 보다시피 하나같이 쉬운 주제들이 아니다. 평범한 주제라도 재탕을 불명예로 생각하다 보니 모두 내 방식으로 풀어썼다. 난이도가 높은 수학 문제들을 푸는 듯했다. 머리를 싸매고 고민해 마침내 해 ^{解} 를 찾는 과정을 반복했다. 또 쉬운 길을 두고 멀리 돌아가는 험한 길을 선택했다. 지금까지 쓴 2,000페이지가 족히 넘는 글들을 적당히 짜깁기해 CEO 성공 철학 강의서 형식으로 내자는 유혹도 있었다. 하지만 나는 인생 강의서를 내기로 결정했다. 그냥 내고 싶었다. 무슨 대단한 깨달음을 얻어 그걸 꼭 전해야 하는 이유가 있던 것도 아니다. 가장 힘든 것에 도전하는 기질이 작용한 듯하다. 물론 다른 논리적 이유도 있다. 그들은 책 앞뒤, 그리고 중간중간에 두서없이 밝혀뒀다.

사실 나는 책 쓰기 하나만으로도 또 다른 인생 사계四季라는 우주 공간으로 날아갈 충분한 희망 에너지를 재충전받고 있다. 마음의 답답함도 해소하고 잡념을 없앨 목적으로 펜을 잡았지만 뜻하지 않은 부외部外 소득이 생긴 것이다. 책 쓰기로 인해 내가 얻게 된 희망적 사실 하나가 있다. 그것은 아직 나의 체력과 열정, 지적 탐구력이 젊은이들 못지않다는 것이다. 어떨 때는 열중하다 보면 새벽이 된 줄도 모른다. 몇 시간 안 자고 출근하지만 피곤한 기색은 전혀 느껴지지 않는다. 이나모리 가즈오 회장 말대로 자기가 좋아하는 일을 하니 열정이 저절로 샘솟는 듯하다.

나는 사유력이 느껴지는 글을 쓰는 걸 좋아한다. 따라서, 내 글쓰기 작업은 에너지 소모가 많다. 특히 지력을 많이 쓰게 된다. 헌데 다행스러운 것은 아직도 여력이 충분하다는 사실이다. 이 정도의 에너지만 있다면 어떤 일이라도 너끈히 해낼 수 있지 않을까? 김형석 교수가 하신 말씀이 있다. "나이가 들어도 젊다고 생각하고 행동해라!" 난 일부러 젊은이 행세는 않는다. 그런 작위적 행동은 나와 맞지 않아서다.

미 대선을 보며 깨달은 것들

트럼프가 미국 대통령에 당선됐다. 나는 최근 그에 관한 책을 읽었다. 언론인 출신이 쓴 책인데 깊이가 남다르다. 트럼프에 대한 편견을 많이 수정하게 하는 책이다. 우리는 누군가를 잘 알지도 못하면서 단정을 지어버린다. 트럼프에 대해 우리가 아는 것도 대부분 주류 언론이 만들어낸 허상이거나 허위 의식일 수 있다. 내가 그의 대통령 당선 소식을 책에 담은 이유는 다름이 아니다. 트럼프가 고령임을 알면서도 그를 선택한 미국 국민들의 생각이 대단해서다. 나이는 문제가 되지 않았다. 이번 대선은 '과연 누가 미국을 다시 위대하게 만들 최적임자인가?'에 대한 답을 묻는 선거였다. 트럼프의 압승이다.

미 대선을 보고 깨달은 게 많다. 미국 주류 언론들의 보도가 사실을 제대로 보여주지 못했다. 한 통계에 따르면 공화당 지지자들의 11%만 언론을 믿는다. 1970년대 후반만 해도 50%가 넘었던 걸 생각하면 격세지감을 느끼게 할 정도의 추락이다. 보여지는 게 다가 아니라는 걸 절감케 했다. 세상에는 생각보다 침묵하는 다수가 많다. 조직도 마찬가지다. 일반인뿐만 아니라 리더들도 이 점을 간과하거나 종종 망각한다.

트럼프는 달랐다. 샤이Shy 트럼프가 많다는 걸 꿰뚫고 있었다. 그래서 그는 여론조사 결과를 믿지 않았다. 트럼프가 열정이 넘치는 정치가면서 대중연설의 달인이라는 건 알았지만 통찰력도 뛰어난지는 몰랐다. 혹자는 그를 거짓말쟁이라던가 자파의 이익을 위해 선동을 일삼는 데마고그demagogue라고도 폄하한다. 물론 반면의 진실이 있을 수 있다. 그러나 그 모든 것은 반트럼프 진영 및 미국 주류 언론과 싸우기 위한 트럼프의 전술일 수도 있다. 즉, 알면서도 트럼프 나름의 모략謀略을 구사하는 것이다.

변중변變中變, 불태不殆도 그의 전술 중 하나였을 수 있다. 트럼프는 정치적 생명이 끊길 뻔한 위기를 많이 넘겼다. 반대파들의 공격에도 무너지기는커녕 끄떡없는 모습을 보인 것도 불태의 전술 덕분으로 보여진다. 변중변만 해도 그렇다. 미대선은 투표 하루 전날까지 요동을 쳤다. 한 마디로 오리무중이었다. 백중세처럼 보였지만 진실은 알 수 없었다. 트럼프의 말대로 미국 주류 언론들은 진실을 말하지 않앉기 때문이다. 뚜껑을 열어보니 트럼프의 말이 맞았다. 그의 대승이었다. 트럼프의 변중변전술이 그대로 먹힌 것이다.

미 대선에서 보았듯이 상황은 끊임없이 변화한다. 따라서, 문제는 변화 대응력이다. 트럼프는 내가 볼 때 변중변의 달인이다. 그의 책들에서도 밝혔듯이 트럼프는 거래를 할 때 늘 대여섯 가지의 옵션을 준비한다. 언제 어떻게 상황이 바뀔 줄 모르기 때문이다. 이 같은 변중변 전술과 능수능란한 변화 대응력은 트럼프가 아사리판과 진배없는 정치판에서 살아남을 수 있었던 힘이다.

또 하나 내가 놀란 건 그의 신념과 소신이다. 반대파들은 "그게 아니다. 권력욕, 정치적 야심이다"라고 또다시 폄하할지 모른다. 하지만 나는 신념과 소신이라고 표현하고 싶다. 미 유권자들이 바보인가? 그런 것들도 구분 못 하는 우매한 자들이 아니다. 많은 미국인은 그가 때론 야비한 듯 보이고 거칠긴 해도 분명한 정치적 신념과 소신을 갖고 있다는 걸 알고 있기에 그에게 또 한 번의 기회를 준 것이다. 트럼프의 철학과 변화무쌍한 전략 전술 그리고 특유의 어법과 성향을 이해 못 하면 또다시 당황하는 일이 많이 생긴다. 심지어는 돌이킬 수 없는 패착의 불운을 겪을 수도 있다. 따라서 지금이라도 그를 제대로 이해해야 한다. 나는 감히 그게 제2의 트럼프 시대를 맞는 우리들이 해야 할 최급선무라 말하고 싶다.

트럼프가 우리에게 알려준 것

나는 정치 문외한이다. 따라서, 나의 미 대선을 분석한 시각이 잘못됐을 수도 있다. 그러나 이건 최소한 나에게는 중요치 않다. 나는 나름의 시각으로 그렇게 해석 physical interpretation 한다는 것이지 나의 주장이 맞다고 강변할 생각은 추호도 없다. 그럴 정도의 실력도 갖추고 있지 않을뿐더러 그럴 필요도 느끼지 못하기 때문이다. 나는 그저 美대선과 트럼프를 통해 나름의 시사점을 얻는 게 목적이다. 그런 목적하에서 바라본 내 관전평을 말한 것뿐이다. 이번 대선을 통해 많이 깨닫고 또 많은 걸 얻었다.

트럼프가 우리에게 알려준 것 중 하나가 있다. 나이는 숫자에 불과하다는 식의 진부한 노익장론? 내가 말하려는 건 그게 아니다. 우공이산愚公移山이다. 우매해 보여도 꾸준히 노력하면 결국엔 뜻을 이룰 수 있다는 뜻의 한자성어다. 트럼프는 그걸 몸소 보여줬다. 여하간 미 대선은 나에게 희망 재충전의 계기를 제공했다. 본래 나는 이 책의 얼개를 짤 때부터 트럼프를 대선 결과와 관계없이 언급하려 했다. 워싱턴 정치가를 썩은 늪이라 규탄하며 기성 정치 문법에 외롭게 도전하는 모습을 보며 할 말이 많아졌기 때문이다. 그는 단순히 입담만 좋은 정치가는 아니다. 대단한 실력파다. 정치를 하기에는 많은 나이라는 말이 무색하게 그는 지금도 배움의 끈을 놓지 않는다. 신문 읽는 것으로 하루를 시작하는 그는 독서와 묵상默想을 즐긴다. 그리고 시사, 국제 정세, 다양한 분야에 관심을 갖고 꾸준히 공부하며 실력을 갈고닦아왔다. 일견 타고난 재능처럼 보이는 그의 입담도 어찌 보면 이런 고강도의 훈련과 노력의 결과물이다. 그는 이처럼 자기 절제력이 뛰어난 노력가다. 그런 진지한 자세와 끊임없는 노력이 그로 하여금 워싱턴 정치가의 기성 정치인을 압도하는 자신감과 실력을 갖추게 한 것이다.

트럼프에게 겨울*은 없었다. 그는 겨울을 거치지 않고 곧바로 또 다른 인생 사계에 진입했다. 지금 겨울의 초입에 진입하려는 나에게 있어 트럼프는 또 하나의 중요한 벤치마크다. 희망希望에서 희希라는 한자 풀이가 재미있다. 희는 巾(수건 건)자와 爻(효 효)자가 결합한 모습이다. 따라서 희는 자수가 놓인 비싼 천, 혹은 그걸 갖고 싶어하는 마음으로 풀이된다. 이런 의미를 생각할 때 지금 나는 어떤 비싼 천을 바라는 걸까? 또 다른 정상에 도전하는 것인가, 아니면 다른 보람 있는 일을 하고 싶은 걸까? 이번 책 쓰기는 전자와는 관련 없는 일이다. 오히려 후자에 더 가깝다고 할 수 있다. 김형석 교수님에게 물으면 답이 쉽게 나올 법하다. 그분은 나에게 이렇게 말하실 듯하다. "가치 있는 삶을 살아라! 이제부터는 나를 위한 삶이 아닌 남과 사회, 국가에 기여하는 삶을 산다면 더 보람도 있고 가치가 있지 않겠는가?" 사실 이게 쉽지 않다. 여전히 나는 자기중심적egocentric이다. 나라는 껍질과 굴레에서 벗어나질 못한다. 그래서 고민이다. 분명 정답은 아는데 아직 준비가 안 되어 있다. 더 성숙해질 수도 없을뿐더러 반세기가 넘는 세월 동안 안 바뀐 내가 겨울의 단계에 왔다고 하루아침에 바뀔까? 그럴 가능성은 희박하다. 하지만 그런 삶은 내가 갖고 싶은 '자수가 놓인 비싼 천'임은 분명하다.

다른 각도에서 보기

한창 혈기왕성하던 시절에는 나도 나를 넘어서는 삶을 산 적이 있다. 잠깐 민주화운동에 몸을 담은 걸 그렇게 표현한 것이다. 하지만 지극히 짧은 기간인 데다 의식 역시 투철하지 못한 상태였기에 오히려 그런 전력을 밝히는 게 부끄럽기까지 하다. 그런데도 언급하는 이유는 그 잠깐의 경험이 내가 지나치게 한쪽으로 치우친 삶을 살지 않게 하는 균형자 역할을 해줬기 때문이다. 나는 스스로 5도degrees 좌파라고 말한다. 아주 조금 좌측으로 기울어져 있다. 물론 정치권에서 말하는 좌파는 아니다. 내가 좌파라고 한 건 기존의 일반화된 통념에 매몰되지 않고 열린 생각을 갖고 사물이나 현상을 바라보는 것을 말한다. 정파를 뜻하는 단어가 아니다. 그보다는 관점 또는 시각, 입장stance을 뜻하는 개념어로 보면 된다.

요컨대, 나는 모두가 바라보는 시각과는 조금 다른 각도에서 보는 걸 좋아한다. 그리고 생각이 늘 열려 있다. 따라서 한 가지 옵션만을 고집하지 않는다. 내 답이 무조건 정답이라는 식의 주장도 않는다. 이 같은 나의 시각과 스탠스는 H증권 경영에서도 유지됐다. 놀라운 결과가 나타났다. 우리 조직의 성과 performance는 물론 임직원들의 자긍심과 행복감이 말할 수 없을 정도로 커지는 작은 기적을 만들었다. 나 또한 그들 못지않은 성취감과 보람, 행복감을 얻었다. 내가 특별히 의도하지 않았는데도 이타적利他的 경영의 결과가 나타난 것이다. 내가 H증권 CEO로서 24시간이 부족할 정도로 경영에 전념하고도 피곤을 전혀 못 느낀 건 우리 임직원들이 CEO인 나에게 보낸 전폭적 신뢰와 격려, 사랑 덕분이다. 나 또한 그런 과분한 평가에 보답하고 싶었다. 내가 늘 하던 말이다.

"나는 타사처럼 북book: 운용한도를 뜻하는 증권계 은어을 많이는 못 준다. 그러나 무한대의 사랑, 무한대의 믿음, 무한대의 자유도degree of freedom를 주겠다."

행복 배달꾼

조금의 허장성세도 없다. 실제로 나는 그렇게 했다. 내 스마일 펜던트(H증권의 목걸이형 ID카드)에 적힌 닉네임도 앞서 말한 바 있는 "행복 배달꾼"이다. 이 역시 내가 자임自任한 역할이다. 그전 나의 역할은 "희망 전도사"였다. 꿈과 희망, 비전이 없던 조직의 CEO가 가장 먼저 할 일은 희망을 전도하는 것이었다. 매번 나는 혼신의 힘을 다했다. 때와 장소를 가리지 않았다. CEO 레터와 스피치, 각종 특강과 회식 모임, 문화 행사에서 나는 쉬지 않고 우리들의 꿈과 희망, 비전을 설파했다. 난 그 당시 나를 CEO라 부르지 않았다. 스스로를 개척교회 목사라 칭했다. 나는 그 칭호대로 실제 행동했다. 민들레 홀씨처럼 바람을 타고 우리 임직원들 사이를 쉬지 않고 오가며 살며시 희망을 속삭였다. 비유컨대 새 희망의 홀씨였다. 우리 H증권에 희망이 무럭무럭 자라나자 나는 역(役: role)을 바꾸었다. 또 그렇게 해서 '행복 배달꾼'의 삶이 시작된 것이다.

배달꾼의 삶은 늘 고달프다. 나 역시 그게 쉽지 않았다. 일단 내 사생활을 다 반납해야 했다. 그리고 행복은 네잎클로버가 아닌 세잎클로버라는 걸 함께 느끼게 해야 했다. 이 말은 행운(네잎클로버)을 찾기 위해 행복(세잎클로버)을 짓밟는 우를 범하지 말자는 말과 동치(同値) 관계에 있다. 우리는 가까이서 행복을 찾았다. 사실 내가 행복을 배달했다기보다는 공유 주방에서 우리 임직원 모두가 모여 행복이란 우리들만의 요리를 조리했다는 말이 더 맞을 듯하다.

크고 작은 기적

H증권에는 열 손가락으로 셀 수 없을 만큼 많은 조직 문화 및 소통, 액티비티 프로그램들이 있다. 그중 하나가 위너스데이 행사다. 위너스데이는 우리들 모두 승자(勝者)라는 자부심을 불어넣기 위한 임원급을 위한 행사다. 조직에서 임원들은 별(stars)들이다. 따라서 그들이 갖는 의식이 그대로 조직에 전파된다. 그들이 H증권의 별로서 무한한 자긍심을 갖는 것은 행복한 조직을 만드는 데 있어 필수 선행 요건이다. 그런 이유로 나는 위너스데이 행사(1, 2, 3)에 심혈을 기울였다. 사람은 내가 합당한 대우를 받고 있다고 느낄 때 행복감을 느끼는 법이다. 내가 위너스데이 행사를 중요하게 생각했던 또 하나의 근거다.

얼마 전 우리는 위너스데이 3 행사를 영종도 파라다이스호텔에서 가졌다. 위너스데이 행사는 일 년에 세 번 개최된다. 그중 위너스 데이 3는 연말 부부 동반 행사다. 이걸 개최하는 취지는 짤막한 내 CEO 오프닝 스피치에 담겨 있다. 그중 일부만 옮겨보겠다.

"우리 모두는 위너스라는 칭호를 얻기 위해 쉼 없이 달려왔습니다. 6년여의 질주 끝에 우리는 마침내 진정한 위너스가 되었습니다! 위너스 데이 3 행사는 조직의 발전을 위해 희생과 헌신을 아끼지 않은 임원급 여러분에게 CEO로서 감사의 마음을 전달하기 위해 마련한 행사입니다. 형식은 CEO인 제가 호스트입니다만 사실 이 모임의 호스트는 여러분들입니다. (중략) 모쪼록 깊어가는 가을 밤에 팀 H의 정신을 다 함께 느끼시고 격조 있는 음악의 향연에 깊이 빠져보시기 바랍니다. 여러분 만나서 반갑고 감격스럽습니다!!"

위너스데이 3는 모두 아마추어인 우리 직원들이 손수 기획하고 준비하는 모임이지만 여느 갈라쇼를 능가한다. 철저한 준비와 프로들 뺨치는 진행 솜씨, 프로그램 내용에 참가자 모두가 놀란다. 그러나 놀람은 여기서 그치지 않는다. 그들의 정성에 화답이라도 하듯 우리 모두가 뿜어내는 뜨거운 열기와 행복 에너지에 또 한 번 놀란다. 위너스데이 행사는 비단 3만 그런 게 아니다. 1, 2, 3 모두 열기와 감동, 호응도와 피드백이 정말 대단하다. 내가 만든 게 아니다. 지극정성을 다하고, 함께하고 마음이 하나가 되면 저절로 만들어진다. 놀라운 일이다.

H증권 CEO로서 나는 매 순간 크고 작은 기적을 경험한다. M&A라는 빅 이벤트가 진행되는 가운데 열린 2024년 위너스데이 3 행사를 잊을 수가 없다. 행사 중간중간 감정이 복받쳐 몇 번이나 남몰래 눈물을 훔치기도 했다. 결코 내가 감성적이어서가 아니다. 특히 행사 중간에 틀어준 3분짜리 2024년 춘천 마라톤 동영상은 감동 그 자체였다. 7개월간의 여정을 담은 사진과 감동적인 스크립트 그

리고 말미에 배경 음악으로 깔린 그룹 부활의 〈네버 엔딩 스토리〉는 내 눈물샘을 힘껏 쥐어짰다. 기분 같아서는 펑펑 울고 싶었다. 나만 그런 게 아니다. 참가자 중 한 명이 행사를 마치고 가며 남긴 후기 중 인상 깊은 부분을 옮겨본다.

"〈상록수〉의 가사 한 구절처럼 비바람 맞고 눈보라 쳐도 깨치고 나아가 우리는 자본시장에서 우뚝 섰습니다. 춘마 동영상은 그 자체로 우리가 6년여간 달려온 우리의 궤적을 상징적으로 보여주는 굴곡진 도전기[E]이기도 합니다. 숨이 턱에 차고 몸이 쓰러질 듯 힘들어도 우리는 굴하지 않고 팀 H의 저력을 보여주었습니다. 이제 우리 앞에 어떤 어려움이 있더라도 꺾이지 않는 의지로 다 이겨내고 승리할 수 있는 자신감이 충만한데, 우리의 여정이 어디서 멈출지 모르는 상황이 너무도 안타깝기만 합니다."

내 마음과 똑같다. 나는 2024년 위너스데이 3 행사에서 앞으로 살아갈 때 필요할 희망 에너지의 절반은 충전한 듯하다. 이런 행운을 안겨준 우리 임직원들에게 그저 감사할 뿐이다.

4-2 또 다른 인생 사계를 꿈꾼다

또 다른 인생 사계라는 말이 이제는 익숙할 것이다. 역사는 선형적 발전linear progression을 하는가? 아니면 계단형 발전 혹은 나선형 발전spiral progression을 하는가? 나는 후자의 입장을 지지한다. 이것 역시 정답을 굳이 따질 필요가 없다고 본다. 각자의 역사관이 있기 마련이기 때문이다. 개인의 인생도 역사와 별반 다를 바가 없다. 내가 또 다른 인생 사계를 말하는 것은 후자의 입장에서 있다는 증좌다. 즉, 지금까지 살아온 인생을 반복하자는 게 아니다. 당연한 얘기 아니겠는가!

내가 앞서 희망 재충전을 강조한 건 또 다른 인생 사계를 염두에 둔 것이다. 우리가 펼쳐갈 또 다른 인생 사계는 각자의 설계도에 따라 다르겠지만, 지금까지 우리가 겪은 인생 사계와는 완연히 다를 수 있다. 풍경도 다르고 걷는 길도 다르며, 우리에게 요구되는 덕목과 에너지도 모두가 다를 수 있다. 그래서 긴장도 되고 설레기도 한다. 나는 설렘이 더 크다. 호기심이 커서이다. 하나님께서 예비하신 길이 어떤 길일까? 또 앞으로 펼쳐질 또 다른 인생 사계에서 나는 또 어떤 역사를 써나갈까? 그리고 1라운드에서 오른 CEO라는 정상이 아닌 또 다른 정상에 나는 어떻게 등정할 것인지? 너무 궁금한 게 많다.

콜럼버스의 길

다소 과장이 있는 말처럼 느껴질지 모르지만, 신대륙 발견을 위해 출항을 준비하는 콜럼버스의 심경이다. 대양의 큰 파도가 두렵지 않은 건 아니다. 또한, 끝없이 펼쳐진 바다에서 길을 잃을까 걱정되지 않는 것도 아니다. 내가 찾는 신대륙을 발견하지 못하는 불행에 좌절하지 않을까 염려하지 않는 것도 아니다. 하지만 나는 언제나 제로 베이스에서 출발하여 정상에 도달했다. 따라서 두려움, 걱정, 염려는 나를 긴장시킬 뿐 내 설렘을 감쇄(減殺)시키지는 못한다.

나는 MBTI 검사를 하면 소심한 전형적 INFJ(내향형)로 나오지만, 의외로 모험심과 도전의식이 강하다. 그러다 보니 남들이 무모하다고 보는 길도 무소의 뿔처럼 혼자서 외롭게 간다. 늘 그랬다. 그 기질이 어디 갈까? 앞으로 내가 그려갈 또 다른 인생 사계의 궤적 또한 앞서의 삶에서 보여준 것과 크게 다르지는 않을 듯하다.

모두가 가는 길은 안전하다. 검증된 길이다. 따라서 99%는 그 길을 선택한다. 그들은 리스크^{risk}를 회피한 대신 1%가 선택한 길에서 취할 수 있는 리턴^{return}과 삶의 희열 혹은 성취감을 포기한다. 내가 달려온 길은 오프로드에 가까웠다. 모두가 달리는 길과는 달랐다. 울퉁불퉁한 길이다. 따라서 딱딱한 돌밭 같은 바닥에서 충격이 끊임없이 전해진다. 그로 인해 꿀렁거림도 수반된다. 나는 그걸 고통으로 받아들이지 않았다. 오히려 나로 하여금 더 삶에 집중하고 몰입하게 하는 기분 좋은 자극으로 승화시키려 노력했다. 내가 그동안 달려온 길과 내 삶의 자세가 그랬다. 화려한 엘리트 코스를 밟아온 듯 보이지만, 사실은 그렇지 않았다. 힘든 상황에서의 끊임없는 도전과 응전의 연속이었다. 늘 말하지만 보이는 게 다가 아니다. 진부하지만 모두 너무 정확한 말들이다.

인생의 나침반

나는 앞으로도 무수히 많은 선택의 기로에 들어설 것이다. 그때마다 나는 나다운 선택을 할 것이고 긴 시간 동안 그런 선택들이 쌓여 또 다른 내 인생 사계의 방향과 궤적이 결정될 것이다. 지도 밖의 모르는 길을 갈 때 꼭 챙겨야 하는 것들이 있다. 그중 하나가 나침반이다. GPS는 지도 위의 길을 갈 때 필요할 뿐, 지도 밖의 행군을 할 때는 도움이 안 된다. 나침반이라 해서 항공, 항해 따위에 쓰는 지리적인 방향 계기판을 칭하는 게 아니다. 책, 사람, 사례들이 모두 이에 속할 수 있다. 내가 앞으로 달려갈 길은 지도상에 안 나와 있는 길이다. 그 길은 험준한 산길일 수도, 끝없이 펼쳐진 사막 위의 길일 수도 있다. 아니면 거친 파도와 싸워야 하는 해상로일지도 모른다.

이러한 불확실성이 큰 제2의 인생길에 나침반 같은 분이 있다. 고레카와 긴조다. 그는 일본 주식시장의 신으로 불린다. 나는 그를 증권사 입사 후 얼마 안 있어 알게 되었다. 당시 일세를 풍미한 주식 투자 대가들의 책을 섭렵하던 때였다. 뭐든 열심인 편인 나는 증권계에 입문한 이상 고수의 반열에 오르고 싶었다. 돈을 크게 벌고 싶다는 생각도 있었지만, 사실 그건 부차적 목표였다. 그냥 고수가 되는 게 더 앞선 목표였다. 물론 그 목표는 앞서 고백했듯이 달성치 못했다. 내가 지금까지 연마했던 공부 실력으로는 풀 성질의 인생 종목이 아니었다. 지금은 그런 헛된 꿈은 접었다. 접은 지 아주 오래다. 하지만 그때 읽은 책, 당시에 접한 투자의 대가들은 내가 삶을 살아가는 데 있어 훌륭한 나침반 역할을 해줬다.

고레카와 긴조도 그런 나침반이었다. 고레카와 긴조는 300만 엔으로 65세에 주식 투자를 다시 시작한다. 85세가 되었을 때 그의 재산은 무려 1조 엔이 넘는다. 이 과정만 보면 그는 천재다. 하지만 그는 그 전에 쓰라린 패배를 맛보았다. 실제 그가 주식 투자에 입문한 나이는 34세다. 그 후 63세까지 무려 30년간 승자와 패자를 오가는 삶을 산다. 그러나, 최종적 결과는 패^敗였다. 어떻게 그게 가능할까?

그의 일생을 보자. 파란만장하다. 보통 사람은 아니다. 그런 사람이기에 63세라는 한물간 나이에 자신을 또 한 번 벼랑 끝에 세우는 것이다. 고레카와 긴조는 3년간 교토 도서관에 틀어박혀 투자와 경영, 경제는 물론 세상의 이치에 대한 공부를 미친 듯이 한다. 마치 40년을 산 독수리가 새로운 비상을 위해 자신의 부리와 발톱을 뽑아내는 고통을 감수하는 과정과 같았다. 그는 자신의 모든 것을 완전히 개조하지 않으면 또다시 나락으로 떨어질 수밖에 없다고 생각했다. 모두가 그를 추앙하고 추종하는 이유는 이런 스토리가 있기 때문이다. 그가 만약 이러한 무시무시한 자기 성찰과 단련을 통해 투자의 신이 되지 않았다면 그는 일개 주식 천재로만 알려졌을 것이다. 내가 당시 감동을 받은 것도 이 대목 때문이었다.

하지만 지금 내가 그를 또 다른 인생 사계의 나침반으로 삼은 이유는 이와 다르다. 여전히 나는 고레카와 긴조의 불굴의 투지와 자기 변혁의지, 그리고 마침내 이룬 대성공에 경의를 표한다. 허나 현단계에서 내가 주목한 점은 고레카와 긴조의 투자 철학과 인생 내공이다. 그의 이러한 것들의 근저에는 내가 볼 때 미야모토 무사시가 있다. 일본 최고의 검객 미야모토 무사시. 고레카와 긴조는 그로부터 많은 걸 배웠다. 검객들은 진검 승부의 세계에서 산다. 언제든 죽을 수 있다. 그래서 요구되는 게 집중력과 민감함, 진지함이다. 고레카와 긴조는 주식 시장 역시 검객들의 세계와 다르지 않다고 생각했다. 배움도 변변치 않은 그가 주식 시장에서 성공하려면 죽어라 내공을 쌓아야 한다고 본 것이다. 무사시가 최고의 검객이 되기 위해 자신을 단련한 것처럼 말이다.

단련은 쉬운 게 아니다. 단鍛은 천 일의 연습, 련鍊은 만 일의 연습을 뜻한다. 이러한 오랜 시간 동안의 단련을 통해 고레카와 긴조는 비로소 최고의 경지에 오른다. 최고의 경지란 어떤 것인가? 다음 말 속에 답을 유추할 수 있다. "서예가가 경지에 오르면 붓 없이도 마음만으로도 벽, 하늘, 폭포에 글씨를 쓸 수 있다." 검객의 세계도 마찬가지다. 무사시의 허도류嘘刀流가 바로 이와 같다. 최고의 검객은 검劍을 사용하지 않고도 상대를 벨 수 있다. 검을 사용하지 않는 검술은 검객들이 최고의 경지에 다다를 때만 가능하다. 이러한 내 주장과는 달리 고레카와 긴조는 자신을 겸손하게 표현한다. 야구에 비유하자면 그저 3할 대 타자라는 것이다. 즉, 일곱 번 중에 두 번 정도 안타 혹은 재수 좋으면 홈런을 치는 정도라고 스스로를 평한다.

나는 이것이 그의 내공을 보여주는 일면으로 본다. 최고의 고수들은 자만하지 않는다. 늘 겸손하다. 백수의 제왕 호랑이가 병든 것처럼 걷고, 매가 졸듯 앉아 있는 것처럼 말이다. 고수는 이처럼 겉으로는 평범하고 때로는 허술하게까지 보인다. 고레카와 긴조는 절대 고수다. 그런 그이기에 일본 주식 시장에서 전무후무한 대성공을 거둘 수 있었다. 하지만 그는 미야모토 무사시로부터 마음에 건방이 스며드는 순간 그 끝은 죽음이라는 걸 배웠다.

신독

나는 정말 영원할 것 같던 증권계 고수들이 아침 이슬처럼 사라지거나 정상에서 내려오는 걸 생생히 목격했다. 광화문 곰, 목포 세발낙지, 압구정 미꾸라지 등이 그분들이다. 물론 그분들이 정상에서 내려온 이유는 각기 다를 것이다. 그것까지는 정확히 모르겠다. 단지 추정해볼 따름이다. 분명한 건 정상에 서면 마魔가 낄 기회가 많다는 것이다. 따라서 신독愼獨을 게을리하지 말아야 한다. 그분들에게 해당되는 얘기가 아닐 수 있다. 하지만 정상에 선 분들은 이 점을 꼭 명심한다.

나 또한 신독에 가장 신경을 썼다. 고레카와 긴조도 마찬가지였다. 그는 부단히 자신의 재능과 성공에 취하는 토끼가 되지 않으려 노력했다. 우직한 거북이처럼 정상에 오르고서도 스스로를 대단한 고수라 착각하지 않으려 자계自戒를 게을리하지 않았다. 당연한 길이었다. 그가 사사師事한 미야모토 무사시가 그랬으니 말이다. 미야모토 무사시가 남긴 말이다. "자신을 무적이라 생각하는 사람만큼 쓰러트리기 쉬운 적은 없다. 다른 사람과의 싸움에서 이기려면 먼저 자신을 통제해야 한다. 모름지기 모든 일에 있어 가장 중요한 것은 자기 자신이다. 당신을 더 강하게 하고, 더 빠르게 하고, 더 부유하게 하고, 더 똑똑하게 하는 것은 당신밖에 없다. 모든 것이 당신 안에 있다. 따라서 설혹 당신이 최고의 자리에 있다 하더라도 목수가 주의를 해서 각을 잡고 긴장해서 대패질을 하듯 끊임없이 자신을 돌아보고 단련鍛鍊시켜야 한다."

대단하지 않은가? 인생의 이치가 이 짧은 몇 개의 문장에 다 담긴 듯하다. 63세의 고레카와 긴조에게 필요한 건 투자 기술이 아니었다. 30년간 주식 시장에서 신산辛酸의 세월을 겪었으니 투자 기술은 충분히 연마하고도 남았을 것이다. 미야모토 무사시에게 "도대체 제가 부족한 게 뭐죠?"라고 물었을 수 있다. 이에 무사시는 이렇게 답했을 듯하다. "고레카와 긴조, 당신은 검술은 익혔으나 우주와 인생의 이치를 깨닫지 못한 2급 무사였을 뿐이다."

심신 수양心身修養이 덜 된 걸 지적한 것이다. 고레카와 긴조는 미야모토 무사시로부터 죽비를 호되게 맞는다. 그리고 와신상담한다. 3년간의 혹독한 수련을 통해 그는 진정한 투자 고수가 된 것이다. 그러고 보니 나도 미야모토 무사시의 눈에는 2급 무사로 보일 수 있다. CEO라는 정상에 올랐다고는 하나 꼭 실력으로 오른 것도 아니다. 정말 운칠기삼으로 어렵게 CEO가 됐다. 운이 칠이라면서도 내가 꽤나 고수인 양 의기양양할 때도 있다. 물론 어떤 면에서는 고수가 맞다. 그러나 전반적으로는 진짜 2급 무사의 내공을 갖추고 있는 게 사실이다.

인생 단련법

나는 내 자신을 어느 정도는 안다. 이타利他와는 거리가 멀다. 그리고 호기심이 많아 새로운 일을 벌이고 도전하기는 좋지만, 찬 겨울 바다에 혼자 뛰어드는 용기는 부족하다. 함께하는 사람이 꼭 있어야 한다. 배우기를 좋아하고 자신을 채찍질할 줄도 안다. 하지만 아직도 자아를 둘러싼 두꺼운 껍질을 깨지 못한다. 세상의 도道와 인생의 이치도 어느 만큼은 터득했다. 그러나 도복에 검은 띠를 매기에는 턱없이 부족하다. 궁금한 게 많아 매사를 보고見 살피는 걸察 좋아하나 여전히 눈으로 볼 수 없는 걸 감지하지는 못한다. 2급 무사가 맞다. 부인하기 어렵다. 따라서 내가 또 다른 인생 사계를 위해 준비해야 할 것과 고레카와 긴조가 63세에 또 다른 도전을 준비할 때 필요한 건 같을 것이다. 동치同値 상황이다. 그래서 나는 고레카와 긴조가 현 단계에서 또다시 내 인생의 나침반이 될 수 있다고 생각했다.

이제 내가 할 일은 나 자신을 돌아보고 또 한 번 나 자신을 단련하는 것이다. 그때의 교본은 고레카와 긴조가 탐독했을 미야모토 무사시의 오륜서일 수도 있다. 나는 책 읽고 쓰고 관찰하고 생각하기를 좋아한다. 그리고 달리고, 걷고, 산행하는 것도 즐긴다. 아마 죽는 날까지 내 루틴과 이들이 내 인생에서 차지하는 비중은 달라지지 않을 것이다. 이것이 나의 인생 단련법이자 삶의 에너지를 만드는 메커니즘이기 때문이다.

4-3 이순

나이가 들면 귀가 순해져 모든 말을 객관적으로 듣고 이해하게 된다. 통상 60세에 접어들면 이순耳順이라 말한다. 공자가 살던 시절의 기준으로 60세는 지금의 나이로 환산하면 족히 80세는 될 것이니 내가 지금 귀가 순해지지 않았다고 자책할 일도 아니다. 귀가 순해진다는 표현이 기가 막히다. 물론 비유적 표현이다. 귀가 순해진다니? 대체 어떤 의미일까? 여러 해석이 있지만 나는 이렇게 이순을 해석하려 한다. "남의 말을 들었을 때 사사로운 감정에 얽매이지 않고 말의 본뜻을 깨달아 이해하는 것 또는 그런 경지."

하지만 이게 그리 쉽던가! 내 화를 돋우고 나를 헐뜯는 소리를 듣고도 초연하라? 공자 같은 현인이 아니면 어려울 것이다. 나만 해도 귀가 열렸다 하면서도 내 귀에 캔디candy가 담길 때 더 기분이 좋다. 분명 나를 위한 고언苦言임을 알면서도 듣기 거슬리는 소리를 하면 안 그런 척하면서도 기분이 별로다. 우리 선배 한 분이 하신 말씀이다. "솔직히 아부阿附라는 거 안다. 그래도 난 아부가 좋다. 사람이다 보니 그런 것 같다. 하여튼 난 틱틱대는 친구보다는 딸랑거리는 친구가 좋다." 난 그 정도는 아니다. 아부는 너무 달달해서 실제로 아부를 싫어한다. 남의 비위를 맞추려 알랑거리는 게 싫다. 나도 그걸 못 한다. 그래서 고달픈 시절도 있지만 천성이 그런 걸 어쩌랴!!

허드렛일부터 제대로 하라

재미있게도 젊은 시절에는 아부 좀 하는 사람으로 인식된 적도 있다. 굳이 변명하자면 이렇다. 한때 나는 윗사람들로부터 유난히 예쁨을 많이 받았다. 그러나 그건 아부를 잘해서가 아니다. 난 어떤 일이든 최선의 최선을 다했다. 혹여나 하찮은 일이라도 내 모든 걸 다 쏟아부었다. 지금 생각해보면 『세이노의 가르침』과 일치하는 부분이 많은 듯하다. 나는 정말 일을 재미있게 했다.

S증권 초임자 시절 HR 부서로 옮겨가서 담당한 일은 급여 후생 및 대노조 담당 업무였다. 모두가 하기 싫어하는 일이었지만 코피가 터지도록 열심히 했다. 진짜 둘 다 폼form 안 나는 업무들이다. 초반에는 대학원까지 나와 이런 일 하는 게 과연 맞나 하는 의구심도 가진 게 사실이다. 그러나 당시 긍정적이고 활기찬 헝그리 복서였던 터라 잡념은 훌훌 털어버리고 그저 주어진 일에 매진했다. 세이노 말대로 분명 더 잘할 수 있는 방법이 있다고 믿고 끊임없이 노력했다. 피보다 진하게 살지는 못했어도 내 스스로 만족할 때까지 내 온갖 힘을 쥐어짜냈다. 이렇게 열정적으로 일하는데 안 예뻐할 임원들이 계실까? 자랑을 하려는 게 아니다. 어른들이나 상사들은 생각보다 엄청 눈이 빠르고 좋다. 아부와 열정 정도는 구분할 줄 안다. 아부가 단기 약발은 최고다. 하지만 스스로의 피나는 노력으로 좋은 점수를 쌓아가는 게 사실 길게 보면 무조건 정답이다. 세이노도 그렇게 가르치지 않았던가?

내가 볼 때 『세이노의 가르침』은 내 경험칙과 정확히 일치한다. 필요하면 간증할 수도 있다. 예를 들어 허드렛일부터 제대로 하라는 건 나도 CEO로 있으면서 강조한 내용이다. 표현만 달랐다. 나는 이런 식의 표현을 썼다. "위대한 성취는 모두 하찮은 일에서 시작됐다. 세상에 하찮은 일은 없다. 그렇게 생각하는 사람들이 있을 뿐이다. 하찮은 일이라도 최선의 최선을 다하라."

귀는 순하게

똑같은 말도 누가 하느냐에 따라 파괴력이 다른 법이다. 세이노의 말은 뼈저린 경험에서 나온 말이다. 세이노가 단순히 입담이 좋고 천억 대의 자산가이기에 그가 하는 말들이 울림을 주는 것이 아니다. 체험과 사유, 논증을 통해 터득한 인생 이치와 성공 법칙, 삶의 자세와 지혜를 전하기에 세대를 막론하고 열광하는 것이다. 원체 유명한 책이기에 나도 2023년 5월에 통독을 했다. 필력도 좋은 데다 내용도 훌륭했다. 직선적이고 차가운 조언과 적나라한 질책과 훈계가 넘쳐났다. 배울 게 많았다. 혹자는 『세이노의 가르침』에 대해 비판을 한다. 나는 세이노에 대한 호감이 크긴 하지만 그런 비판도 일리가 아주 없다고 보진 않는다. 그러나 나는 이 책을 매우 높게 평가한다. 이유는 다음과 같다.

책의 내용과 시각, 논조가 전체적으로 볼 때 매우 건강하고 뛰어나다는 것이 첫 번째 이유다. 두 번째 이유는 세이노의 삶의 자세와 선의지good will를 엿볼 수 있어서다. 나는 세이노의 가르침에 박수 갈채를 보내고 싶다. 책 욕심이 있는 나는 시중에서 화제가 되는 책은 반드시 일독을 하려 노력한다. 『세이노의 가르침』도 그렇게 해서 읽은 책이다.

최근에 나 스스로 발전했다고 느끼는 게 있다. 귀가 순해졌다는 것이다. 세이노는 우리보다 다소 연배가 높으면서도 발언 수위가 높고 말의 강도도 센 편이다. 이유가 있었을 것이다. 추측컨대, 젊은 세대들이 알아듣게 말하려니 그렇게 맵고 강하게 말할 수밖에 없지 않았을까? 예전 같으면 나는 책 내용을 떠나 이런 톤 앤 매너tone and manner의 책들을 좋아하지 않았다. 헌데 『세이노의 가르침』은 내 귀에 거슬리지 않았다. 나는 이걸 느끼고 스스로 놀랐다. 수양을 더한 건 아닌데 나이가 드니 하나님께서 순한 귀를 선물하셨나?

하여튼 귀가 순해졌다. 얼마나 다행인지 모른다.

귀가 순해지니 달라진 게 있다. 과거에는 남의 말을 들으면 겉뜻도 이해하지 않으려 했다. 하지만 요즘은 속뜻도 헤아려 듣는다. 그러다 보니 말의 오묘한 지점까지 파악이 된다. 결코 신기가 생겼다는 게 아니다. 나는 이순과 이패는 동전의 양면과도 같다고 생각한다. 왜 그런가? 이패^{易敗}는 말 그대로 쉽게 진다는 것이다. 이순의 경지에 이르지 않으면 다툼이 있어 이패는 불가능하다. 이패는 단순히 다툼을 피해 물러나는 게 아니다. 두 가지 경우가 있다. 하나는 내 주장도 맞지만 상대방 주장도 일리가 있는 경우다. 이럴 경우 무조건 내가 지는 쪽을 선택한다. 반면의 진리도 인정돼야 하기 때문이다. 또 다른 하나는 상대방 주장이 틀린 걸 알지만 진위 다툼의 실익이 크지 않은 경우다. 이 경우에도 이패는 지는 쪽을 선택한다. 논쟁을 피하라는 말은 동서고금을 막론하고 참^{true}인 듯하다. 표현만 다를 뿐 이순의 역설을 강조한다. 어른들에게 귀따갑게 듣는 다음 말도 결국 이패를 역설한 것이다. "지는 게 이기는 것이다. 이기려 하지 마라!!"

공허한 승리

어른들이 평상어로 말씀할 때는 귓등으로 듣다가 이패라는 현학적 용어로 푸니 들리는 건 왜일까? 꼭 어렵고 고상한 용어로 설명해야 그럴듯하게 들리는 건 나의 지적 허영 때문인가? 아니면 일반적인 인간 심리인가? 이유를 떠나 지금은 달라졌다. 이패가 정답이라는 걸 안다. 어른들이 그렇게 일러주고 프랭클린이 처세술에서 논쟁의 공허함에 대해 역설해도 안 들리던 것들이 이순이 된 탓인지 들리기 시작했다.

나도 젊었을 때는 논쟁을 즐겼다. 서클 활동을 통해 다져진 토론 기술과 알량한 지식, 논리적 사고력을 전가의 보도처럼 휘둘렀다. 무예를 배운 지 얼마 안 된 하수들이 함부로 주먹을 휘두르듯이 나도 그런 건 아닌지? 고수들은 사실 목계木鷄처럼 좀처럼 고수 행세를 안 한다. 무예 등급이 떨어지는 하수들이나 주먹을 과시하고 싶어한다. 무술은 익혔으나 무예의 도는 익히지 못해서다. 나도 그런 부류에 속했다. 나이가 들어서 이패易敗의 역설을 알고 나서야 깨달았다.

"논쟁에서 승리할 수 있다. 그러나, 따지고 반박하고 상대방에게 상처를 주고 나서 거둔 승리는 공허하다. 작은 성취감을 순간 만끽할 수 있지만 결코 상대방으로부터 호의를 얻어낼 수 없기 때문이다."

참 어리석다. 이 단순한 진리를 내 것으로 만드는 데 30년 이상이 걸리다니!! 내가 많이 모자란 듯하다. 하긴 김수환 추기경께서도 머리에 있는 걸 가슴으로 옮기는 데까지 70년이 걸렸다고 하지 않았던가! 따라서, 나의 뒤늦은 깨달음을 너무 자책하지 않아도 될 듯하다. 인간이란 본래 그런 것이다. 그렇듯 흠결과 한계를 가진 존재로 하나님께서 만드신 것이다. 인생이란 어떤 면에서 보면 불완전하게 만들어진 존재가 완전체를 향해 나아가는 여정이라 할 수 있다.

나에게 이순耳順의 최고봉에 이르신 분을 꼽으라면 김수환 추기경을 가장 먼저 꼽을 것이다. 그분은 종교인이라서 그럴 수 있는 게 아니다. 원체 인품이 뛰어나신 걸로 안다. 그분의 어록 중 일부다. "화내지 마라. 화내는 사람은 언제나 손해 보기 마련이다. 화내는 사람은 스스로를 죽이고 남도 죽인다." 나도 사실은 곧잘 화를 낸다. 별일도 아닌 일에 버럭 화를 낼 때가 있다. 참을 인忍 자를 세 번 되뇌어보라지만 소용이 없다. 본능이 늘 우선이다. 이성으로 제어하기 전에 화를 낸다. 그러나 내가 내는 화는 불호령弗號令은 아니다. 그냥 죽비로 내리치는 수준이다. 그래도 밑의 임직원들은 내 눈치 보기 바쁘다. 내가 수련이 많이 되어서는 아니다. 그렇다고 김 추기경님의 화*는 화*일 뿐이라는 주옥 같은 말씀을 가슴에 새겨서도 아니다. 단지 내가 불호령을 내린다고 별반 달라질 게 없어서다.

인간은 기본적으로 상대방이 화나서 하는 말은 안 듣게 된다. 따라서 내가 굳이 핏대를 높여가며 역정을 낼 필요가 없다. 최소한 나는 그게 답이라 생각한다. 정관지치貞觀之治를 알고 계실 거다. 정관은 당태종 시절의 연호다. 따라서, 정관지치는 당나라의 최전성기, 즉 당태종 시절의 태평성대 또는 그때 그가 펼친 정치를 뜻한다.

정관지치를 상징하는 단어가 있다. 겸청謙聽이다. 당태종은 얼굴빛을 부드럽게 하고 귀를 순하게 하려 했다. 조정 대신들의 강경한 직언과 간언을 듣기 위해서다. 그중에는 혹 당태종을 비판하는 내용도 있었다. 그러나 그는 개의치 않았다. 오히려 더 자유롭게 비판하도록 자신을 비판했던 신하에게 후한 상을 내리기도 했다. 당태종이 후세에 길이 남을 치적을 남길 수 있었던 것도 귀가 순했기 때문이다. 당태종은 말년에 오히려 귀가 닫혔다. 그 결과는 불문가지다. 기업 경영도 크게 다르지 않다. CEO가 귀가 순하지 않으면 용비어천가만 듣게 된다. 용비어천가는 CEO를 즐겁게 하지만, 종국에는 CEO의 귀를 멀게 하고 조직은 쇠망의 길을 걷게 만든다. 따라서 나는 귀를 열고 순하게 하려 했다. 본능적으로는 달달한 소리가 더 듣기 좋긴 하나, 의도적으로 쓴소리와 충고를 듣고자 했다. 이청득심以聽得心은 내가 가슴에 품어둔 사자성어다. 뜻은 단순하다. "들음으로써 마음을 얻는다."

이청득심의 기적

기업경영에서 가장 중요한 것은 마음을 얻는 것이다. 그래서 나는 조직 구성원들의 마음을 얻는 일이라면 힘든 프로젝트도 마다하지 않았다. 코로나 시기에도 나는 당태종과 마찬가지로 겸청의 시간을 가졌다. 파워링크POWER LINK라는 CEO와의 대화 프로젝트를 시작한 것이다. 하루에 5~6시간 동안 500명 임직원들과 20분 정도의 1:1 대화 시간을 가졌다. 매일 쉬지 않고 집중적으로 마스크를 쓴 상태에서 오프라인 면담 형식으로 진행하다 보니 체력 소모가 대단했다. 1주 정도 하고 나니 몸이 반쯤 무너지고 목에서도 쉿소리가 났다. 그래도 계속 진행했다. 이청득심의 기적을 믿었기 때문이다. 장장 27일간 진행된 파워링크 프로젝트가 종료되었을 때 나는 울트라마라톤을 완주한 사람처럼 성취감과 환희, 피로가 한꺼번에 밀려왔다. 당시의 감동을 CEO 스피치에 이렇게 적었다.

"이나모리 가즈오 회장이 쓴 책이 있습니다. 『왜 일하는가』라는 책입니다. 저는 그 책을 읽고 망치로 한 대 얻어맞은 것 같은 충격을 받았습니다. 특히 이 구절이 제 마음을 사로잡았습니다. '서릿발처럼 단단한 리더의 마음은 순식간에 주변에 퍼져 거대한 파장을 일으킨다. 회사는 바로 그 힘으로 성장한다.' 저는 결심했습니다. '이럴 때가 아니다. 우리 임직원들의 가슴에 불꽃을 일으켜야겠다.' 이렇게 해서 파워링크를 시작하게 된 것입니다. 오늘부로 27일간의 대장정은 끝이 납니다. 저에게는 100km를 뛰는 것과 같은 도전이었습니다. 하지만 행복했습니다. 한계를 뛰어넘는 도전을 통해서만 얻을 수 있는 경이감을 체험할 수 있었기 때문입니다! 여러분과 함께 또 하나의 기적을 만들게 되어 정말 기쁩니다."

물론 우연의 일치지만, 그해 H증권은 코로나 위기 상황에서도 괄목할 만한 성장세를 기록했다. CEO로서 나는 우연도 반복되면 필연이 된다는 것을 강조해왔다. 양자의 상관관계가 입증되지 않았을 뿐, 분명 양자가 연결되어 있다는 심증이 들 때가 있다. 우리는 그걸 우연 같은 필연이라고 한다. 파워링크가 우리 조직을 변화시킨 건 분명하다. 조직 구성원들 한 명 한 명의 가슴에 작은 불꽃이라도 만든 건 분명하니 말이다. 그리고 우리들의 마음을 하나로 묶어준 것도 사실이다. 따라서 마음의 불꽃과 결속력이 힘이 되어 코로나 위기를 맹렬한 기세로 돌파해 훌륭한 성적을 냈다는 추론이 허무맹랑하지는 않다. 최소한 우연을 넘어 우연 같은 필연이라고 말할 수 있다.

파워링크를 통해 나는 많은 걸 얻었다. 조직 구성원들의 마음을 산 건 물론 그들의 일하는 자세 job attitude 와 조직을 바라보는 시각을 이립쓰ㅍ시킬 수 있었다. 파워링크는 흔히 보는 CEO와의 대화와는 달랐다. 면담에 앞서 자신을 프로파일링(핵심 역량, R&R, SWOT 분석, 5년 후 목표, 자신의 미래상 등)하도록 과제를 줬다. 그러다 보니 자신을 성찰하고, 보고, 분석하고 지금까지 놓치고 산 부분들을 깊이 있게 생각하는 시간을 갖게 된다. 파워링크의 목적은 단순한 소통보다 조직 구성원 모두가 깨닫고 성장하는 계기를 만들어주는 데 있다. 따라서 진행 방식과 과정도 그에 맞춰 설계된 것이다. CEO로서 나는 일방통행은 의미가 없다고 생각한다. 반드시 쌍방향 two-way 으로 진행되어야만 의미가 도출된다. 그래서 나는 언제나 프로세스 오너십 process ownership 을 강조한다. 절대 무임승차는 없다. 필수적으로 전원이 과정에 참여하도록 모든 프로그램과 프로젝트를 설계한다. H증권에서는 절대 묻어가는 경우는 없다. 열외도 없다. 수동적 참여도 생각할 수 없다. 이제는 모두 그걸 당연하다고 생각한다. 나는 이게 팀 H의 저력이라고 생각한다. 절대 과장이 아님을 나는 확신한다. 혹시 오해가 없길 바란다.

이순을 향해

그렇다고 내가 대단한 역량을 가진 CEO라는 걸 내세우려는 게 아니다. 또한 이순의 경지에 다다른 경영자라는 걸 말하려는 것도 아니다. 앞서도 고백하였듯 나는 아직 이순과는 거리가 아주 멀다. 나는 단지 귀를 열려고 할 뿐이다. 이런 정도는 당태종의 겸청 수준도 안 된다. 굳이 등급을 매긴다면 경청 수준이다. 나는 듣는 것과 관련하여 이런 분류 기준을 갖고 있다. 최고의 경지가 이순이다. 다음은 이안耳安이고, 그 뒤에 겸청이 따르고 맨 마지막이 경청이다. 경청은 태권도 단수로 말하자면 파란 띠 수준이다. 이순은 쉽게 이룰 수 없는 단계다. 미야모토 무사시가 말한 허도虛刀의 경지다. 어떤 말을 들어도 귀에 거슬리지 않는다! 보통 수련을 하지 않고는 도달할 수 없다. 따라서, 이순은 들었다고 이룰 수 있는 경지가 아니다. 심신 수양과 단련을 계속해야만 달達할 수 있다. 세상의 이치를 터득해야 한다. 인생의 진리도 깨달아야 한다. 그리고 마음에 삿됨邪도 없어야 한다. 이순은 단순히 귀가 순해지는 게 아니다. 비유적 표현일 뿐 진짜 본뜻은 이런 것이다.

"이순은 지천명知天命을 넘어선 단계로 아는 것이 극한 경지에 이르러 남의 말을 듣기만 해도 곧 그 이치를 깨닫고 이해하는 것을 말한다. 요컨대, 이순은 우리들의 이상향일 수도 있다. 그러나, 우리들의 삶이란 게 부단히 이상향을 향해 나아가는 여정 아닌가! 이순도 그렇게 보면 된다. 꼭 도달하진 않아도 포기하지 않고 끊임없이 나아가는 데 의미가 있다. 나 역시 그렇게 이순을 향해 여유로운 마음으로 한 걸음 한 걸음씩 나아가고 있는 중이다."

4-4 집착을 버린다

얼마나 어려운 일인가? 우리의 모든 번뇌는 집착에서 비롯된다. 물론 집착이 꼭 나쁜 것만은 아닐 것이다. 집착이 너무 없다면 이루어지는 일도 없을 것이다. 집착과 욕심은 쌍생아$^{Siamese\ twin\ baby}$다. 집착이 욕심이 되고 욕심이 또 집착을 부른다. 그러나 엄밀히 보면 둘은 DNA가 다르다.

집착^{執着}은 어떤 대상에 마음이 쏠려 매달리는 것이다. 그것은 집요함과는 다르다. 집착은 감정의 포로가 되어 있는 상황이다. 이성의 힘은 작동하지 않는다. 그냥 갖고 싶은 것이다. 집착의 영어 표현은 obsession이다. 어원을 보면 '포위되다, 사로잡히다'라는 뜻을 갖고 있다. 따라서 obsession은 자기 의지나 이성과 관계없이 한 가지 생각에 사로잡혀 있는 상태를 말한다고 할 수 있다.

집착은 인간이면 모두가 가지고 있는 본능에 가까운 심리 혹은 행동일 수 있다. 나 역시도 애착과 집착의 경계선을 넘나든다. 아주 작은 물건이라 특별히 욕심을 부릴 만한 것도 아닌데 집착을 하는 경우가 있다. 내가 볼 때는 애착은 분명 아니다. 예를 들어 일본제 노란 펜탈 샤프는 얼마 하지도 않는다. 만 원 안팎이니 얼마든지 없어지면 대체 또는 재구입이 가능하다. 그런데도 늘 잃어버릴까 봐 전전긍긍한다. 물론 병적 집착을 보이는 건 아니다. 그냥 잃어버리는 게 싫을 뿐이다. 나는 이런 집착 성향을 굳이 고칠 생각은 없다. 이런 모습도 나의 한 일면인 데다, 적당한 긴장감을 유발하는 효과도 있어서다.

내가 집착을 보이는 또 다른 건 읽을 거리다. 책이라 하지 않고 읽을 거리라 표현한 이유가 있다. 나의 읽기 대상은 다양하며 잡다하기까지 하다. 가게 간판부터 광고 선전 문구, 전단지, 현수막, 무가지, 드라마 대사나 자막 등 모든 게 나의 읽을 거리다. 나는 잡식성에 가깝다. 분야나 대상을 가리지 않고 닥치는 대로 읽는다. 활자 집착 증세가 있는 것이다.

메모의 효능

나는 메모 집착증도 갖고 있다. 이로 인해 오해를 받는 경우도 있다. 나는 임직원들과 짧은 대화를 나눌 때도 메모한다. 내가 한 말도 예외는 아니다. 그리고 식당 벽에 걸린 명언 명구도 놓치지 않고 메모한다. 조찬 세미나에 가서도 강사의 말을 놓치지 않고 메모한다. 이런 메모 집착증은 나이가 들면서 더 심해졌다. 점차 내 머리를 믿을 수 없어서다. 내 경우 기억력 감퇴 속도가 유독 심하다. 안 적으면 1분도 안 돼서 까먹는다. 장기 기억만 문제가 되는 게 아니다. 단기 기억도 문제다. 적는 수밖에 없다. 메모에 더 집착하는 이유다. 예전에는 대학 노트에 적었다. 그러나 지금은 핸드폰의 노트 앱을 활용한다. 메모 집착증은 약간의 수고를 필요로 하나, 말할 수 없이 많은 유익을 안겨준다. 바야흐로 적자(메모하는 자) 생존의 시대로 들어선 것이다.

메모는 기억력 감퇴에 대한 대비책도 되지만, 훌륭한 글쓰기 연습 방책이기도 하다. 메모장은 최고의 데이터베이스다. 키워드만 입력하면 관련 기록을 곧바로 확인할 수 있다. 별별 내용이 메모되어 있다 보니 글감 때문에 고민하지 않아도 된다. 내게 메모장은 보물창고다. 감히 책을 쓸 용기를 낸 것도 십여 년 이상 축적된 메모들에 대한 신뢰가 있어서다. 마침내 그들이 빛을 발할 때가 된 것이다. 이러한 소소한 것들에 대한 집착은 다행히도 나를 강박할 수준은 아니다. 강박 장애强迫障碍까지는 가지 않았다는 것이다.

집착의 역설

나는 젊은 시절에 인생의 방향을 결정하는 큰 선택을 했다. 정확히 언제 어떤 계기로 하게 되었는지는 모른다. 장미rose를 선택할 건지 아니면 빵bread을 선택할지? 증권계에 있는 대부분의 주위 분들은 빵을 고른다. 하지만 나는 왠지 장미가 더 끌렸다. 이 선택은 내 인생에 지대한 영향을 끼쳤다. 빵의 유혹이 작지 않았지만, 장미를 선택한 이상 좌고우면하지 않았다. 그렇다고 장미에 집착한 것도 아니었다. 신기하게도 소소한 것에 대한 집착은 큰데 정작 집착을 해야 되는 것에는 오히려 애써 초연하려 했다. 왜 그런지는 모르겠다. 아마도 자신을 강박하고 닦달하고 싶지 않아서일 듯하다.

강박은 내가 가장 경계하는 심리 상태다. 따라서 나는 장미를 선택하긴 했지만 장미를 이정표milestone 정도로만 생각하려 했다. 장미에 대한 열망이 크다고 해서 기를 쓰고 달려들어 취하려 하지 않았다. 그러면 삶이 너무 강박하고 피곤할 것 같았다. 다행히도 나의 선택은 주효했다. 두 번이나 CEO 자리에 올랐으니 말이다. 그리고 적당량의 빵도 확보했다. 나는 애초 빵을 선택한 게 아니니 이 정도의 빵만으로도 나는 만족한다.

내가 인생의 선택에 대한 언급을 한 이유는 집착의 역설에 대해 설명하고 싶어서다. 세상에는 쥐려고 할수록 안 쥐어지는 것들이 있다. 사람도 그렇다. 특히 자식은 더욱 그렇다. 돈도 마찬가지다. 명예도 그러하다. 글쓰기도 똑같다. 승리와 성공도 다르지 않다. 희한하게도 이들은 하나같이 움켜쥐려 할수록 모래를 힘껏 쥐었을 때처럼 우리 손가락 사이로 교묘히 빠져나간다. 반면 이들에 초연하고 집착을 떨쳐버렸을 때 이들은 슬그머니 우리 곁으로 찾아든다. 이걸 나는 집착의 역설이라고 말한다. 물론 이건 내 인생 경험칙을 말한 것이다. 따라서 섣부른 일반화의 우는 범하고 싶지 않다.

솔직히 나는 어떤 시점부터는 CEO가 될 확률이 크다고 생각하지 않았다. 50대 초반에 인생의 큰 전환점을 맞았을 때도 마찬가지였다. 물론 희망의 끈까지 놓은 건 아니었다. 하지만 여전히 앞은 불투명했다. 속절없이 무망한 세월이 유수처럼 흘러갔다. 더 이상 기회가 없을 듯했다. 마음을 내려놓으려는 순간 생각지도 못한 운이 갑자기 찾아왔다. 나는 다행히 그 운을 극적으로 잡을 수 있었다. 절망의 순간에 하나님이 구명 튜브를 던져준 것이다. 그 이후 내 삶은 탄탄대로를 달렸다고까지는 못 해도 비교적 순탄했다. CEO라는 정상에 한 번 오르니 또 한 번 정상에 오를 기회가 우연히 찾아들었다. 우연한 행serendipity이 두 번 연속해서 내 인생에 찾아들었다. 정말 감사한 일이다.

두 가지 처방

내 경우를 보면서 오해하지 말아야 할 게 있다. 집착을 버린다는 걸 의지와 집념, 승부욕까지를 다 버리는 걸로 해석하면 안 된다는 점이다. 즉, 강박을 없애고 조바심을 갖지 않기 위해 집착을 버리라는 것이지 무장해제를 하라는 게 아니다. 집착은 스스로 점차 강화되는 경향이 있다. 의심과 똑같다. 집착의 해악은 생각 이상으로 크다. 집착은 일단 시야각을 좁게 한다. 경주마처럼 옆을 볼 수 없도록 눈가리개가 씌워지게 된다. 앞만 보고 달린다. 왜 달려야 하는지도 모른다. 무작정 달릴 뿐이다.

또 다른 해악은 과몰입過沒入과 과집중過集中을 가져온다는 것이다. 이 둘은 뇌의 정상 기능을 저하시켜 각종 문제를 발생시킨다. 그래서 집착이 심한 경우에는 어떤 조언이나 충고도 받아들이지 못한다. 해악은 이 밖에도 많다. 따라서 집착은 빨리 버릴수록 좋다. 불가에서는 사성제의 하나인 집제集諦라 말한다. 집제는 괴로움 즉 고제苦諦의 원인이다. 따라서 집착을 멸하면 괴로움을 없애고 청정 무구한 해탈을 얻을 수 있다는 것이 사성제의 요체다. 이만큼 보면 집착의 실체는 다 파헤쳐졌다. 남은 문제는 어떻게 집착을 멸할 수 있느냐 하는 것이다. 나도 정확한 답은 모른다. 불가에서는 무지無知를 없애는 것이라 한다. 맞는 얘기이긴 하다만, 추상적이다.

내가 생각하는 처방전은 이렇다. 골프에 비유하자면 공에 너무 집착해 공을 때리러 덤비지 말고 중심 축을 잡고 좌측 눈으로 공을 끝까지 응시하면서 스윙하는 것이다. 그러면 볼은 스윙하는 과정에서 맞아 나간다. 나는 골프를 잘 못 친다. 젬병 수준이다. 그런 내가 하는 말이라 신빙성은 떨어질 수 있다. 그러나 핸디에 관계없이 이론에는 강할 수도 있다. 물론 내가 그런 건 아니다. 하지만 골프 경력이 십 년이 넘다 보니 주위들은 풍월은 있어 이 정도는 읊을 수 있다. 나는 실제로 이런 식으로 내 집착 본능을 통제해왔다.

또 하나의 처방전은 나처럼 소소한 것에 집착을 보이는 것이다. 집착의 대상을 많이 늘리라는 것이다. 나는 앞서 고백한 것 말고도 많은 것에 집착한다. 화분도 족히 50개는 된다. 그들에 나는 집착한다. 아주 사소한 변화까지도 캐치하려 한다. 소품 집착증도 있다. 예쁜 소품을 보면 갖고 싶어 미친다. 어휘語彙 집착증도 있다. 글쓰기를 잘하고 싶어서다. 이외에도 많다. 이렇듯 집착 대상과 커버해야 할 전선戰線이 늘어나다 보니 정작 본 타깃에 대한 집착과 급하게 가리는 마음도 자연스레 줄어든다. 우리가 불가에서 하는 것과 같은 수행을 하는 건 불가능하다. 따라서 자기만의 해법이 있어야 한다. 우리는 마음에 드는 상대가 있을 때 집착하고 곧바로 돌진하면 어떤 사태가 벌어지는 줄 잘 안다. 분명한 목표가 설정되었다 해도 집착하기보다는 심리적 안전 거리safety distance를 확보하는 게 중요하다.

집착의 종착

집착의 끝은 어떤가? 늘 비극적 종말을 보여왔다. 문학 작품에서도 집착은 동서고금을 막론하고 훌륭한 주제였다. "집착은 마치 끈적끈적한 거미줄처럼 몸에 달라붙는다." 추상적 단어도 작가의 손을 거치면 이렇게 형상화된다. 하나의 물질처럼 느껴진다는 것이다. 이러한 물성을 가진 집착은 종국에는 인간을 파멸로 이끈다. 실생활에서도 이런 일은 비일비재하다. 이건희 회장님의 자서전에도 나와 있다. 원숭이의 어리석은 집착이 결국에는 자신의 파멸을 초래한다.

기업 세계에서도 집착의 종착점은 크게 다르지 않다. 한때 기업 가치가 세계 4위까지 올랐던 코닥^{Kodak}이 그랬다. 집착이 문제였다. 세계 2위의 대형 서점이었던 보더스와 DVD 대여점 블록버스터도 집착이 시야를 가렸다. 눈가리개를 한 경주마들은 모두 경쟁자들에 의해 역사의 무대에서 사라졌다.

집착은 때로는 도착증倒着症도 유발한다. 이게 참으로 무섭다. 자본시장에도 이로 인해 파국을 맞이하는 사례가 비일비재하다. 금전만능사상까지는 좋다. 그러나 탐욕을 넘어서서 돈에 대한 과도한 집착을 보이는 건 큰 정신증이다. 내가 안타까운 건 이런 류의 군상들이 너무 많다는 것이다. 그들은 하나같이 가치 전도價値轉倒 현상을 보인다. 겁이 없고 금도 또한 없다. 법 상식도 없다. 눈에 보이는 것도 없다. 도저히 우리 상식으로는 할 수 없는 선택을 한다. 법을 아는 친구들이 더한다. 법대 출신들이라 해서 법을 잘 지킬 거라 생각하면 순진한 것이다. 그런 친구들이 더 교묘하게 기망 행위(속이는 짓)를 한다. 기가 막힐 일이다. 상식은 철저히 무시된다. 그들의 세계는 모든 게 전도된 세계다. 바르게 서 있는 게 없다. 하지만 그들이 열심히 달려간 길의 끝은 레밍^{lemming}들이 맞이한 천 길 낭떠러지다. 하지만 그들은 광란의 질주를 멈출 수가 없다. 집착은 본래 브레이크가 없기 때문이다. 그렇게 그들은 파국을 맞이한다. 집착을 버리라는 주문은 동^冬의 단계에 들어선 우리 세대에만 해당되는 게 아니다. 오히려 지금 춘^春과 하^夏를 지나고 있는 세대에게 더 필요한 주문일 수 있다.

4-5 존경받는 사람으로 남자

참 진부한 말이다. 내가 국민학교 시절에 많이 듣던 얘기다. 그러나 중학교 진학 이후 잘 못 들어보고 자라다 보니 고어^{古語} 느낌도 난다. 왜 이런 철 지난 주제를 꺼내들었을까? 너무 중요하기 때문이다. 이 이야기가 구시대의 유물처럼 우리 시대의 한쪽 구석에 밀려나 있었던 이유는 우리 삶을 이끌어온 것이 출세, 성공, 부자 아빠 등의 현란한 목표들이었기 때문이다. 존경은 이들 목표만 달성하면 자연스럽게 따라오는 별책부록 정도에 불과했다. 우선순위에서 한참 밀려 있던 것이다.

혹자는 존경 따위는 관심 없다고 말하기도 한다. 돈이 곧 힘이고 인격이라는 전도^{顚倒}된 생각에 심취된 천박한 자본주의자들도 있다. 『세이노의 가르침』을 잘못 읽거나 안 읽은 친구들이다. 그의 호된 질책을 꼭 받을 필요가 있다. 서설이 길었지만 '존경받는 사람'은 우리가 가치 있는 인생을 살기 위해 반드시 삶의 궁극적 목표로 삼아야 한다. 그러나 이 또한 쉽지 않은 목표다. 우리는 남에 대해 후한 평가를 하기보다는 본능적으로 꼭 뭔가를 찝어내 감점하는 경향이 있다. 나도 남의 장점만을 보려 하면서도 무의식중에 약점도 살피게 된다. 어찌 보면 이건 오랜 인간의 본능일 수 있다. 원시 시대부터 형성된 방어기제가 작동하는 거라 볼 수 있다. 우리는 나에게 관대한 만큼 타인에 대해 관대하지 않다. 우리가 타인으로부터 존경받기 어려운 이유 중 하나다.

존경尊敬이란 무엇인가? '남의 인격, 사상, 행위 따위를 받들어 공경함.' 뭔가 부족한 정의다. 에리히 프롬이 『사랑의 기술』에서 말하는 존경의 정의 역시 나에게 덜 와닿는다. "존경은 상대방이 독립적이고 주체적으로 성장하기를 바라는 관심이다." 우리 통념에 딱 들어맞는 정의는 아니라는 생각이 든다. 아마도 에리히 프롬이 사랑의 요소로 존경을 설명하다 보니 그에 맞게 정의를 내린 탓일 게다.

존경! 말로 표현은 잘 안 돼도 그 의미를 우리는 정확히 안다. 이런 것 아니겠는가?

"통상적 기준이나 사회 통념, 우리의 한계치를 뛰어넘는 일을 하거나 삶을 살아온 분들에게 보내는 경의敬意"

이 역시 내가 내린 기술적 정의다. 하지만 나의 경험과 용례用例를 종합해 내린 정의다 보니 타당성을 크게 결하지는 않았을 것이다. 이러한 정의에 따라 내가 존경하는 분들을 꼽는다면 단연 최우선자는 테레사 수녀다. 다음은 김수환 추기경이다. 세 번째는 워렌 버핏이다. 세 분에 대해서는 기언급한 바 있기에 내가 왜 그 세 분을 꼽았는지는 긴 설명을 요치 않으리라 본다. 다만 워렌 버핏에 대해서는 추가 설명이 필요할 듯하다. 테레사 수녀, 김수환 추기경 두 분은 종교인이시다. 특별한 수련과 은혜를 받으신 분들이다. 따라서 우리가 닿을 수 없는 경지에 오를 수 있는 조건을 갖추고 있다고 할 수 있다. 헌데 워렌 버핏은 다르다. 일반인이다. 그들은 세속적 출세와 성공을 갈애渴愛: 몹시 좋아하고 갈구함한다. 따라서 종교인들처럼 지고至高한 가치를 추구하기 쉽지 않다. 이게 우리의 통념인데 워렌 버핏은 이걸 훌쩍 뛰어넘었다.

진정한 부자

워렌 버핏이 존경받는 까닭이 여기에 있다. 힘들게 번 돈의 대부분을 빌 게이츠 재단에 기부한다? 정말 쉽지 않다. 통념은 이렇다. 내가 힘들게 번 돈이니 일단 플렉스부터 한다. 일단 풀장이 딸린 저택을 산다. 차도 최고급 차를 탄다. 식사 한 끼를 하더라도 최고가의 파인 레스토랑에서 한다. 그리고 최고급 와인과 세계 제일의 요리를 매 끼니마다 즐긴다. 그리고 기부를 하더라도 욕먹지 않을 만큼만 한다. 기왕이면 폼나게 나의 이름으로 된 재단에 온갖 생색을 내며 기부한다. 나라면 짧게라도 이런 초부자超富者의 삶을 살려고 할 것 같다. 그러나 워렌 버핏은 우리의 통상적 기준과 생각의 한계치를 뛰어넘었다. 굳이 허명虛名을 추구치 않는다.

그의 검소함은 잘 알려진 바와 같다. 그리고 이루 말할 수 없을 정도로 겸손하고 유머러스하다. 우리는 이런 의문에 빠진다. "그는 도대체 왜 기를 쓰고 돈을 벌려 하는 거야?" 실제 그의 삶을 보면 플렉스는 고사하고 자기를 위해 쓰는 돈이 없다고 해도 과언이 아니다. 콜라와 햄버거를 사기 위해 치르는 몇 달러와 낡은 캐딜락을 굴리는 데 필요한 기름값이 전부다. 워렌 버핏은 이렇게 말한다. "나는 뭐든지 살 수 있을 만큼 많은 현금이 있다. 그러나 나는 나를 위해 쓰지 않는다." 그는 왜 이런 삶을 고집할까? 오마하의 현인 소리를 듣고 싶어서일 리는 없다. 나는 그가 선한 의지를 갖고 있기 때문이기도 하겠지만 결정적 이유는 다른 데 있다고 본다. 내 말은 인생의 이치를 터득하신 분이기 때문에 그런 게 가능하다는 것이다. 인생 고수라는 것이다. 즉, 고레카와 긴조와 미야모토 무사시처럼 경지에 올랐다는 뜻이다. 안 그러고서야 그런 선택이 불가능하고 또 그런 삶을 살 수 없다. 혹자는 내가 그에 대해 아는 거라곤 극히 제한된 정보뿐인데 어떻게 그를 존경한다고 말할 수 있냐고 선의의 핀잔을 준다. 하지만 현재 내가 알고 있는 것만 가지고도 그는 내 기준으로 볼 때 존경받고도 남음이 있다.

고수들의 공통점

내가 존경하는 또 다른 두 분은 그쪽 분야의 최고수들이다. 한 분은 야신野神으로 불리는 김성근 감독이다. 내가 그분을 존경하는 포인트는 세 가지다. 프로 근성, 리더십, 독기가 그것이다. 그의 프로 근성을 말해주는 수치가 있다. 1388! 그가 감독으로 있으면서 거둔 통산 승수勝다. 대기록이다. 일본 프로야구계에서도 1300승 이상을 거둔 감독은 손에 꼽을 정도다. 리더십도 대단하다. 그는 약체팀을 강팀으로 만들어내는 신기가 있다. "리더는 선수를 버리지 않는다." 그의 지도자로서의 철학을 잘 나타내주는 어록이다. 감독과 선수는 그에게 있어 아버지와 자식 같은 관계다. 어떻게 아버지가 자식을 버리는가? 따라서 그는 어떤 경우에도 선수들의 잠재력을 믿는다. 은근과 끈기로 기다린다. 필요하면 호된 질책도 아끼지 않는다. 의식이 가장 중요하기에 그는 선수들에게 기술을 익히기 전에 승자의 마인드를 가지라고 몰아쳤다. 이러한 모든 게 쌓여 김성근 매직을 만든다.

나는 이 몇 줄의 문장에 명장의 리더십이 녹아 있다고 생각한다. 부족하다고 느끼면 다음 어록을 보라.

"포기하지 않는 마음이 쌓여 인생을 바꾼다."

"생각의 차이에 따라 세상이 다르게 보인다. 자기 한계를 스스로 만들지 마라."

"안 된다 하는 사람은 죽어도 안 된다. 된다, 된다, 할 수 있다 해라."

이제 알겠는가? 이게 김성근의 리더십 철학이다.

다음 포인트는 독기다. 독하되 사邪가 없다. 김성근의 독기는 선수들에게 도움을 주는 독기다. 이런 류流다. "나는 아직도 야구를 계속 공부한다. 책도 무수하게 읽는다. 10년 전, 5년 전, 심지어는 3년 전에 했던 야구와도 다르다. 그러니 계속 공부할 수밖에 없다. 아! 이런 점도 저런 점도 있구나 하며 새로운 흐름에 나를 던진다." 대단치 않은가? 그는 세 번의 암 수술을 했다. 그러나 거뜬히 건강을 회복했다. 최근 한 신문과의 인터뷰에서는 이런 일화도 전했다. "우익수를 맡다가 투수 권유를 받고는 강에 가서 하루에 200개씩 돌멩이를 던졌어요. 가난했지만 가졌냐, 못 가졌냐는 중요하지 않았습니다. 무조건 되게 한다는 방향만 생각했지요." 과연 한국 야구를 이야기하면서 야신 김성근을 빼고 말할 수 있을까? 그는 늘 우리 통념의 틀을 깨는 야구를 80세가 넘는 나이에도 계속한다. CEO 경력이 적지 않은 나도 그의 책과 인터뷰 기사를 읽으면 소름이 돋는다. 그의 독기가 느껴져서다. 지금도 그로부터 배운다.

내가 존경하는 또 한 분은 바둑계의 전설 조훈현 고수다. 나는 그분 책에 나온 내용들을 수도 없이 CEO 스피치 등에서 인용했다. 그분의 책 『고수의 생각법』을 읽으면서 내가 감히 범접할 수 없는 기운과 아우라가 느껴졌다. 일구이무一求二無의 철학을 가진 야신 김성근 감독과는 결이 다른 고수의 향기였다. 두 분 다 각자의 분야에서 일가를 이룬 고수들이다. 그러다 보니 공통점이 있다. 생각과 의식을 가장 중요시한다는 점이다. 조훈현 고수에 대해서는 앞 장章에서 다룬 바 있어 길게 논급하지 않겠다. 다만 조훈현 고수의 다음의 어록 두 마디는 꼭 공유하고 싶다.

"세상엔 해결하지 못할 문제란 없다. 생각은 반드시 답을 찾는다."
"자신만의 생각을 만들라!!"

야신 김성근 감독도 표현만 달리할 뿐 똑같은 생각과 의식을 갖고 있다. 고수들은 서로 통하는 데가 있는 법이다. 두 분 다 혼신의 힘을 다해 치열한 삶을 살아온 분들이다. 따라서 그분들이 하는 말 속엔 붉은 대추알처럼 많은 게 담겨 있다. 한 시인의 표현을 빌자면 "태풍 몇 개, 천둥 몇 개, 벼락 몇 개, 무서리 몇 밤, 땡볕 두어 달, 초승달 몇 날"이 들어 있을 게다. 저절로 영글고 붉어지는 건 없다. 내 나이가 되어보면 몇 마디만 들어도 상대의 내공이 가늠된다. 다는 몰라도 단숨에 8할은 알 수 있다.

가까이 있는 사람들

내가 앞서 존경한다고 말씀드린 분들은 내게는 모두 훌륭한 이정표다. 내가 목표라고 하지 않고 이정표라고 한 건 그분들처럼 존경받는 사람이 되는 건 결코 쉽지 않기 때문이다. 따라서 만인의 존경보다 가까이 있는 사람들의 존경이 현실적 목표일 수 있다. 허나 '가까운 사람들로부터 존경을 받는 것' 또한 매우 어렵다. 내가 전 직장에서 모시던 CEO 분께서 하신 말씀인데, 너무 공감해 자주 인용해왔다. 유명하신 분의 소설에서도 본 기억이 난다. 성경에도 나와 있다. 선지자先知者조차 자기 고향과 자기 집에서는 존경을 받기 어려운 법이다. 하지만 가까운 사람들로부터 존경을 받는 건 진짜 중요하다. 실제 나는 그러려고 노력해왔다.

CEO로서 나의 가장 가까운 사람들은 우리 임직원들이다. 그들의 존경과 신임을 받지 못하는 CEO는 불행하다. CEO 개인만 불행한 게 아니다. 모두 불행하다. 조직은 물론 조직 구성원들도 불행하다. 따라서 나는 CEO로서 내 언행에 각별히 유의하였다. 단, 존경받는 CEO가 목표이긴 했으나 존경받기 위해 계산된 노력은 하지 않았다. 신信과 예禮, 그리고 경敬을 다할 뿐이었다. 현 시점에서 나는 스스로를 평가해본 적이 있다. 과연 나는 존경받는 CEO 인가? 사실 내가 답할 문제는 아니다. 그래도 나는 한번 점수를 매겨 보고 싶었다. 자기관대화의 우를 범하지 않으려고 노력했다. 자가 채점 결과는 다행히 평균 이상$^{above\ average}$이었다. 근거는 많다. 하지만 그걸 오픈하는 건 부질없는 일이다. 자화자찬밖에 안 되기 때문이다. 이야기의 포인트는 내가 CEO로서 존경을 받고 있냐는 것이 아니다. CEO로서 나의 자세가 어땠었는가를 말하고 싶은 것이다.

된사람이 되려 하라

나는 존경받는 사람을 지나치게 엄격하게 정의할 필요가 없다고 본다. 우리 같은 범인들이 달성 불가능한 목표는 무의미하기 때문이다. 만약 존경받는 사람이 든사람이고, 난사람이고, 된사람이라면 나부터도 포기할 듯하다. 사실 한 가지도 도달하기 어렵기 때문이다.

나는 된사람이 되려고 노력한 편이다. 든사람은 목표가 아니었다. 난사람 역시 목표가 아니었다고는 할 수 없으나, 욕심부린다고 될 일도 아니어서 늘 진인사대천명^{盡人事待天命}의 자세만 견지할 뿐이었다. 나는 세 가지 중 하나만 골라 목표를 삼고자 한다면 된사람을 추천한다. 나도 된사람이 되려 정진하다 보니 든사람, 난사람 축에도 끼어들 수 있었다. 세상 원리가 그런 것이다. 그러나 된사람이 되고자 하는 게 사실 가장 어려운 목표일 수 있다. 나는 그렇기에도 도전하라는 것이다. 세상에 난사람, 든사람은 많다. 하지만 된사람은 의외로 적다. 왜 그럴까? 세태^{世態} 탓인가, 아니면 된사람이 되는 게 어려워서인가? 둘 다 정답일 수 있다. 하여튼 된사람이 되려 하는 게 힘든 목표이긴 하나 길게 봤을 때

ROE$^{\text{Return On Equity}}$가 가장 높다는 걸 명심하라!!!

ROE는 증권계 사람들에게는 익숙한 용어다 보니 어렵게 생각된다면 가성비로 생각해도 무방하다. 왜 ROE가 높은지에 대해서는 별도 설명은 안 하겠다. 논리적으로도 설명할 수도 있지만 각자가 추론해보는 게 더 좋다. 추론 과정에서도 얻는 게 분명 있을 것이기 때문이다. 철학이란 게 별건가? 이 같은 추론, 즉 스스로 답을 찾아가는 과정 자체가 좋은 철학 공부다.

4-6 경장^{更張}

경장이란 말이 생소하신 분들도 계실 것이다. 풀어쓰면 쉽게 이해된다. 경장은 해현경장^{解弦更張}의 준말이다. 해현^{解弦}은 말 그대로 줄을 푸는 것이다. 경장^{更張}의 본래 뜻은 가야금이나 거문고와 같은 현악기의 느슨해진 줄을 조절하는 것이다. 즉, 늘어진 줄을 팽팽하게 당겨 제대로 소리 나게 하는 것이 경장이다. 이게 전용되어 변경 혹은 개혁하다는 뜻을 가지게 된 것이다. 나 역시 이 같은 의미로 경장을 쓴 것이다. 동*의 단계에서는 우리도 경장이 필요하다. 다시 마음과 생각, 자세 등을 바로잡아야 한다는 말이다. 단순히 긴장하고 더 자신을 다잡는 것을 말하는 게 아니다. 오히려 긴장은 풀어야 한다. 그리고 자신을 다잡을 단계도 지났다.

경장이란 말을 이렇게 이해해도 된다. '닦고, 조이고, 기름 치자.' 예전에 용산에 철도 정비창이 있었다. 지금은 국제업무지구로 지정된 지역이다. 통학을 할 때면 정비창 앞쪽을 자주 지나가게 됐다. 그러다 보니 자연스럽게 정비창에 걸려 있는 큰 간판에 쓰여진 글귀가 계속 눈에 들어왔다. 그때 그 글귀가 바로 '닦고, 조이고, 기름치자'였다. 개발 시대의 구호 느낌은 나지만, 조직 경영을 하며 경장이 필요할 때 이만큼 좋은 표현이 떠오르지 않았다.

그러나 경장을 이렇듯 꼭 정비 개념으로 좁게 해석해서는 안 된다. 조금은 더 깊은 뜻이 담겨 있다. 율곡 이이를 아실 것이다. 그분의 책『성학집요』「위정편」을 보면 이런 말을 만나게 된다.

'국가 경영의 근본은 창업(創業)과 수성(守成), 경장(更張) 세 가지 뿐이다.'

율곡이 여기서 말한 경장은 시대 정신에 부합하는 개혁을 말한다. 그리고 경장은 시기가 중요하다. 때에 맞추어 시행되어야 함을 말한다. 최근에 세계적인 모 기업의 위기설이 심심찮게 흘러나온다. 영원한 제국처럼 느껴졌던 그 기업이 이런 국면을 맞으리라곤 상상도 못했다. 불운했던 면도 없지 않다. 하지만 현 위기는 자초한 면이 더 컸다는 관측이 더 지배적이다. 즉, 경장이 필요한 시기에 수성을 하는 결정적 우를 범했을 수 있다는 것이다. 나는 정보가 부족하다. 따라서 외야석에서 바라본 것에 대해 평할 수밖에 없는 한계가 있다. 그런 한계를 감안하고 읽어주시길 바란다.

조직은 리더의 역량에 좌우된다

경장이란 이런 것이다. 때를 놓치거나 때를 혼동하면 사태는 걷잡을 수 없을 만큼 악화된다. 기업뿐만이 아니다. 개인도 마찬가지다. 국가의 경우도 크게 다르지 않다. 대한민국도 경장이 필요한 시기다. 아니, 다소 늦었는지도 모른다. 지금처럼 국운이 융성할 때 개발 시대의 잔재들을 청산하고 산업 구조 개편과 구조 개혁을 단행해야 한다. 즉, 한국 경제의 미래 경쟁력을 제고하고 장기 성장률의 지속적 저하를 막기 위한 획기적 대책(창조형 인재 육성 등)이 필요하다는 말이다.

트럼프의 2기 행정부의 과제도 미국의 경장일 것이다. 잘못된 선택으로 쇠락의 길을 걸었던 미국을 다시 위대하게 만들자는 게 지금 미국의 시대정신이다. 우리나라도 때를 놓쳐서는 안 된다. 지혜를 하나로 잘 모아야 할 때다. 한국은 다행히 기업들이 강하다. 조선업만 해도 기술력이 세계 최고다. 중국의 굴기와 추격세가 무섭긴 하나 여전히 초격차를 유지한다. 그 결과 트럼프 2기 행정부도 최대 적과의 경쟁에서 한국 조선업과의 협력이 긴요함을 역설했다. 얼마나 다행스럽고 자랑스러운가?

세계 기업 역사를 보라. 잘나가던 기업들이 수성과 경장의 시기를 놓쳐 불운을 맞이하는 경우가 허다하다. 현대차의 약진도 경쟁자들이 경장이 필요할 때 수성에 힘쓰는 우를 범하는 사이에 이루어진 것이다. 모빌리티 업계의 대변혁을 이끈 테슬라를 위협할 수 있는 탑독top dog들 중 가장 강력한 후보가 된 것이다. 격세지감을 느끼게 하는 놀라운 변화 아닌가? 현대차는 걸출한 리더를 만났다. 파리 올림픽에서도 그분은 화제의 인물이었다. 한국 양궁을 세계 최강으로 끌어올린 건 현대가의 공功이다. 하지만 그분은 이러한 찬사와 칭송도 부담스러워 한다. 현대차가 잘나갈 수밖에 없는 이유다. 단기적 안목으로 보면 당연히 수성에 힘쓰는 게 맞는 시기에 현대차는 경장을 선택한다. 리더의 혜안과 결단이 없이는 불가능한 일이다.

율곡 이이도 수성보다 경장이 어렵다고 하였다. '수성은 중간 정도의 군주도 할 수 있지만 경장은 다르다. 높은 안목과 탁월한 능력을 가진 군주가 있어야 한다.' 리더가 그래서 중요한 것이다. 리더의 역량이 조직의 성장 한계를 결정한다는 말은 단순한 레토릭修辭이 아니다. 현대차를 보면 알 수 있지 않나? 그리고 테슬라도 일론 머스크라는 천재 기업가가 있어 오늘의 빛나는 영광과 내일의 원대한 비전이 있을 수 있음은 천하가 다 아는 사실이다. 일론 머스크가 트위터를 인수하였을 때 우려하는 사람들이 많았다. 특히 기존 언론사들이 화짝 놀라는 모습을 보였다. 급기야는 '민주주의의 위협이 될 수 있다'는 식의 비판적 기사들을 쏟아내기까지 했다. 그러나 일론 머스크는 개의치 않았다. 미국 언론계의 개편과 경장이 필요하다는 믿음이 있었기 때문이었다.

리더가 잠든 조직의 운명

실제 미국 시민 중 많은 수가 쉬플sheeple이다. 쉬플이란 맹목적으로 주류 언론을 신뢰하는 사람들을 말한다. 일론 머스크는 쉬플을 양성하는 기존 언론이 오히려 민주주의의 적이라 생각했는지 모르겠다. 일론 머스크는 뛰어난 기업가이면서 시대 지성일 수도 있다. 우리가 트럼프의 허상을 보아온 것처럼 일론 머스크도 주류 언론에 의해 편집된 모습으로 우리는 진짜 모습을 착각하고 있을 수 있다. 있는 그대로as is로 보는 게 어려운 세상이다. 끊임없는 조작과 심리 조종이 이루어지고 있어서다. 의도된 것일 수도 있고, 아닐 수도 있다. 난 늘 이러한 비틀린 현실의 단면을 직시하려 했다. 조금 어려운 표현을 쓰자면 대자적對自的 존재가 되려 했다.

대자적 존재는 그리 어려운 개념이 아니다. 철학 용어다 보니 생소해서 그렇지 뜻은 간단하다. 나는 이렇게 정의한다. '의식화와 자각을 통해 주체적으로 인식할 수 있는 존재.' 이 설명도 어렵다면 그냥 '깨어 있는 존재'로만 해석해도 된다. 모두가 잠들어 있어도 리더만은 깨어 있어야 한다. 리더까지 잠든 조직의 운명은 불 보듯 뻔하다. 따라서, 리더는 반드시 대자적 존재가 되어야 한다. 그렇지 않으면 현상과 본질을 구분치 못하게 된다. 자기 객관화도 어렵다. 많은 조직이 자기 객관화에 실패하여 스스로 위험에 빠진다. 앞서 언급한 기업들 중 하나도 자기 객관화 노력이 부족했을 수 있다. 기업의 리더가 바뀌면서 조직의 DNA도 변이가 온 것을 스스로 자각하지 못했을 수 있다. 스티브 발머가 이끌던 마이크로소프트도 똑같은 이유로 잃어버린 10년의 아픔을 겪어야 했다. 이렇듯 기업의 문제는 파고들면 재미있게도 리더의 문제라는 걸 알 수 있다. 또 한 번 말하지만 리더의 비중은 영零부터 무한대無限大이다.

CEO로서 나 역시 이러한 점을 잘 알기에 늘 깨어 있으려 했다. 깨어 있으면서 조직은 물론, 나 자신의 객관화와 경장을 게을리 하지 않았다. H증권이 보여준 빛나는 성과들은 모두 이러한 나의 혼을 담은 노력들과 무관치 않다. 늘 사람들은 선택적 기억을 하거나 기억을 편집한다. 나 역시 그럴 것이다. 그렇다 보니 모든 것이 나를 중심으로 H증권 CEO로서의 삶에 대한 기억들이 예쁘게 짜깁기됐을 수 있다. 그런 한계를 인정해도 난 축복받은 CEO라는 생각밖에 안 든다. 사실 내가 리더로서 원대한 뜻을 품고 조직을 변화시키려 해도 조직 구성원들의 호응이 없으면 아무 소용이 없다. 그러나 H증권의 그 틀은 달랐다. 내가 마중물prime water을 붓는 순간 기다리기라도 한 듯 뜨겁게 반응했다. 서로가 뜻이 통하니 모든 게 순조로웠다. 순풍에 돛 단 듯이란 말이 딱 들어맞는 상승 흐름이 지속되었다. CEO인 나도 행복했고 우리 조직 구성원들도 연일 싱글벙글이었다. 그들은 내가 1인치를 움직일 정도의 힘만 가했는데도 스스로 가속도를 만들어 큰 진전large revolution을 만들어냈다. 이러니 내가 축복받았다는 얘기를 하는 것이다.

이기는 습관

돌이켜보면 내가 부임했을 당시의 H증권이야말로 경장이 필요한 상태였다. 거문고에 비유하자면 줄이 끊어지거나 늘어나고 헤져 제소리를 낼 수 없었다. 안타까웠다. 또 한편 놀라운 건 아무도 심각한 지경에 이른 조직을 변화시키려는 의지를 갖고 있지 않았다는 것이다. 그런 조직이 리더의 혼을 담은 승부, 즉 경장更張으로 바뀐다. 내가 한 경장은 이런 것들이다. 의식의 경장, 습관의 경장, 제도와 시스템의 경장, 구조의 경장, 전략의 경장, 조직 문화의 경장, 브랜드의 경장 등 정말 모든 걸 경장했다. 경장은 단순한 겉모습만 바꾸거나 수선만 하는 게 아니다. 변혁시키는 게 핵심이다. 변혁은 물리적 변화와 화학적 변화를 모두 포함한다. 제도와 시스템 그리고 구조의 경장은 물리적 변화의 비중이 크다. 반면 다른 것들은 화학적 변화 그 자체다. 난 둘 다 중요하게 생각한다. 특히 내가 신경을 쓴 경장 대상은 의식과 습관, 문화였다.

증권계는 자본 논리가 기타 가치를 압도하기에 그런 것들에 대한 관심이 적다. 그러나 나는 다른 시각을 갖고 있었다. 내게 그들은 김성근 감독 말대로 이해관계로 뭉친 나의 동업자들이 아니다. 오히려 그보다는 나와 함께 꿈을 꾸며 먼 길을 가는 도반道伴: 함께 수련하는 벗이다. 따라서 그들을 수단화할 마음은 추호도 없었다. 조금 느리게 가는 한이 있더라도 그들을 바꾸고 가야 했다. 하지만 해본 사람은 알겠지만 의식과 습관을 바꾸는 게 쉽지 않다. 이런 통념의 틀을 깨고 우리는 해냈다. 한 예를 들면 과거에 H증권은 지는 데 익숙해져 있었다. CEO 스피치를 통해 나는 이렇게 전했다.

"지는 것도 이기는 것도 습관이다. 승부는 1인치 차이로 결정난다. 우리는 갖고 있는 게 없다. 따라서 경쟁에서 이기려면 스피드와 스킬, 인텔리전스를 강화해야 한다. 1인치를 확보하기 위해서다. 이렇게 확보된 1인치는 우리에게 이길 기회를 제공한다. 승리의 쾌감은 진하다. 승리의 쾌감이 쌓이면서 이기는 습관이 만들어진다."

티핑 포인트

물론 습관의 경장은 하루아침에 이루어지지 않는다. 이 역시 은근과 끈기가 필요하다. 야신 김성근 감독의 훌륭한 점은 선수들의 의식을 바꾸는 리더라는 것이다. 그는 하나님이 주신 몇 번의 시련을 거뜬히 이겨냈다. 스스로가 대단한 의식과 집념을 가진 승부사다. 그는 지금도 자기관리에 철저하다. 좋아하는 야구를 계속하고 싶어서다. 하지만 더 큰 이유는 선수들을 가르치고 그들의 의식과 야구 인생의 변화를 지켜보고 싶은 열망이 너무 큰 것이다. 그는 갑자기 큰 변화가 일어날 거라 생각지 않는다. 1mm, 1cm라도 나아지면 된다. 그런 작은 변화가 축적되면 놀라운 변화가 시작되는 티핑 포인트tipping point를 지나게 된다. 리더는 모름지기 그래야 한다. 야신 김성근은 어찌 보면 경장의 달인이기도 하다.

경장은 이처럼 꼭 혁명적 변화를 일으키는 것만을 의미하지 않는다. 그리고 매크로한 변화만을 일컫는 말도 아니다. 그렇게 생각하는 순간 경장은 멀어진다. 나는 복잡한 건 단순하게, 어려운 건 쉽게, 심각한 건 캐주얼casual하게, 큰 건 작게 나누어 생각하는 걸 좋아한다. 아니 나의 철칙鐵則이다. 경장도 마찬가지다. 쉽게 생각해야 한다. 한번 생각해 보라!! 국가든 기업이든 개인이든 조그만 거 바꾸는 것도 힘이 든다. 따라서, 전체를 들어엎어 구조변혁을 하는 것은 불가능에 가까운 목표이다. 그럴 필요가 전혀 없다.

우리는 혁명가가 아니다. 한 걸음 한 걸음씩 앞으로 나가면 된다. 그게 1인치 경영의 요체다. 대단한 철학적 인식이 없어도 된다. 진보에 대한 확신만 있으면 된다. 그리고 끊임없이 변화하겠다는 의지만 있으면 된다. 요컨대 경장은 또 한 번의 티핑 포인트를 만드는 노력 내지는 과정으로 인식하면 된다.

티핑 포인트라는 용어는 익숙할 것이다. 하지만 사전적 의미는 잠시 잊고 내 설명을 들어보라!! 영어 표현에 이런 게 있다. 낙타 등을 부러트리는 지푸라기 the straw that broke the camel's back. 낙타 등에 이미 많은 짐이 실려 있다. 낙타로서는 감당하기 힘든 어려운 지점까지 가 있다. 이때 얹어지는 작은 무게의 지푸라기는 그런 공포의 균형을 깨트리는 무서운 핵폭탄이 된다. 티핑 포인트는 작은 지푸라기가 얹어지는 바로 그 지점이다. 사전적 정의도 크게 다르지 않다.

"작은 변화들이 계속 쌓여, 작은 변화 하나로도 큰 변화를 초래할 수 있는 상태 혹은 단계"

나는 이런 식의 마인드를 갖기를 원한다.

"지금 내가 하는 작은 일과 선택이 내 삶의 티핑 포인트를 만드는 결정적인 수ᵌ일 수 있다."

이같은 생각을 하면 얼마나 내가 하는 일을 알차게 하려고 하고 선택도 신중히 하겠는가!!

옳은 일이 주는 선물

실제 나는 그런 생각을 갖고 살려 노력해왔다. 내가 지금 하고 있는 책 쓰기 역시 경장의 방책일 수 있다. 즉, 또 한 번 내 삶의 티핑 포인트를 만드는 결정적인 수인 것이다. 따라서 정말 열정적으로 책 쓰기에 임하고 있다. 물론 내 원칙에 따라 주말이나 퇴근 후 9시 이후의 시간에 책 쓰기를 하다 보니 육체적 부담이 없을 수는 없다. 허나 나는 책 쓰기를 선택한 것에 대해 큰 만족감을 느끼고 있다. 몸은 힘들지만 오히려 내 삶의 에너지는 전에 비해 더 풍성해졌다. 정신도 명료해졌다. 그에 따라 CEO로서의 역할도 M&A라는 외풍에 흔들림 없이 더 충실하게 수행하게 된다.

늘 하는 얘기지만 선의善意로 시작한 옳은 일은 반드시 생각하지도 못한 선물을 안겨준다. 책 쓰기 또한 그렇다. 유명세를 기대하고 쓰는 게 아니다. 후배 CEO들이 농담조로 말하는 노후대책용도 아니다. 그냥 나는 이 책이 30~40대가 읽어서 도움이 되는 인생 경영서가 되기를 바란다. 내가 인생의 정답을 다 아는 건 아니다. 그러나 나름껏 삶을 열정적으로 살아온 데다 삶에 대한 성찰을 게을리하지 않았기에 들려줄 이야기가 많다. 물론 꼭 그것이 모범 답안은 아닐 수 있다. 그렇다고 해도 분명 인생을 살아감에 있어 훌륭한 지침이 될 거라 믿고 있다. 한마디로 삶의 지혜를 공유하고 싶은 선의에서 책을 쓰기 시작한 것이다.

이렇게 시작한 책 쓰기가 나에게 이렇게 큰 도움이 될 줄 몰랐다. 큰 만족감과 에너지, 정신적 명료함도 얻고 있으니 말이다. 그뿐만이 아니다. 평안과 안식, 힐링 등 생각하지도 않은 수많은 선물을 받고 있다. 이에 대해서는 앞서 수차례 기언급한 바 있다. 경장은 내 경우에서 보는 바와 같이 대단한 게 아니어도 된다. 거문고 줄이 늘어져 제음正音을 내지 못할 때처럼 나 자신의 변화가 필요할 때가 있다. 이러한 경우 때를 놓치지 않고 경장을 해야 한다. 경장은 특히 때가 중요함을 말한 바 있다. 때를 놓치면 잃는 게 너무 많다. 그리고, 경장의 효과도 반감된다. 경장에서 또 중요한 건 방향과 전략이다. 때를 잘 맞추었다 해도 방향과 전략이 틀리면 별 소용이 없다.

히딩크 신드롬

한때 히딩크 신드롬이 화제가 되었다. 히딩크는 한국 축구 국가대표팀을 경장시키기 위해 선택한 감독이다. 그는 남다른 구석이 있다. 리더십도 뛰어났지만 한국 국가대표팀의 문제점을 정확히 캐치해 그에 맞는 경장 처방전을 제시했다. 이전 감독들은 경장을 시킬 만한 그릇이 안 됐다. 히딩크는 갑자기 개인기를 비유럽 팀 수준으로 끌어올리는 건 불가능하다고 생각했다. 대신 그는 선수들의 의식과 전술 소화 능력을 바꾸려 했다. 강팀들만 만나면 주눅이 들어서는 세계 무대에 설 수 없다. 따라서 강팀들과의 경기 경험을 많이 쌓게 했다. "강팀이 되기 위해서는 강팀과 많이 싸워봐야 한다." 이게 그의 지론이다. 하지만 과정은 험난했다. 매 경기 대패했다. 언론의 공격이 거셌지만 아랑곳하지 않았다. 히딩크는 강팀들과의 경기를 통해 선수들의 경장을 기대했다.

그의 기대는 적중했다. 대부분의 감독들이 승률에 연연할 때 히딩크는 과감한 역주행 전략을 선택했다. 이건 결코 쉽지 않다. 그러나 그는 해냈다. 내가 CEO로서 H증권을 경장시킨 전략도 역주행 전략이었다. 경쟁사들이 불황기에 구조조정을 할 때 우리 H증권은 조직을 더 키우고 확장하는 전략을 썼다. 시장에 자유계약 선수로 나오는 우수 인력을 확보할 절호의 기회라 본 것이다. S전자가 매도 리포트를 쏟아낼 때 우리는 오히려 저가 매수 기회로 본 셈이다. 매번 시간이 흐르고 나면 우리 H증권이 반발 앞서가는 결과를 낳았다. 다시 히딩크로 돌아가 보자. 히딩크 열풍의 실체는 다름 아닌 경장의 성공이다. 그건 결코 우연이 아니다. 물론 운도 작용했을 것이다. 하지만 그보다는 히딩크 과학이 통한 것이다. 매직이 아니다. 그가 이룬 것은 논리적 설명이 가능하기 때문이다. 히딩크식 경장은 개인의 삶 혁신에도 주효한 처방전이 될 수 있다.

4-7 목계지덕 木鷄之德

목계木鷄는 최고의 경지에 오른 싸움닭을 일컫는 말이다. 그러나 이런 정도의 경지에 오르는 것은 결코 쉽지 않다. 피나는 수련이 필요하다. 미야모토 무사시가 말하는 천 일의 연습練과 만 일의 훈련練이 필요하다. 교만과 허세가 없고, 상대가 다가와 소리를 질러도 미동도 하지 않으며, 눈초리도 매섭지 않고, 그림자에도 반응하는 소심함을 이겨내고, 조급함을 버리고 평정을 유지하는 것이 과연 일조일석에 가능하겠는가? 한마디로 불가능하다.

나만 해도 나름 인생의 도를 터득했다고 하지만 아직도 상대가 조금만 자극해도 분을 가라앉히지 못한다. 허세는 없다고 하더라도 교만함은 분명 언행 어디에서나 묻어 있다. 눈매도 때론 매섭다. 작은 소리와 기미에도 민감하게 반응한다. 목계와는 거리가 멀다. 평범한 싸움닭에 불과하다. 아니, 싸움닭의 기본도 못 갖추었을 수 있다. 마음으로는 대인처럼 반응하려 하지만 감정 조절이 안 되는 경우가 너무 많다. 『잡보장경』에 나오는 말처럼 어리석다. 욕설과 헐뜯음을 못 참아 상대를 원망하기도 한다. 나 스스로 옹졸한 자신의 모습에 실망할 때도 있다.

이럴 때면 나는 어김없이 반성문을 쓴다. 일단 사실관계를 제3자의 관점에서 파악하고 분석한다. 그런 후에 나의 분노와 원망이 타당한지 따져본다. 대부분은 쌍방과실로 결론이 난다. 당연하다. 내가 어떤 빌미를 제공하지 않는데 상대가 나를 비방하는 경우는 드물다. 나는 이런 경우 내 부덕不德의 소치로 돌린다. 인생을 살다 보면 억울한 상황에 처하는 일이 생긴다. 나 역시 그런 일이 적지 않았다. CEO 생활을 하면서도 없을 수가 없다. 이런 일이 있을 때 어찌해야 할까? 목계지덕을 갖고 있다면 문제 될 게 없다. 미동微動도 않으니 말이다. 그러나 대부분은 발끈한다. 그리고 상대를 탓한다. 나도 이 부류에 속하지 않는다고 자신 있게 말할 수 없다.

감정수업의 필요성

『잡보장경』은 어떤 해법을 내놓을까? "참기 어려운 걸 참는 게 진실한 참음이다. 태산 같은 자부심을 갖고 누운 풀처럼 자기를 낮추어라." 즉, 참는 게 정답이다. 그러나, 자부심은 잃지 마라!! 이게 『잡보장경』의 해답이다. 나도 답은 안다. 그러나, 마음이 뜻대로 움직여주지 않는다. 내 그릇이 본래 크지 않아서일 수도 있으나 감정훈련이 안 되어서일 수 있다. 좋은 말을 많이 머리에 장전하고 있다고 되는 게 아니다. 감정훈련을 통해 머리에 있는 지식들을 체험지體驗知로 바꾸어주어야 한다. 나도 이 나이 먹도록 이런 훈련을 제대로 받아본 적이 없다. 불가에서는 좌선과 수행을 통해 이런 류의 감정수업을 받는다. 좌선坐禪에 의해 얻게 되는 깨달음은 감정을 컨트롤하는 힘을 갖는다. 수행 역시 마음을 닦는 과정이다. 하지만 우리와 같은 재가在家에 있는 사람들은 마음수행의 기회를 갖기가 쉽지 않다. 내가 한창때 열풍이 불었던 세븐 해빗Seven Habit 프로그램과 리더십 강화 훈련 프로그램 역시 감정수업과는 거리가 있다.

나는 인생을 살며 감정수업의 필요성을 절감했다. 이성보다 감성이 의사결정과 행동에 더 결정적인 변수로 작용할 때가 많기 때문이다. 행동 경제학이 등장하게 된 배경이기도 하다. 다행히도 최근 감정 수업과 관련된 책이 봇물처럼 쏟아져 나오고 있다. 이는 감정수업이 그만큼 중요해졌다는 방증이다. 감정수업이라 표현했지만 포괄적 개념으로 이해했으면 한다. 마음수업이나 감수성훈련까지를 포함하고 있다고 보면 될 듯하다. 물론 목계지덕은 감정수업만으로는 갖출 수 없다. 전인적全人的 능력을 갖추었을 때만이 목계지덕을 말할 수 있을 뿐이다. 즉 감성뿐 아니라 지성, 인격, 의지 등의 모든 분야에서 경지에 올라야 한다. 하지만 이건 현실적 목표가 아니다.

내가 감정수업을 강조하는 데에는 몇 가지 이유가 있다. 그중 가장 큰 이유는 훈련이 가장 안 되어 있기 때문이다. 지성은 우리가 교육을 받으며 가장 역점을 둔 부분이니 대부분 문제가 되지 않는다. 인격과 의지도 마찬가지다. 최소한 답은 안다. 체득은 못 했더라도 정확한 가이드라인은 알고 있다. 하지만, 감성은 제대로 공부한 바가 없다. 가장 모르고 가장 역점을 안 둔 부분이다. 가장 중요한 변수인데도 말이다. 아이러니하다.

러너스 하이

사실 구글 등 세계적 IT 기업들과 실리콘밸리의 혁신 기업들에 불어닥친 명상瞑想 바람도 감정수업과 관련이 있다. 불가에서 좌선을 통해 마음수업하는 것과 같은 맥락에서 이해하면 된다. 구글의 명상 프로그램(너의 내면을 검색해보라!!Search Inside Yourself)은 이미 기대 이상의 성공을 거두고 있다. 스트레스 해소는 물론 감성지능 개발에 도움이 되었다는 참가자들의 체험담이 이어지고 있다. 연구 결과에 따르면 명상은 감정수업 효과만 있는 게 아니다. 뇌에 세타파를 발생시켜 인지 기능을 높여주는 것 외에 신체적으로 실행 능력도 탁월하게 발휘할 수 있도록 해준다.

나는 명상 훈련을 하지 않는다. 달리기도 명상과 같은 효과를 발현하기에 반성문을 써도 감정 컨트롤이 안 될 때는 달린다. 달리면 머리가 맑아진다. 명상을 할 때와 같은 무념무상 상태에 이른다는 것이다. 이 상태를 혹자는 러너스 하이Runner's High라고 표현할지도 모른다. 하여튼 나는 이 상태에서 내 감정을 직시할 수 있게 된다. '내가 왜 화가 나 있는지? 내가 무엇을 염려하는지? 내가 왜 무기력감을 느끼는지? 왜 갑자기 삶에 회의를 느끼는지?'를 직시하고 미세 분석을 하다 보면 그들의 바닥에 있는 실체를 파악하게 된다. 이처럼 달리기만 해도 훌륭한 감정수업이 된다. 명상을 한다면 더 큰 효과를 얻을 수 있을 것이다.

감정 들여다보기

또 하나의 감정수업 방법은 나처럼 일기든 반성문을 쓰는 것이다. 반성문이라 해서 꼭 뭘 잘못해서 쓰는 글이 아니다. 그냥 자신의 감정을 들여다보는 글이다. 물론 묵상을 해도 된다. 그러나, 자신의 감정들을 글로 옮기다 보면 메타 인지가 가능해진다. 즉, 자신의 감정을 한 차원 높은 데서 객관적으로 관찰하고 몰랐던 미세한 캐즘chasm도 발견할 수 있게 된다. 누차 얘기하지만 우리의 목표는 성인이나 현인, 도덕 군자가 되는 게 아니다. 목계지도는 아이디얼 타입ideal typus일 뿐이다. 절대 목계의 경지에 이를 수 없다. 그냥 늘 마음의 평강平康을 유지할 수 있는 정도만 되면 된다. 사실은 그조차도 어렵다.

나 역시 감정수업의 목표를 낮게 설정했다. 나는 태어나기를 불火의 기운이 많은 사람으로 태어났다. 그리고, 감정이 승勝한 스타일이다. 그러다 보니 감정 기복도 심할 수 있다. 따라서 반드시 감정수업이 필요하다. 내가 감정을 다스리거나 마음챙김mindfulness을 할 때면 주변 지인들에게 도움을 청한다. 근자에도 심경이 복잡하던 차에 가요계에서 활동하는 국민가수급의 친구로부터 좋은 조언을 들었다. 나는 현재 내가 느끼는 감정이 정상이고 혹여

화가 있다면 충분히 이유 있는 화라 생각했다. 그러나 친구의 생각은 달랐다. 나에 대해 실망했다는 것이다. 친구는 내게 말했다.

"당신은 CEO이기 때문에 더 의연한 모습을 보여야 한다. 당신의 감정은 잘못됐다. 당신을 바라보는 임직원들은 얼마나 더 불안하겠는가? CEO가 그런 걸 생각하면 더 소신 있게 더 책임감 있게 행동해야 임직원들의 마음도 편해지지 않겠느냐?"

한 대 얻어맞은 느낌이었다.

그 친구는 가요계에 있으면서 의식도 있고, 자기 기준이 분명한 소신파로 정평이 나 있다. 의협심도 대단해 불의를 보면 못 참는 성격이다. 바른 소리도 잘한다. 타인에 대해 예의를 안 지키는 것도 못 참는다. 남이 어려운 상황에 빠지면 외면하지도 못하는 스타일이다. 이 같은 친구의 질타성 조언이니 귀 담아 듣지 않을 수 없었다. A4 용지 세 장이 넘는 분량의 말을 그는 잠시도 쉬지 않고 털어놓았다. 메모하기 좋아하는 나는 한 마디도 놓치지 않고 부지런히 음미해가며 받아적었다. 내가 말했다.

"당신도 도사다. 어떻게 그렇게 내 감정을 정확히 집어낼 수 있냐? 나보다 더 나를 잘 아는 것 같다. 내 속을 다 들여다보고 말하는 것 같아 소름 끼쳤다. 내 감정 분석만 잘하는 게 아니고 답도 시원스럽게 제시하니 정말 도사 맞네."

물론 내 속사정을 속속들이 알지 못하고 한 조언이라 안 맞는 부분도 있을 수 있다. 그렇긴 해도 언젠가부터 실타래처럼 꼬인 감정을 정리하는 데 큰 도움을 받았다. 나는 이처럼 나를 생각해주는 지인들의 감정 코칭과 조언으로 깊은 감정의 수렁으로부터 탈출하는 일이 적지 않았다. 돌이켜보면 지금까지 반세기 이상을 살면서 몇 번의 큰 고비를 맞았다. 나름 세상을 안다고 생각하는데도 늘 고비를 맞으면 머릿속이 하얘졌다. 갈피를 못 잡고 갈팡질팡했다. 앞이 보이지 않았다. 도저히 내 힘으로는 풀리지 않을 것 같은 막막함에 긴장하곤 했다. 종국에는 깊이를 알 수 없는 감정의 수렁으로 빠져들었다. 그럴 때마다 나에게 힘을 주는 지인분들이 있었다.

엣지 있는 한마디

놀라운 사실은 정작 내게 힘이 된 분들은 내가 기대했던 스펙 좋고 학식 많은 분들이 아니다. 그런 분들은 틀에 박힌 듯한 조언을 하기 일쑤다. 틀린 말을 하는 건 아니지만 엣지가 없다. 체험지體驗知와 경험치, 통찰력, 촉, 앞을 내다보는 힘이 부족해서다. 앞서 언급한 가요계 내 친구는 가요계라는 정글에서 50년 가까이 밥을 먹다 보니 도사가 다 된 것이다. 매번 힘들 때마다 도사 같은 지인들이 내 구원군이었다.

내가 친정 조직에서 밀려나와 지금은 M&A된 아이엠투자증권의 리테일 담당 임원으로 부임했을 때다. 업무 파악을 하고 나니 앞이 안 보였다. 답답한 마음에 전혀 다른 업종에 있던 후배와 같은 업계 출신의 대학 선배 두 분을 만났다. 나는 당연히 그 대학 선배가 더 유익한 조언을 해줄 것으로 기대를 했다. 하지만 결과는 정반대였다. 전혀 기대를 안 한 후배가 내 스스로 빠져든 감정의 굴레에서 나를 해방시켰다. 기억나는 대목 몇 개를 소개해보겠다. 당시, 나는 실적 부진으로 해임된 전임자를 만나려 했다. 이 이야기를 들은 후배는 이렇게 조언했다.

"왜 패자의 기운을 받으려 하는가? 스스로 길을 개척해라. 패자에게 배울 건 없다. 실패했을 때 빠져나갈 구멍을 만들 게 아니라면 전임자를 만나지 마라."

얼마나 명쾌한가? 본인은 모른다. 현명한 제3자들이 짚어주어야만 비로소 알게 된다. 그들은 내가 책을 읽거나 반성문을 쓰고 묵상에 잠겨도 찾아낼 수 없던 미세한 감정의 회로까지 포착하는 신기를 보인다. 훈수가 백단_{盤外八目}이라고, 훈수를 두는 입장에서 보니 인생 고수가 아니어도 잘 보여서일까? 그들은 하나같이 쪽집게 과외 선생처럼 나에게 맞는 답까지 정확히 찍어준다. 하지만 이걸로는 안 된다. 나름의 이론 무장이 되어야 한다. 관련된 책은 무수히 많다. 체험지가 아니더라도 감정의 본질 및 이성과의 관계 등에 대한 지식이 입력되어 있어야 감정의 수렁에서 빠져나올 때 도움이 된다. 하지만 너무 깊이 들어간 책들은 머리만 아플 뿐 독서의 소득은 별로 크지 않을 수 있다. 가볍게 조감하는 느낌으로 읽어도 무방하다. 아니면 체리피킹 방식의 독서법도 나쁘지 않다. 즉, 끌리는 부분이나 관심이 가는 부분만 골라 읽는 것이다. 우리의 목표는 감정 철학자가 아니다. 굳이 힘들여 독서하지 않아도 된다. 많은 지식을 쌓기보다는 사유를 통해 책에서 얻은 지식을 내 것으로 만드는 게 더 중요하다

평정을 유지하라

예를 들어보자. 불안감! 떨쳐내고 극복하려 노력하지만 우리 곁을 떠나지 않는 감정이다. 특별히 불안해야 할 이유도 없는 듯한데, 불안감이 밤안개처럼 슬그머니 진군해 나를 점령할 때가 많다. 영 찝찝하다. 이 불안감의 실체는 무엇일까? 그냥 그 실체가 드러나길 기다릴 수도 있다. 하지만 나는 내가 찾아 나서야 직

성이 풀린다. 내 마음의 동굴 탐사에 나선다. 필히 손전등이 필요하다. 이 손전등 역할을 하는 게 책을 읽고 입력한 지식들이다. 손전등이 꼭 고성능일 필요는 없다. 그래서 토씨 하나까지 이해하려 하지 말고 스키밍^{skimming}하라고 하는 것이다.

불안감을 다룬 책들을 보면 공통적인 특징이 있다. 일단 어렵다. 너무 깊이 파고들거나 분석을 심하게 하다 보니 추상화, 원자화되어 잘 공감이 안 되는 내용들도 많다. 알랭 드 보통의 책만 해도 그렇다. 깊이 있게 들어간다고 했지만 추상화의 길로 빠진 듯하다. 틀렸다는 게 아니다. 학구적 대상으로 불안이라는 주제를 다루다 보니 정작 손전등으로 쓸 만한 지식을 찾기 쉽지 않다. 이건 순전히 내 주관적 견해다.

나는 이런 식의 불안에 대한 진술도 공감이 안 된다. 불안은 이유 없이 나타내는 불쾌한 상태 혹은 안도감이나 확신을 상실한 심리 상태. 나의 경험상 불안은 반드시 실체가 있다. 이유 없이 나타나지 않는다, 우리가 실체를 감지하지 못할 뿐이다. 불안감은 인간의 가장 원초적 감정이다. 따라서 본능적으로 느끼는 거다. 선사시대부터 형성된 기제$^{機制: mechanism}$가 있다. 꼭 외부 위협 때문에 불안을 느끼는 게 아니다.

나는 이런 버릇이 있다. 마음의 평정이 유지가 안 되면 중요한 의사 결정을 하지 않는다. 육감이 위험을 감지하고 있기 때문이다. 실체가 확실히 드러난 불안감은 문제가 되지 않는다. 문제는 실체가 몸을 숨기고 있는 경우다. 물론 맥락이 다르긴 하나, '불안은 욕망의 하녀'라는 알랭 드 보통의 정의 역시 일면의 진실을 현학적으로 표현했을 뿐이다. 하지만 이런 식의 불안에 대한 정의는 오히려 불안이 내게 닥쳐와 실체 수사에 들어갔을 때 혼선만 가져다줄 수 있다. 관련 책을 읽을 때 너무 탐독할 필요가 없다고 한 이유를 알겠는가? 특히 이쪽 분야의 책은 저자들의 명성에 현혹되면 안 된다. 그분들이 하는 말이 모두 맞다고 생각하지 말라. 나의 감정을 분석하는 데 있어 가장 유리한 위치에 있는 건 바로 나다. 객관화 기술만 익힌다면 말이다.

최종 결론이다! 목계지덕은 우리에게 가이드라인 성격의 이정표다. 길을 잃지 않도록 방향을 제시하는 역할을 한다. 나는 목계지덕 중 조급함을 버리고 평정을 유지하는 걸 삶의 목표로 삼고 있다. 그조차도 쉽지 않은 목표다. 하지만 인생은 도전의 연속이다. 한 발 한 발 목표를 향해 나가는 것만으로도 의미가 있다. 진부한 클리셰 하나를 공유한다. 영종도 모 골프장 계단에 적힌 글이다.

'도전은 인생을 흥미롭게 하고 극복은 인생을 의미 있게 한다.'

4-8 달리기를 멈추지 않는다

나는 인생을 달리기에 비유하기를 좋아한다. 달리기와 닮은 부분이 많기 때문이기도 하지만, 더 큰 이유는 다른 데 있다. 그냥 달리기가 좋기 때문이다. 물론 바둑을 좋아하시는 분들은 인생을 바둑에 비유한다. 바둑을 인생의 축소판이라 본다. 야구인에게 물어보면 야구 경기가 꼭 인생 드라마 같다고 할 것이다

인생은 이처럼 다양한 모습을 가진다. 당연하다. 챕터 1-2에서 말한 대로 인생은 난해한 미완성 시에 붙인 주석 같은 것이기 때문에 10인 10색이 될 수밖에 없다. 동冬은 우리말로 겨울이다. 겨울은 정靜: static의 시간이다. 부지런히 활동하기보다는 칩거하며 새로운 봄을 준비하는 에너지 축적의 시간이다.

끝없이 도전하는 삶

나도 이제는 인생 사계 중 동冬에 접어들었다. 하지만 이 정靜의 기간에도 달리기를 멈추지 않을 것이다. 뛰면서 더 에너지가 축적되는 체질이기 때문이다. 실제 나는 겨울을 더 좋아하고 추위도 안 타는 덕에 겨울에 더 활동적이다. 내 스스로 생각할 때 지금도 20대 못지않은 열정이 있다. 꿈도 많다. 호기심도 많고 하고 싶은 것도 너무 많다. 그러나 갖고 싶은 건 별로 없다. 다행히 나이 들면서 헛된 욕심을 안 부리게 된 듯하다.

닭이 먼저일까 계란이 먼저일까? 나는 계란이 먼저라고 생각하는 사람이다. 많은 유수한 난생卵生 신화들이 나의 주장을 뒷받침하고 있다. 물론 내 생각일 뿐이다. 나는 왜 뜬금없이 이런 선문답을 하는걸까? 달리기와 꿈, 열정, 호기심의 선후 관계가 문득 궁금해져서다. 이것이 아주 고전적인 선문답부터 풀어본 이유다.

그래서 후자에 대한 나의 답은 어떠한가? 당연히 꿈, 열정, 호기심 같은 계란이 먼저 있어 달리기란 닭이 탄생한 것이다.

단순히 괴롭다고 뛰지는 않는다. 또 건강만을 위해 뛰지도 않는다. 내가 인생의 동에도 계속 런^{run} 을 하겠다는 이유도 다르지 않다. 내가 뛰는 건 꿈과 열정, 호기심이 있기 때문이다. 물론 꼭 그것만이 나를 뛰게 하는 이유는 아니다. 하지만 대단히 중요한 이유다. 내가 여기서 말한 달리기는 진짜 뛰는 것만 의미하는 건 아니다. 중의적^{ambiguous} 표현이다. 멈추지 않고 열정적으로 도전하는 삶의 의미도 갖는다. 여기서 말하는 달리기는 후자의 의미를 염두에 두고 한 말이다. 그러나 환기되는 대로 생각해도 무방하다.

우리 주변에 장수하는 분들을 보면 하나같이 연세가 드셔도 부지런히 움직이신다. 일을 하시든 활동을 하시든 운동을 지속적으로 하든 그건 상관없다. 내 표현으로는 달리기를 멈추지 않는 것이다. 왜 쉬지 않고 움직이는 게 중요할까? 여러 면에서 설명이 가능하다. 움직이면 자신이 살아 있음을 느낀다. 연구 결과에 따르면 운동을 포함한 일, 활동은 우울증과 불안과 같은 정신 건강 문제를 피하는 데 도움을 준다. 그리고 뇌 건강뿐 아니라 폐, 근육, 뼈 및 전체적인 순환계에도 도움을 준다. 우리 인간은 끊임없이 움직이도록 진화되어왔다. 따라서 동의 단계에서도 끊임없이 도전하는 삶을 살아야 한다. 이런 삶을 살면 실제로 또 런에 대한 욕구도 생겨 달리게 된다.

긍정적 영향을 주는 삶

이런 삶의 전형을 보여주는 분이 있다. 야신 김성근 감독이다. 그는 지금도 달린다. 체력 관리를 위해 규칙적인 운동을 하는 건 물론 야구에 대한 공부를 지금도 한다. 지금 그의 나이를 보면 놀랍지 않은가? 예능 프로그램의 야구 감독으로 발탁되어서도 그는 현역 팀 감독을 맡았을 때와 똑같은 열정과 진지함, 진정성을 보여준다. 나는 그게 그 프로그램의 생명력과 리얼리티를 높여준다고 생각한다. 물론 그 프로그램은 다른 성공 비결들이 많다. 그걸 모르는 바는 아니다. 하여튼 그는 대단하다. 아마 예능 프로그램 출연을 안 했어도 한국 야구 발전을 위해 자기만의 일을 찾아 열정적으로 몸을 움직일 것이다. 실제 그는 한 인터뷰에서 말했다.

"내가 만약 지금 예능 프로에 출연해 바쁘지 않았다면, 전국의 야구팀들을 찾아다니며 야구 기술과 철학, 열정을 가르치고 있을 것이다."

원문 그대로는 아니다. 내 기억에 따른 것이기 때문이다. 야신 김성근을 욕하거나 비판하는 사람도 있다. 그러나 그도 마찬가지겠지만, 나도 개의치 않는다. 요즘 유행하는 말로 다를 뿐 틀린 게 아니다. 그의 삶의 자세와 야구에 대한 열정을 나는 높이 평가하는 것이다. 세상에 완벽한 사람이 어디 있는가? 아무리 훌륭한 사람도 세인의 입방아 위에 올라가면 형편없는 인간이 되기 십상이다. 프로크루스테스 침대에 누운 자가 살아남을 길은 없다. 따라서 나는 야신 김성근을 포함한 타인을 함부로 평가하고, 자기 기준에 맞춰 쉽게 재단해서는 안 된다고 생각한다. 그가 한국 야구에 기여한 게 얼마나 되는지는 모른다. 하지만 그는 나 같은 CEO의 열정을 자극하고 롤모델이 되는 것과 예능 프로 감독으로서 보이는 야구에 대한 최강 사랑만으로도 훌륭한 야구 인생을 살고 있다고 할 만하다.

내가 원하는 것도 바로 이런 거다. 세상에 긍정적 영향을 줄 수 있는 삶을 사는 것이 인생 목표다. 사실 우리는 내가 잘나서 여기까지 온 걸로 착각한다. 하지만 우리는 대한민국 사회에서 많은 걸 얻으며 성장했다. 나 또한 마찬가지다. 따라서 너무 진부한 표현이지만, 이제 받은 걸 돌려줄 때다. 야신 김성근 감독도 야구에서 받은 걸 지금 돌려주는 삶을 살고 있는 것일 테다.

인생이라는 시험 문제

내가 D레벨 체크를 하고 경장에 힘쓰고 달리기를 멈추지 않으려는 것은 또 한 번의 영광과 비상, 일신의 영달榮達을 꾀하고 싶어서가 아니다. 하나님이 내어준 인생이라는 시험 문제를 최선을 다해 풀기 위해서다. CEO라는 목표를 달성했으면 된 게 아니냐고 할 수 있다. 그러나 나는 그렇지 않다고 생각한다. 내 지금까지 산 걸 가지고 평가하면 고작 70점 정도 인생을 산 것이다. 물론 인생이란 문제의 출제자인 하나님이 생각하는 점수와 세인의 점수는 다르다. 세인의 평가 기준에 따르면 고득점자 축에 들어갈 것이다. 하지만 나는 아직 채워지지 않는 결핍을 느낀다. 그리고 갈증도 있다. 이는 다시 말하지만 영예와 허명을 더 추구하고 싶어서가 아니다. 나는 내가 느끼는 결핍과 갈증의 실체를 정확히 안다. 나 외에도 다른 C레벨에 계신 분들도 이와 비슷한 결핍과 갈증을 느낄 것이다. 그러나 그것은 내가 살아온 인생과 다른 인생을 요구할 수도 있어 불쑥 그 길로 나서는 게 겁이 난다. 단지 안 가본 길이라서가 아니다. 내 본태성本態性: 본디의 성향을 알기에 과연 내가 잘할 수 있을까 하는 두려움이 있어서다.

나는 늘 문 앞에서 망설이는 버릇이 있다. 하지만 결국 문 안에 손을 넣고 발을 들여놓는 걸 반복해왔다. 앞 장에서 나는 "대학시절 늘 얼치기였다"고 고백을 했다. 왜 그런 식으로 늘 문턱에 걸쳐서 있는 한계를 노출했을까? 이 같은 나의 성향을 보면 이해가 될 수 있다. 이처럼 나는 아직도 많은 성향적 한계를 갖고 있다. 반세기 이상 노력해도 안 고쳐지는 건 본태성으로 봐야 한다. 그런 게 아주 많다. 하지만 이걸 고칠 생각은 없다. 엄밀히 말하자면 고칠 자신이 없다. 따라서 안 되는 걸 목표로 삼기보다는 오히려 그게 본연의 나라는 걸 그대로 인정하고 출제자의 의도에 부합하는 삶을 살려 하는 편이 훨씬 더 합리적이라고 생각한다.

누차 얘기하지만 사람은 쉽게 바뀌지 않는다. 대학 졸업 후 몇십 년이 흘렀건만, 나의 본태성은 바뀐 게 없다. 겉만 사회화됐다. 사회에 나와 적응해야 하니 사회가 원하는 기준에 맞추어 튜닝이 됐다는 것이다. 나를 처음 본 사람들은 내가 매우 활달하다 보니 외향형 인간(E)인 줄 안다. 그러나 그건 사회화된 나의 모습이다. 즉, 심리학에서 말하는 개개인이 세상에 드러내는 얼굴(페르소나)일 뿐이다. 나는 여전히 옛날의 나다. 열심히 자기 수련을 했다고는 하나 큰 진전이 없다. 나 스스로도 놀랄 때가 많다. 옛날 버릇, 옛날 모습이 그대로 남아 있어서다. 버릇, 모습이라고 표현했지만 성향, 기질로 이해하면 된다. 내가 달리기를 멈추지 않는 것도 이러한 본태성을 가진 내가 에너지를 만들 수 있는 나만의 길이기 때문이다. 나는 달리기를 멈추는 순간 접시 돌리기 마술 쇼에서 회전을 멈춘 접시의 신세가 된다. 따라서 나는 계속 런^{run}을 할 수밖에 없다.

달리기 끝판왕

또 하나 내가 달리기를 멈출 수 없는 이유가 있다. 아직 하나님이 낸 문제를 다 못 풀어서다. 지금부터 풀어야 하는 문항들은 난이도가 높다. 그런 이유로 겁이 난다고 했던 것이다. 본디 이타적이지 않은 내가 이타적 삶, 희생과 봉사하는 삶을 살아야 풀리는 문항이라면 겁이 날 만도 하지 않은가?

나는 대학 시절에도 이런 압박감을 느꼈다. 그냥 운동권 서적을 읽고 싶은 욕심에 들어간 서클에서 선배들의 기대에 부응하지 못할 걸 알면서도 말하지 못하고 내 순번이 다가올 때 홀연히 잠적할까도 생각했다. 늘 이런 식이었다. 지금도 답은 안다. 그러나 준비가 안 되어 있다. 하루아침에 결심을 했다고, 세속적 삶을 살던 평범한 내가 테레사 수녀나 김수환 추기경 같은 고결한 삶을 살 수는 없다. 계속 달려야 하는 이유다. 설혹 목표점에 도달하지는 못해도 끝없는 도전을 계속하려는 것이다.

철인 황제인 마르쿠스 아우렐리우스도 알고 보면 나 같은 나약한 인간이었을 수도 있다. 따라서 늘 당위sollen와 존재sein의 갭 때문에 내적 갈등과 번민을 했을 것이다. 그런 걸 생각하면 명상록은 철인 황제가 나약한 자신의 존재를 당위로 고양시키기 위한 끝없는 도전 기록, 즉 달리기 일지日誌라 할 수 있다.

내가 말하는 달리기의 끝판unbeatable을 보여주는 분들이 있다. 대표적인 분이 정주영 회장이시다. 그분은 사업가로 이룰 건 다 이루신 분이다. 그리고 대한민국 경제 발전에 기여한 공은 이루 다 말할 수 없다. 불세출의 기업가이면서 경제 사상가이기도 하다. 그분이 하신 일 중 대북 사업은 '그분이기에 할 수 있었던 사업'이라는 생각을 한다. 사업이란 표현을 썼지만 그분 입장에서는 회심의 프로젝트가(였을 듯하다. 현대의 이익을 생각하고 시작한 게 아니다. 분명 깊고 원대한 뜻과 결연한 의지가 있었을 터이다. 그러니 사업이란 말을 붙이고 성공 실패를 논하는 건 적절치 않다. 일개 CEO인 내가 어찌 그런 경제계 거인의 융중대를 알겠는가? 하지만 짐작할 수는 있다. 나는 그분의 '대인의 기가 넘치는 도전'이 분명 후세 사가들에게 높은 평가를 받으리라 확신한다.

또 다른 나의 본보기는 이나모리 가즈오 회장이다. 그분은 뛰어난 일본의 전설적 경영자다. 나는 그분을 좋아해 이 책에서 기 언급한 바 있다. 내가 그분을 높이 평가하는 두 가지 이유가 있다. 하나는 연세가 들어서도 조금도 기업 경영에 대한 열정이 줄지 않았다는 것이다. 다른 하나는 피터 드러커나 필립 코틀러, 마이클 포터, 짐 콜린스, 클레이튼 크리스텐슨 같은 경영학 대가들을 능가하는 경영 철학과 사상, 이치를 생의 마지막 순간까지 탐구했다는 것이다. 이게 쉽지 않다. 그분의 책은 철학서나 다름없다. 한 마디 한 마디가 주는 울림이 다르다. 직접 기업 경영을 하며 터득한 진실과 실증 연구를 통해 얻은 지식은 리얼리티와 침투력이 다를 수밖에 없다.

"왜 일하는지, 무엇을 위해 일하는지를 이해하고 열심히 일하면 행복한 인생을 손에 넣을 수 있다는 사실을 전해주고 싶다."

"혁신은 작은 실패로부터 나온다. 그리고, 혁신은 그것이 일어나는 순간에는 항상 합리적이지 않다."

전자는 이나모리 가즈오 회장의 어록이고, 후자는 짐 콜린스의 말이다. 둘 다 틀린 말들이 아니다. 그러나 울림은 확연히 차이가 난다. 이나모리 가즈오 회장은 경영자로서의 경험과 사유에서 얻은 이치를 담은 농축된 메시지를 전한다. 반면 학자들은 학술적 접근을 한다. 따라서 드라이한 추론의 결과치만 전달할 뿐이다. 이나모리 가즈오 회장의 뛰어난 점은 직관과 사유, 경륜, 통찰력을 통해 체험지를 철학적 지식 수준으로 끌어올린다는 것이다. 이게 양자 간의 깊이의 차이를 만든다. 깊이가 다르니 울림은 물론 순도purity도 차이가 나는 법이다. 이나모리 가즈오 회장의 말은 깊은 의식의 심연에서 끌어올린 일급수 같은 말이다. 과장한 게 아니다. 잘 음미해보라. 학자와 초절정 고수의 말은 다르다.

정주영 회장, 이나모리 가즈오 회장에 이어 내가 본받고 싶은 분은 TSMC의 창업주인 모리스 창 회장이다. 그는 굳이 대만으로 돌아오지 않아도 됐다. 하지만 그는 편안한 삶을 버리고 대만 정부의 부름을 받고 1987년 2월 56세의 나이에 TSMC(타이완 반도체 제조회사)를 창업했다. 당시 반도체 업계는 TSMC가 파운드리 업체로 이렇게까지 성공하리라 짐작도 못했다. 하지만 모리스 창 회장은 혜안이 있었다. 멀리 내다본 것이다. 이 길이 대만의 산업 구조를 생각할 때 최선이라는 걸 확신했다. 결과는 아시는 바와 같다. 세계 최고의 파운드리 업체가 된 것이다.

늦은 나이는 없다

이런 성공을 뒤로하고 그는 고령을 이유로 74세에 은퇴한다. 그러나 모리스 창이 없는 TSMC는 금융 위기로 매출이 급락한다. 이에 그는 2009년 다시 TSMC로 복귀한다. 그의 매직은 또다시 힘을 발휘한다. 지금은 아무도 그 아성을 넘볼 수 없는 위치에 올랐다. 이나모리 가즈오 회장이 일본항공JAL의 무보수 회장직을 맡았을 때 나이가 78세다. 정주영 회장이 500마리 소떼를 몰고 군사 분계선을 넘었을 때의 연세가 83세였다. 모리스 창이 복귀했을 때 나이가 78세다. 모두 대단치 않은가? 그분들이 또 한 번의 대역사를 만들어간 나이에 비하면 나는 아직 어리다. 그런 내가 달리기를 멈추어서야 되겠는가? 나는 아직도 청춘이라면 청춘이다. 사무엘 울먼의 시에 표현되어 있듯 청춘을 '인생의 한 시기가 아니라 마음의 상태'라고 보면 나는 확실히 청춘이다. 몸도 아직까지는 쓸 만하다. 마음의 상태는 대단히 건강하다. 지금도 활력이 넘친다. 늘 설렘이 가득 차 있다. 그리고, 일상에서의 작은 성취에도 감동하고 기뻐한다. 마음도 열려 있다. 호기심도 여전하고 배우고자 하는 욕구도 크다. 미래에 대해서도 낙관적 태도를 유지한다. 그리고 긍정적 성향도 갖고 있다. 물론 자체 진단이니 오류가 있을 수 있다. 착각일 수 있으나 사실 나는 희한하게도 나이를 의식한 적이 별로 없다. 영원한 20대로 살아가려는 욕망이 커서인 줄 모르겠다. 나는 주변 지인들에게 이런 말을 자주 했다.

"세상에 뭘 하기엔 늦은 나이는 없다. 하고 싶은 게 있으면 지금 도전해라."

실제 나도 그런 삶을 살고 있다. 늘 문 앞에서 멈칫멈칫하는 버릇은 있어도 실행력은 뛰어나다는 평가를 받아왔다. 진부하지만 울림은 큰 말이 있다. "아무것도 하지 않으면 아무일도 일어나지 않는다." 감동의 명화 〈포레스트 검프〉의 주인공처럼 끊임없이 달리다 보면 생각하지도 않은 눈부신 기적들이 일어난다. 그리고 진정한 행복도 조우할 수 있다. 우리가 달리기를 멈추지 말아야 하는 분명한 이유다.

Epilogue

    감개가 무량하다. 42.195km를 뛸 때 피니시 라인이 있는 메인 스타디움을 보면 힘이 난다. 그런 기분이다. 책을 쓰기로 결정하고, 집필을 시작한 지 4주가 채 지나지 않았다. 주말과 퇴근 후 시간을 이용해 써낸 걸 생각하면 미친 속도로 글을 썼다. 그렇게 글 재주가 있는 것도 아니고, 글감을 미리 준비하지도 않았는데 광속 글쓰기가 가능했던 건 이유가 있다. 간절함이 컸다! 내가 만약 책 쓰기에 도전하지 않았다면 이미 영혼이 만신창이가 되어 있을지도 모른다.

    H증권 M&A로 인해 정말 큰 마음의 상처를 입었다. CEO로서의 자존감도 땅에 떨어졌다. M&A가 아니면 볼 수 없던 풍경을 목격하는 것은 힘겨운 일이었다. 나는 지금까지 총 네 번의 M&A를 겪었다. CEO로 있으면서만 두 번을 경험했으니 기구하다면 기구한 팔자다. M&A는 큰 사건이다. 조직과 구성원들의 미래를 바꿔놓기 때문이다. 그런 탓인지 사람들을 많이 변화시킨다. 일본 전국시대의 영웅 중 누군가는 말했다. 이런 난세에는 난신들이 횡행한다고. 실제 나는 그게 사실임을 지난 M&A 과정을 거치면서 절감했다.

내가 존경하는 선배 CEO께서는 대인이시다. 그러나 그분조차 CEO 시절 아끼던 참모들이 등을 돌리고 새로운 집권자에게 다가서는 모습을 보며 크게 낙담하시는 걸 봤다. 이러한 풍경들은 인간이 사는 세상 어디에서나 펼쳐진다. 그렇게 보면 인간 본연의 방어기제가 작동해서 빚어진 결과니 꼭 그들을 탓할 만한 일도 아닐 수 있다. 나는 이 같은 난세에 항상 크게 성장했다. 세상과 인생 그리고 나 자신을 폭넓게 돌아볼 수 있는 절호의 기회들을 놓치지 않았다. 이번 M&A 역시 나로 하여금 깊은 사색의 길로 접어들게 했다.

근자에 많이 성장하고 평온해졌다는 느낌을 받는다. 책 쓰기 덕분인지 시간이 흐르면서 마음을 비워서인지는 모르겠다. 아마도 전자 영향이 큰 것으로 생각된다. 고백컨대, 책 쓰기는 나에게 구원의 빛 그 자체였다. 너무 큰 위안을 받았다. 책을 낸다는 사실은 나를 흥분시키지 않는다. 나는 늘 과정을 중시하기 때문이다. 결과가 중요하지 않다는 게 아니다. 과정에서 배우고 얻는 것도 크다.

이번 경우도 그렇다. 쉬운 길을 선택할 수도 있었다. 주변의 제안대로 경영 실전서를 쓰면 쉽다. 하지만 책을 써야 했던 배경을 생각하면 그건 맞지 않았다. CEO로서의 경험담을 풀어놓거나 경영 노하우를 전수하려는 경영 실전서가 의미 없다는 게 아니다. 현 상황에서 필요한 건 나의 인생을 리뷰하고 인생이라는 하나님이 주신 거대한 숙제를 도상에서나마 다시 풀어보는 것이었다. 힘든 길을 선택한 만큼 책 쓰는 게 만만치 않았다. 꼭 필력만의 문제는 아니었다. 내 책과 경쟁하는 책들을 넘어가겠다는 욕심 때문도 아니다. 애초에 그럴 의도는 전혀 없었다. 내가 고민한 건 책을 집어든 분의 선택이 헛되지 않도록 하는 것이다. 따라서 속기 바둑을 두듯이 빠르게 쓰긴 했지만 책 내용이 부실하면 안 되기에 바짝 신경을 썼다.

특히 글을 쓸 때 신경을 쓴 건 두 가지다. 하나는 도움도 안 되고 의미도 없는 뻔한 이야기corny는 하지 않는다. 다른 하나는 생경한 지식이나 정보를 전달하거나, 기존의 책에 나온 내용들을 재탕하는 소모적 글쓰기는 삼간다. 둘 다 일종의 글쓰기 원칙이라 할 수 있다. 하지만 얼마나 내가 이런 원칙들에 충실했는지는 모르겠다. 혹시라도 아닌 부분이 있다면 전적으로 내 역량이 부족한 탓이다. 애초에 책 쓸 준비도 덜 된 상태에서 겁 없이 뛰어든 내가 문제였다. 허나 이렇게 힘든 줄 알았으면 지레 겁먹고 시작도 못했을 터이다. 어찌 보면 다행일 수도 있다. 본래 무식한 자가 범을 잡는 법이다.

내게 이번 책 쓰기는 의미가 깊다. 이는 책 속에서 누차 강조했던 바다. 솔직히 나는 이 힘든 작업이 스스로를 일으켜 세울 것이라는 생각은 전혀 못 했다. 어쨌든 나라는 사람은 책 쓰기 전과 후로 나누어질 정도로 책을 쓰면서 크게 변화됐다. 내면의 힘도 좋아지고 글 쓰는 힘도 향상된 듯하다. 난잡했던 생각과 개념도 많이 정리되고 명쾌해지고 체계화됐다. 혼란스러웠던 심경도 다시 잡히면서 안정을 되찾았다. 그러고 보면 책 쓰기는 아무리 생각해봐도 신의 한 수다. 내게는 이렇게 많은 보상을 안겨준 책 쓰기가 과연 의도한 성과를 거두었는지는 모르겠다. 이에 대한 판단은 내 몫이 아니다. 나는 그저 나의 책이 아래와 같은 가치를 갖기를 바랄 뿐이다.

1. 스스로의 인생에 대한 본격적 탐구에 나설 때 작은 디딤돌이 되었으면 한다.

인생과 관련된 책들은 많다. 그러나 나와 같은 관점과 접근법, 분석 틀, 해법을 제시한 책을 발견하기는 쉽지 않다. 나는 모든 걸 새롭게 하고 싶었다. 즉, 새로운 관점에서 문제에 접근하고 새로운 책 쓰기를 시도하고 싶었다. 따라서 이 책은 의도만으로도 최소한 희소 가치를 갖는다. 그리고 분명히 챕터를 다 읽고 나면 인생을 바라보는 조망 구조와 인식이 1인치 이상은 나아지는 효과가 있을 것이다. 계속 강조하지만 1인치微細가 세상을 바꾸고 승부를 결정짓는 법이다. 이게 이 책의 저변을 흐르는 철학이자 미학이다.

2. 이 책은 해설서에 불과하다.

해답서가 아니다. 인생의 CEO는 나다. 내가 나를 경영하는 것이다. 따라서 본인의 인생을 어떻게 경영할지를 스스로 결정해야 한다. 그럴 때 참고하라고 쓴 해설서가 바로 이 책이다. 때론 결과보다 선한 의도가 높이 평가받아야 하는 경우가 있다. 이번 경우가 그렇다. 모든 게 내 탓이지만 이 책은 태생적 한계를 지녔다. 내가 아직도 부족함이 많고 미욱하기 그지없는데 황금알을 낳을 수 있겠는가? 하지만 나는 주어진 시간 내에서 최선의 노력을 기울였다. 책임감이 책 쓰기 내내 나의 의식을 지배했다.

나는 늘 배트를 길게 잡는 습관이 있다. 이번 경우도 예외는 아니다. 홈런까지는 아니어도 2루타 정도는 칠 자신이 있었다. 책을 쓰며 미야모토 무사시의 『오륜서』를 염두에 두었는지는 확실치 않다. 그럼에도 불구하고 책 구성은 닮은 데가 있다. 정말이지 그 책의 구성을 따를 생각은 추호도 없었다. 우연의 일치일 뿐이다.

『오륜서』는 책 제목대로 총 5개의 링으로 편성되어 있다. 땅, 불, 물, 바람, 하늘이 그것이다. 이 책은 춘하추동 4개의 장으로 이루어져 있다. 미야모토 무사시의 오륜은 그의 우주에 대한 인식이 그 바닥에 깔려 있다. 춘하추동 역시 나의 철학과 신념이 저변에 포진해 있다. 최소한 이 책은 철학이 없이 쓰여진 해설서가 아니다. 나의 인생을 보는 시각과 가치관, 철학, 경륜 등이 모두 녹아 있다. 얼마나 완성도가 있는지는 따지지 말자.

이 책은 "인생의 답은 있을까?"라는 질문에서 시작한다. 나는 '있다'와 '없다' 둘 다 맞다고 생각한다. 왜 그럴까? 인생을 살다 보면 "이게 정답이었네!"라면서 뒤늦은 후회와 탄식을 할 때가 있다. 그렇게 보면 인생은 답이 있다고 볼 수 있다. 반면 '인생은 난해한 미완성 시기에 붙이는 주석' 이라는 정의에 따르면 인생의 답은 없다. 각자가 붙인 주석들이 나름의 답이기 때문이다. 정확히 말하면 답이 없다기 보다는 하나의 답만 있는 게 아니다.

고마운 사실이 있다. 하나님은 우리 인생의 출제자이시긴 하나, 우리 인간의 유한함을 아시기에 늘 관대한 평가를 해주신다. "각자의 삶은 그 자체로 존중받아야 한다"고 생각하시는 듯하다. 그러나 출제자이신 하나님의 뜻에 부합될 때만 그런 후한 평가를 기대할 수 있다. 다시 한 번 말하지만 내 책은 해설서다. 따라서 각자가 인생이란 로드맵을 짤 때 내 책은 고작 씨줄 정도의 역할밖에 못 한다. 가장 중요한 날줄은 이 책에 없다. 날줄을 만드는 건 각자의 몫이다.

3. 이 책은 인생 경영서로 쓰여진 것이나, 정작 나는 수학 책을 쓴다고 생각했다.

웬 뚱딴지 같은 소리냐고? 나는 모든 걸 수학 문제로 환치시켜 생각하는 걸 좋아한다. 1장에서도 진술한 바 있다. 나는 인생을 미지수가 조건식보다 많은 부정 방정식이라고 본다. 나머지 부족한 조건들은 문제 속에 숨어 있다. 문제에 따라서는 수학의 공리가 문제를 푸는 숨겨진 조건이 되기도 한다. 수학에만 공식, 정리^{theorem}와 공리^{axiom}가 있는 게 아니다. 인생도 마찬가지다. 이 책은 그걸 강조하고 있다. 근의 공식과 이항 정리를 모르고 수학을 잘할 수 없다. 인생도 똑같다. 검증된 논리와 원리는 숙지를 넘어 암기해야 한다.

이건 기업 경영에도 똑같이 적용된다. 똑같은 문제를 푸는데 왜 어떤 CEO는 잘 풀고, 다른 CEO는 고전할까? 이에 대한 답도 간단하다. 문제를 푸는 데 익숙치 않거나 부족한 조건식만 가지고 미지수의 해를 구하려 하기 때문이다. 나는 나만의 접근법이 매우 파워풀하다는 걸 CEO 생활을 하며 특히 절감했다.

좋은 예가 있다. 현대차다. 현대차가 잘나가는 것은 명명백백한 이유가 있다. 단순히 변화 감지력과 환경 적응력이 좋아서만은 아니다. 수장이 부정 방정식을 푸는 능력이 탁월하기 때문이다. 전기차 시장의 캐즘^{chasm}과 트럼프 2기 행정부 출범이란 악재로 위장된 축복$^{blessing\ in\ disguise}$들을 대도약의 기회로 삼으려는 제갈량의 융중대는 모두 이런 능력에서 나온다.

다시 책 이야기로 돌아가자. 나는 이런 접근법을 책을 쓸 때도 적용했다. 책 쓰기도 스스로 낸 고난이도의 수학 시험으로 생각했다. 인생과 차이가 있다면 인생은 출제자와 채점자가 하나님으로 같다. 하지만 책 쓰기의 출제자는 나인데, 채점은 책을 읽는 분들이 한다. 하여튼 나는 그렇게 생각하고 32문항을 풀기로 했다. 당연히 주관식 문항이라 풀이 과정도 틀려서는 안 된다고 생각했다. 이 책을 읽어보셔서 아시겠지만 점수를 주겠다고 작정하고 낸 쉬운 문항은 단 하나도 없다. 나는 일부러 난이도를 높였다. 쉬운 문제만 풀면 절대로 실력이 안 오른다.

나는 히딩크식 경장뿐뿐만이 티핑 포인트와 불연속면을 만든다는 믿음을 갖고 있다. 이런 나의 고집스런 믿음 때문에 진짜 고생을 많이 했다. 철학 공부와 인생 수련이 덜 된 내가 고난이도의 수학 문항을 풀려니 매번 머리에 쥐가 났다. 그렇게 진고생을 하며 32개 문항을 다 풀었다. 쉬운 문항들은 지겹게도 반복해서 풀었을 것이기에 나까지 나서서 그런 풀이법을 반복해서 강의하는 건 서로에게 시간 낭비다. 혹여라도 내가 제시한 풀이 과정과 어찌어찌해서 도출된 답이 꼭 맞다고 생각하지는 말라. 내가 비겁하게 빠져나갈 토끼굴을 파는 게 아니다. 정말 새로운 시각과 새로운 문제 풀이법을 제시한 것뿐이다.

이 책이 공전의 히트작인 『수학의 정석』이나 『해법 수학』과 같은 반열에 오르리라고 기대치 않는다. 이 책은 인생이라는 범상치 않은 수학 문제를 평범한 인간이 인생 경영서를 빙자해 자신의 관점에서 풀어 쓴 B급 수학 책이다.

이제 긴 대장정의 막을 내려야 할 때다. 막을 내리기 앞서 이런 보잘것없는 책을 선택하고 때론 열받아가며 읽는 수고로움까지 감수해주신 분들에게 진심으로 고개 숙여 감사드린다. 다음 말로 이 책의 끝을 장식하려 한다.

> "정답은 기존의 틀 밖에 있다. 안전한 울타리 안에 스스로를 가두지 마라!!"
>
> 내가 CEO로 있으면서 입버릇처럼 했던 말이다. 이 책도 나를 기존 틀 밖으로 꺼내려 하는 처절한 노력의 결과물일 뿐이다.

Appendix : 내 책 설계도

요즘 글쓰기, 책 쓰기 열풍이 거세게 일고 있다. 대단히 바람직한 흐름이라 생각한다. 나도 그런 열풍과 흐름에 편승해 이 책을 썼는가는 확실치 않다. 하지만 나 스스로는 그런 외적 요인보다는 내적 요인에 의해 책을 쓰게 된 것으로 자가 분석을 한다. 하여튼 나는 남의 일인 줄만 알던 책 쓰기에 도전했다. 모든 일이 그렇듯 초반에는 막막했다. 어떻게 시작해야 할 줄 몰랐다. 이렇듯 감을 못 잡고 헤맬 때 문득 대학교 1학년 작문 시간에 배운 내용을 떠올렸다. 글을 쓰기에 앞서 글의 얼개[plot]를 치밀하게 짜라는 게 핵심 포인트였던 것으로 기억한다. 책 쓰기도 말로 쌓아 올리는 건축과 같으니 나름 격을 갖춘 인생 경영서를 쓰려면 기본설계도[blue print]는 반드시 필요하겠다는 결론을 내렸다. 그렇게 해서 작성하게 된 게 이것이다. 즉, 책 설계도다. 나는 저자의 변[辯]부터 썼다. 왜 이 책을 쓰게 된 건지? 스스로에게 묻는 게 1순위인 듯했다. 그리고 어떤 류[流]의 책을 쓸 건지? 책 주제와 집필 방향을 잡고 가제목도 잡았다. 당시에 잡은 가제목은 『1인치 경영』이었다. 여기까지는 비교적 순조로웠다. 내가 가장 고심한 대목은 책 구성이었다. 평이한 구조는 싫었다. 한참 고민하는데 갑자기 아이디어가 떠올랐다. 春. 夏. 秋. 冬이 그것이다. 책 구조가 결정되니 그다음부터는 일사천리였다. 각 장에 들어갈 주제들 선정은 쉬웠다. 정말 일필휘지로 써나갔다. '글을 마치며'에 정리한 글쓰기 원칙과 내 책의 가치 역시 고민 없이 단숨에 썼다. 그러고 보니 책 얼개를 작성할 때 가장 많은 시간과 심혈을 기울인 부분이 책 구성이다. 지금 나는 이 책의 후속편을 구상하고 있다. 책의 가제목도 잡았다. 『편견偏見에 대한 편견』이다. 속편 역시 책 구성을 잡는 데 신경을 가장 많이 썼다. 뭐든 처음이 힘들다. 책 쓰기도 마찬가지다. 첫권을 쓰고 나니 두 번째 책에 대한 갈망도 크다. 나는 첫권을 쓸 때 이런 일 두 번은 못 하겠다는 생각을 했다. 그러나 이런 내 생각은 첫권을 탈고하고 나서 완전히 바뀌었다. 아쉬움이 많았다. 글이 마음에 안 들어서가 아니다. 못다 한 말들이 너무 많아서다. 퇴고는 사실 크게 신경을 안 썼다. 초고는 쓰레기라는 헤밍웨이의 경고를 무시했다. 산고産苦가 커서일까? 그건 아니다. 광속 글쓰기긴 하나 내 나름대로 글 쓸 때 온 힘을 다했다. 따라서, 내용이 틀리지 않은 이상 부분수정은 하고 싶지 않았다. 본래 타고난 얼굴을 성형하는 걸 싫어하는 내 기질도 작용했다. 그러나, 오탈자 수정작업은 거쳤다. 오탈자는 독자에 대한 결례이기 때문이다. 첫 번째 작품은 늘 아쉬움을 동반한다고들 한다. 그러나, 애착은 가장 많이 간다는 말도 한다. 실제 그런 듯하다. 내가 날것 그대로의 이 책 설계 도면을 오픈하는 이유는 두 가지다. 하나는 책 쓰기에 도전하는 분들에게 도움을 주고 싶어서다. 어떻게 시작할지 몰라 애가 타는 분들에게 내 책의 태동기胎動期 사진을 보여주고 싶었다. 다른 하나는 이 책이 어떻게 탄생하였는지를 아는 게 이 책을 읽는 데 도움을 줄 수 있다고 판단해서이다. 물론 사족蛇足이 될 위험이 있다. 그러나, 나는 언제나 내 직관과 본능적 추동推動을 믿는다. 책 설계도 오픈 결정 역시 그들의 지시에 따른 것이다. 참고로 책 설계도와 실제 책 내용과는 상이한 부분들이 있다. 이는 책을 쓰면서 내가 미세하게 궤도수정을 했기 때문이다.

저자의 辯

왜 1인치 경영인가? 책 부제 속에 모든 게 담겨 있다. 내 책의 의도와 말하고자 하는 내용, 즉 인생 독법과 성공 전략, 승자의 사고법, 남다른 관점 접근법, 핵심 인생 기술 등이 1인치라는 단어와 경영이라는 단어에 모두 내포되어 있다.

이 책은 책 제목과는 달리 책방에서 흔히 보는 CEO가 되고자 하는 분들 위한 성공학 개론이나 부의 비밀을 알려주는 부자학 책(로버트 기요사키의 『부자 아빠 가난한 아빠』, 나폴레온 힐의 『부를 이끄는 생각의 그릇』 등등)은 아니다. 물론 경영 관련 도서나 처세술 책(『데일 카네기 인간관계론』)도, 잠언으로 가득 찬 고리타분한 교훈집도 아니다. 굳이 책 성격을 규정한다면 인생 경영서이다. 따라서, 내 책은 독자층이 다양할 수 있다.

책 내용도 인생 4계에 맞춰 춘하추동 4개의 장으로 구분하였다.

Chapter1 : 춘春 그리고 봄見

춘春은 우리말로 봄이다. 내 책에서 춘은 계절상(시간상) 개념보다는 인생의 단계 개념으로 본 것이다. 봄이란 말의 유래에 대해서는 여러 가지 설이 있다. 그중 나는 내 책의 취지에 부합되는 하나를 선택했다. 봄은 양주동 박사의 주장에 따르면 만물이 소생하는 것을 보는 계절이라 해서 붙여진 이름이다. 즉 '보다見'에서 유래된 말이다. 다시 말해 모든 것을 새로운 시선에서 보는 계절을 뜻한다. 따라서 춘 챕터에서는 새로운 시각에서 모든 것을 다시 정의하는 역발상을 강조하려 한다. 그리고 춘은 대지 아래의 생명들이 움트는 때로 기승전결의 논리 구조상 기起에 속한다. 起는 일어난다는 뜻을 개진한 한자어다. 따라서 起단계에서는 어떤 변화의 단초가 만들어져야 한다. 즉 발단해야 한다. 결론적으로 말해 나는 이 장에서 상투적 시각을 바꾸어 새로운 변화의 시작점을 만들 것을 권한다.

1. 관점의 전환 : 인생을 새롭게 본다
관점이 중요하다.

2. 인생 독법
인간의 삶이란 난해한 미완성 시에 붙인 주석

인생은 고해

인생은 마라톤

3. 목표가 나를 이끈다

4 나만의 인생 성공 전략

5 성공, 꿈꾸지 말고, 훔쳐라

6. 일단 시작한다(hit the road)

7. 세류성해

8 십계: 삶의 무기 10가지

Chapter2 : 하夏 그리고 여름閙

夏는 후대에 가차된 한자로 春과는 달리 특별한 뜻을 갖지 않는다. 하에 해당하는 우리말 여름의 어원에 대해서는 두 가지 설이 있다. 하나는 '열리다棼'에서 왔다는 설이고 다른 하나는 창문을 '열다閙'에서 유래했다는 설이다. 나는 전자의 설을 따르려 한다.

춘하추동 모두가 중요하지만, 인생에서는 특히 夏의 의미가 크다. 夏는 인생의 많은 도전과 응전이 일어나는 시기이자 단계이다. 따라서, 이 장은 인생의 향배가 결정되는 가장 중요한 夏에서 인생 농부인 우리가 놓쳐서는 안 될 원칙과 룰, 스킬, 투하 요소들을 다룬다.

1. 선택과 집중
우선순위를 결정하여 top priority 과제에 집중한다.
2. 갖고 있는 것에 주목한다.
3. 불광불급: 미친 듯이 한다.
4. 고난이 곧 유익이다.
젊어서 고생은 사서도 한다
5. 우보천리
6. 한 우물을 파라
7. 변증법적 발전을 추구하라
8. 운을 부르는 사람이 되자

Chapter3 : 추秋 그리고 가을秋

갑골문에서 하와 동은 없다. 따라서 옛 중국인들에게는 봄과 가을만 존재했다. 생각해보면 이해가 간다. 농경사회에서는 뿌리고 거두는 것만큼 중요한 일이 있었겠는가? 봄이 뿌리는 invest 계절이라면 가을은 걷기 harvest를 하는 계절이다. 인생에서 가을은 성공의 환희와 기쁨을 느끼는 단계라 할 수 있다. 틀린 말 아니다. 맞는 얘기이다. 분명히 인생의 리즈시절이다. 하지만 더 중요한 건 인생을 더 빛나고 풍요롭게 하는 노력을 기울여야 하는 시기라는 것이다. 대부분의 인생 성공자가 이 점을 간과하는 경향이 있다.

1. 인생 복기

고수의 생각법

2. 미세(微細)의 매직

퇴고를 통해 명작이 탄생한다.
닦고 조이고 기름치자.

3. 수성(守城)

오만이 쇠락과 패착을 부른다.
수성이 창업보다 어렵다.

4. 가치경영

5. 공유의 가치 그리고 함께함(with)의 힘

6. 호기심과 열정을 유지한다

7. 학이시습지

평생 배운다.

8. 화려한 동(冬)을 준비한다

가황 나훈아
김형석 교수
트럼프

Chapter4 : 동(冬) 그리고 겨울(冬)

동은 하와 마찬가지로 갑골문에는 없다. 따라서 특별한 의미와 어원을 갖지 않는다. 우리말 겨울은 '겻다'에서 왔다는 설이 유력하다. '겻다'는 추운 겨울에 밖을 나서지 않고, 따뜻한 곳에서 머문다라는 뜻을 갖고 있다. 머물되 다음 봄을 준비한다. 그렇다. 겨울의 뜻대로 인생에서의 동은 또 다른 인생 봄을 준비하는 시기다.

1. 희망재충전

2. 또 다른 인생 사계를 꿈꾼다

3. 이순耳順

4. 집착을 버린다
사성제라는 말이 있다. 불교용어다.
뺄셈을 잘하자.

5. 존경받는 사람으로 남자
된사람 난사람은 사람이 되자는 목표보다 훨씬 어렵다. 왜?
이문열은 가까운 사람들로부터 존경받긴 어렵다고 했다.

5. 안분지족 (분수를 지키며 만족한다.)

6. 경장更張

7. 목계지덕木鷄之德
고수의 풍모와 덕을 갖추자. 응립여수 호행사병.

8. 달리기를 멈추지 않는다
페달을 밟는 걸 멈추는 순간 인생이란 자전거는 멈추기만 하는 게 아니다. 균형을 잃고 넘어진다.

글을 마치며

이 책을 쓸 때 세운 몇 가지 원칙이 있다.

<Don't 룰>

- 글을 예쁘게 잘 쓰려 하지 말자. 메시지 전달에만 집중하자.

- 가르치려 하지 말자.

- 생경한 지식이나 정보를 전달하려 하지 말자.

- 미사여구를 동원하지 말자.

- 고상한 척, 잘난 척, 아는 척하지 말자.

- 내 이야기는 가급적 안 한다. 혹시 언급하더라도 설득력과 리얼리티를 높이기 위해서만 제한적으로 한다.

- 완벽하려 하지 말자. 따라서 군데군데 틀린 부분, 오해한 부분도 있을 수 있다는 걸 공지하자.

- 기존의 글을 재활용하지 말자. 모두 새롭게 쓴다.

<Do 룰>

- 말하듯이 쉽게 쓴다.

- 어깨에 힘 빼고 쓴다.

- 최대한 빠른 시간 내에 글쓰기를 마친다.

- 새롭게 새롭게. 책 구성, 내용, 필체, 관점, 접근법을 기존 서와 다르게 한다.

- 독자들이 공감하고 실천할 수 있는 해법과 유익한 메시지를 전한다.

- 잡설은 피한다.

하지만 이런 원칙이 잘 지켜졌는지는 자신하지 못한다. 최대한 준수하려 노력했을 뿐이다. 저자인 내가 생각하는 이 책의 가치는 이렇다.

추상적이고 현학적이지 않다. 내가 다 경험하고 인생을 살며 검증한 것들이다.

따라서 인체 실험을 거친 만큼 독성은 없는 순도 99%의 인생 성공 실전 팁과 내가 인생을 살며 터득한 세상 이치 외 생각의 진수들만 모여져 있다.

다 아는 내용들이기 때문에 소화가 쉽다. 실천하고 자신의 삶에 적용하면 된다.

나는 똑같은 재료지만 조리법을 바꾸고 관점을 바꾸어서 그들을 재조명하려 했다. 때로는 내 철학을 향신료나 조미료처럼 섞고 버무려 글의 품격과 풍미를 더하려 했다. 그리고 역부족이라 하더라도 자기 계발서나 처세론, 성공학 개론, 경영학, 심리학, 그리고 고전이나 역사서에 난무하는 잠언과 어록 그리고 좋은 가르침과 원칙 메시지들을 체계적이고 논리적으로 정리하려 했다.

활용도가 높다.

춘하추동 4개의 장으로 분절되어 있어 필요한 챕터나 꼭지를 찾아 읽으면 된다. 그리고 문사철을 다 포괄하거나 크로스오버를 하는데 내 식으로 잘 풀고 해석하고 알파화(α化)시켰기에 영양가가 뛰어난 데다 소화가 한결 용이하다.

나는 나와 내 인생을 미화할 생각은 추호도 없다. 이 책의 가치를 스스로 떨어뜨리는 일이기 때문이다. 따라서, 나는 글을 쓸 때 엄격한 자가 검증 과정을 거친다. 글의 순도를 99%까지 높이기 위해서다.

결어에 내가 이렇게 길게 나의 글에 대한 자평을 한 이유는 단 하나다. 약이나 건강식이 아닌 일반 식품도 함유된 물질(성분)이나 효과, 복용 방법, 주의 사항, 때로는 레시피를 첨부하듯 이 책의 경우에도 설명이 필요하다고 봤다. 따라서, 이 책을 집어 든 독자라면 결어를 사족이라 생각 말고 일독하여 부디 크든 작든 얻어가는 게 있길 바랄 뿐이다.